GZC 高校主题出版
GAOXIAO ZHUTI CHUBAN

本书获得中央高校基本科研业务费专项资金资助（0300/ZK1020）“全面依法治国背景下的农村法治建设研究”，教育部高校示范马克思主义学院和优秀教学科研团队建设项目（16JDSZK076）“法安天下、德润人心——法治和德治关系的理论与实践研究”的资助

“四个全面”背景下的当代中国农村调查系列

德治与法治相结合的社会治理情况调查

吕微平　主编

厦门大学出版社
XIAMEN UNIVERSITY PRESS
国家一级出版社
全国百佳图书出版单位

图书在版编目(CIP)数据

德治与法治相结合的社会治理情况调查/吕微平主编.—厦门:厦门大学出版社,2019.10

("四个全面"背景下的当代中国农村调查系列)

ISBN 978-7-5615-7297-9

Ⅰ.①德… Ⅱ.①吕… Ⅲ.①社会公德教育—应用—农村—社会管理—研究—中国②法治—应用—农村—社会管理—研究—中国 Ⅳ.①C912.82

中国版本图书馆 CIP 数据核字(2019)第 002351 号

出 版 人 郑文礼
责任编辑 高 健

出版发行 厦门大学出版社
社 址 厦门市软件园二期望海路 39 号
邮政编码 361008
总 机 0592-2181111 0592-2181406(传真)
营销中心 0592-2184458 0592-2181365
网 址 http://www.xmupress.com
邮 箱 xmup@xmupress.com
印 刷 厦门集大印刷厂

开本 787 mm×1 092 mm 1/16
印张 9.5
字数 216 千字
版次 2019 年 10 月第 1 版
印次 2019 年 10 月第 1 次印刷
定价 42.00 元

厦门大学出版社
微信二维码

厦门大学出版社
微博二维码

序 言

十八大以来提出的“四个全面”（即全面建成小康社会、全面深化改革、全面依法治国、全面从严治党）战略布局展现出以习近平为核心的新一届中央领导集体治国理政的总体框架，是当前和今后一个时期，党和国家各项工作的关键环节、重点领域和主攻方向，是实现社会主义现代化的强力保障，是马克思主义与中国实际相结合的最新成果，饱含着马克思主义的真理性光辉。“四个全面”发展战略布局的内涵深刻，逻辑严密，是推动实现中华民族伟大复兴梦的当代阐释。

2020 年全面建成小康社会作为社会主义新时代“四个全面”工作的重要组成部分之一，是我国新时代发展首先要实现的第一个百年奋斗目标。实际上，早在 20 世纪 80 年代，邓小平在规划我国社会主义现代化建设“三步走”发展战略时就已经提出这一目标。2002 年，党的十六大提出：“要在本世纪头二十年，集中力量，全面建设惠及十几亿人口的更高水平的小康社会。”2007 年，党的十七大要求：“为夺取全面建设小康社会新胜利而奋斗。”2012 年，党的十八大进一步明确到 2020 年“全面建成小康社会”的目标任务。从“人民生活达到小康”到“全面建设小康社会”，再到“全面建成小康社会”，“小康”这一历史概念不断被赋予新的时代内涵，体现了我们党对小康社会认识的不断深化。

党的十九大指出，当前社会的主要矛盾已经转化为人民群众日益增长的对美好生活的需要和不平衡不充分发展之间的矛盾。从整体上看，我国全面建成小康社会发展中面临的发展不平衡不充分主要体现在城乡发展差距越拉越大，因此农业农民农村问题一直都是我国社会经济发展中存在的一个突出的短板。城乡之间长期存在的各种制度性的排斥因素导致我国城乡现代化发展中始终存在不少体制机制性的障碍，城乡之间的社会、经济、政治、文化、生态等方面都存在不小的差距。因此，如何缩小城乡发展差距，不仅事关全面建成小康社会发展目标能否实现，更关系乡村振兴发展目标乃至社会主义现代化强国建设目标能否实现。

在这个背景下，厦门大学马克思主义学院各位同仁历时多年，通过深度的农村田野实地调查，撰写出版了“‘四个全面’背景下的当代中国农村调查系列”丛书。丛书由《农村精准扶贫政策实践研究》（朱冬亮等著）、《多维贫困治理视域下的精准扶贫实践调查》（叶兴建编著）、《德治与法治相结合的社会治理情况调查》（吕微平主编)、《全面从严治党背景下农村基层党建理论与实践探索——基于闽赣地区实证调研》(佳宏伟主编)、《全面深化改革背景下的中国农村发展道路研究》(张艳涛、傅丽芬主编)等五本书组成。丛书围绕农村发展道路、农村精准扶贫政策实践、农村治理和农村党建等四个主要专题展开研究,集中展现了厦门大学马克思主义学院在农村改革和发展研究方面所取得的阶段性研究成果。同时,本丛书也从另一个侧面反映了厦门大学马克思主义在理论教学与实践教学相融合领域所取得的阶段性成效。本丛书同时也是厦门大学"校长基金"研究项目"全面深化改革背景下的农村改革研究"的最终研究成果。另外,本丛书也体现了厦门大学马克思主义学院为我国农村社会全面振兴开展政策研究和提供智力支持的努力,也体现出广大农民、基层群体和社会大众竭力服务的初心和使命。

本丛书中的《农村精准扶贫政策实践研究》《多维贫困治理视域下的精准扶贫实践调查》两本专题研究农村精准扶贫政策实践问题。消除贫困是全人类共同关注的问题,也是我国全面建成小康社会的必由之路。党的十九大把消除绝对贫困列为三大攻坚战之一。习近平总书记曾经指出,"全面建成小康社会,一个都不能少;共同富裕的路上,一个都不能掉队",全面建成小康社会最艰巨最繁重的任务在贫困地区,特别是在深度贫困地区,打赢扶贫攻坚战对如期全面建成小康社会、实现我们党第一个百年奋斗目标具有十分重要的意义。"精准扶贫"是全面建成小康社会的最后一道障碍,本丛书两支研究农村精准扶贫的团队成员在深入全国10多个省50多个县中的贫困地区开展广泛调研的基础上,探讨和分析国家精准扶贫政策顶层设计是如何精准落实到村到户的。从中我们可以看出,自上而下的精准扶贫政策施行和自下而上的精准扶贫实践两者回应互动,展现出作为人类最伟大的减贫工程的价值和意义。

自党的十五大提出依法治国以来,我国在法治建设的道路上已经有了巨大的进步。党的十八届三中全会提出推进国家治理体系和治理能力现代化,但是农村法治建设依然相对薄弱,如何提升农村的治理能力也是治理能力现代化建设中面临的紧迫问题。十九大报告提出了要健全自治、法治、德治相结合的乡村治理体系,给未来的农村社会治理能力提升指明了方向。本丛书的《德治与法治相结合的社会治理情况调查》结合实地调查,对当前农村发展中的乡村治理问题进行了专题调查研究,从中展现农村自治过程中德治和法治是如何有机融合在一起的。

和中国所有的事业一样,党的建设是一切事业取得成功的根本保障,也是所有问题的核心。农村党的建设是基层党建一个非常重要的组成部分。农村党的建设搞得如何,是农村能否全面实现小康,能否全面深化改革,能否实现全面依法治国、依法治农的根本保障。因此农村党的建设任务更重要,也更艰巨,需要展开多学科、多层面的调查研究,找准问题所在,"对症下药"扫除农村发展道路上的阻滞因素。本丛书《全面从严治党背景下农村党建理论与实践探索》立足农村党建的实践经验,探讨新形势下全面从严治党精神如何在基层农村得到贯彻和落实。

如果说前面四本书主要是聚焦某个农村发展的实践性专题的研究的话，《全面深化改革背景下的中国农村发展道路研究》则试图站在国家全面深化改革的宏观层面，探讨中国特色社会主义发展道路的理论与实践问题，这是本丛书的一个理论上的提升，强调对农村整体改革和发展前景的分析和把握。

本丛书立足于当下“四个全面”的时代背景和国家建设，聚焦全面建成小康社会过程中农村社会的改革、扶贫、治理和党建等问题，利用马克思主义的立场、观点和方法，尝试在国家政策指导下结合农村社会现实的基层回应，寻找破解这些难题的有效途径。每个区域、每个村庄甚至每个人都是普遍性和特殊性的统一，政策实行过程中应该因地制宜、因势施策，全面建成小康社会作为国家宏观层面的发展方向，最终都要落实到具体的场域和社会个体，丛书采用从一般到特殊，从整体到部分，从抽象到具体，从理论到实践，从国家的宏观政策到基层的微观实践的方法，注重实证主义的研究方法并强调基层经验探索的总结和提升，力求做到理论与实践的统一。追求马克思所预言的“每个人的自由发展是一切人的自由发展的条件”的共产主义社会，为实现社会整体和谐全面的发展奉献微薄之力是本丛书的终极价值关怀。

“知大势，行致远”，或许只有踏遍广袤中华大地上的每一寸土地，才有可能寻得国家富强、人民幸福的那一把钥匙，实践是检验真理的唯一标准。“‘四个全面’背景下的当代中国农村调查系列”丛书的出版希望为致力于中国农村发展和改革，从事农村研究和农村工作的广大读者能提供些许启发。丛书虽以各地农村基层调研为基础，但由于作者水平有限，难免有所疏忽和遗漏，虽集合厦门大学马克思主义学院农村发展研究团队之全力而终成，却不免因风格差异和关注点不同导致整体性和延续性有所欠缺，存在的诸多不足，望读者给予批评指正！

厦门大学马克思主义学院
朱冬亮
2019年5月

前　言

中华人民共和国自1949年10月1日成立至今，在法治发展的道路上，经历了由法制建设到全面推进依法治国的阶段性发展。新中国成立初期，我们提出发展社会主义民主，建设社会主义法制的主张。1978年中国共产党第十一届三中全会提出“发展社会主义民主、健全社会主义法制”。健全的法律制度体系是依法治国的基础，我国的法制建设一直持续到2010年，才基本形成以宪法为核心的中国特色社会主义法律体系。1997年中国共产党的第十五次代表大会明确“依法治国”为治理国家的基本方略，将建设社会主义法治国家确定为社会主义现代化建设的重要目标。2002年党的十六大提出，发展社会主义民主政治，最根本的是要把坚持党的领导、人民当家作主和依法治国有机统一起来。2007年党的十七大提出全面落实依法治国基本方略，加快建设社会主义法治国家。2012年党的十八大提出“加快建设社会主义法治国家”，把全面推进依法治国作为政治改革和政治发展的重要目标和重要任务。同时提出了要在全社会倡导富强、民主、文明、和谐，自由、平等、公正、法治，爱国、敬业、诚信、友善的社会主义核心价值观。2014年党的十八届四中全会通过《中共中央关于全面推进依法治国若干重大问题的决定》，明确提出全面推进依法治国，加快建设法治中国。2017年党的十九大提出全面依法治国是中国特色社会主义的本质要求和重要保障，必须把党的领导贯彻落实到依法治国全过程和各方面，坚定不移走中国特色社会主义法治道路。“为国也，观俗立法则治，察国事本则宜。不观时俗，不察国本，则其法立而民乱，事剧而功寡。”法治既是治国理政的基本方式，也是社会主义核心价值观之一。新时代下的德治以培育践行社会主义核心价值观作为治理社会关系的主要依据，法治又是其中的一项价值观，体现了德法结合的治理思路。2018年宪法修订，社会主义核心价值观写入宪法，更是以最高法律的形式肯定了依法治国与以德治国相辅相成的国家和社会治理模式。

农村治理是全面依法治国的重要组成部分，在推进全面依法治国的进程中必须清醒地看到，“三农”问题始终是关系党和人民事业发展的全局性和根本性问题，与城市相比，农村法治建设面临的矛盾更为突出，任务尤为紧迫和艰巨，可以说，没有农村的法治化，就不可能有整个中国的法治化，只有将法治覆盖到各方各面，才能有效、均衡地推进依法治国的进程。党的十九大报告指出要实施乡村振兴战略。

农业农村农民问题是关系国计民生的根本性问题，必须始终把解决好"三农"问题作为全党工作重中之重。要坚持农业农村优先发展，按照产业兴旺、生态宜居、乡风文明、治理有效、生活富裕的总要求，建立健全城乡融合发展体制机制和政策体系，加快推进农业农村现代化。对农村的治理，提出了要健全自治、法治、德治相结合的乡村治理体系，这对未来的乡村社会治理方式指明了具体的方向。

中国的国情复杂，每一个村落都有自己独特的地理人文印记，每一个村落的治理方式也都是独一无二的。乡村治理是社会治理的关键，是建设社会主义和谐社会的重点，法治德治自治如何结合体现在乡村的治理当中？对这些问题的回答，我们既要去追寻传统，吸收传承传统社会治理方式的优点，也要借鉴现代社会法治治理的模式，发展出一条具有中国特色的农村社会治理之路。

传统中国社会治理的方式一直是德法兼有的，"制礼以崇敬，立刑以明威"，德主刑辅，一直是将德治与法治相结合的。中国最早在神话尧舜时代便有皋陶作五教（父义、母慈、兄友、弟恭、子孝）五刑（墨、劓、剕、宫、大辟），"天秩有礼，自我五礼有庸"，"天讨有罪，五刑五用"，很明显将道德伦理价值观直接入法，并以严苛的刑罚加以保障。不过，见诸历代的法典法令，更多是"刑""律"而非"法"，"法制"而非"法治"。如夏作《禹刑》，《礼记・月令》中记载"命有司，修法制，缮囹圄"等。"法，刑也。平之如水，从水"，而"律，均布也"，意指要求人们普遍遵守的行为规范，以使行为协调一致。后世弃法字用刑、律，突出了偏重强调法律规范的一致遵守，发挥其在社会国家治理中的作用，以达到维护统治秩序的目的。传统的"法制"虽非现代依法治国之"法治"，仍是一种治国理政的方式，经过数千年的国家社会治理实践，有一套完整的范畴、逻辑体系和发展规律，并始终与德治并行，相辅相成，相得益彰。

孔子在《论语・为政》中提出"道之以政，齐之以刑，民免而无耻；道之以德，齐之以礼，有耻且格"的主张，提倡圣人之治，以礼治国。同时强调德治必须以教化为基础，所谓内圣外王，个人的道德修养，自我约束，可以达到"刑错而不用"的治理效果。法家的韩非则主张"不务德而务法"，"以法为教"，提倡建立君主集权治国政体，颁布法令，赏功罚罪，强调个人必须严格遵守作为一般规则的法律规范。秦亡汉立，治国理政的政治实践受到德治的影响，在一定程度上体现了对人民力量的敬畏，儒法走向合流，德治与法治逐渐结合。唐太宗时期颁布的浩大法典《唐律》，开篇便言明"德礼为政教之本，刑罚为政教之用"，至此，礼刑合一，德主刑辅的治国理政方式延续到了清末。

古老的中华法系被称为伦理法，礼法法系，充分体现了伦理道德价值观融入法律的特点。中华法系不仅有大量的伦理价值观直接以律令的形式在成文法典中规定，如《唐律》中的"十恶""七杀""五刑"，还有数量庞大的以礼俗为中心的成文和不成文的家族族规、乡规民约等。"礼之所去，刑之所取"，背离伦理道德价值观的行为，法律必然要惩罚。由此可见，法律在价值层面上服从伦理价值取向，是其得以存在和产生实际效力的必要条件，法律只有与社会伦理价值取向基本吻合，才能获得实际的普遍效力。然而礼法并用的思想，并非将所有的伦理道德价值观直接转化为法律，而是礼典与律典并行，律典必须以礼典为依归，不得违反礼典的精神原则和具体规范。礼典本身并不规定罚则，而是起到规范示范的作用，对违礼行为的惩罚则由律典规定。例如《唐律》里面只有对违反伦理道德的重罪规定刑罚的规则，而《开元礼》则是道德伦理的具体示范规则。“礼禁未然之前，法施已然之后。”这种独特的中华礼法法系，可以说是处处道德入法，又处处道德不入法，体现了德礼政刑相辅相成的独特性，较好地发挥了道德和法律互补共同治理国家和社会的作用。中华法系，一直倡导将传统的道德伦理主义作为法律实践的价值目标，法治是在道德追求的公平正义的控制下实现的，道德监督法律的整个运行过程。这种社会治理方式延续了千年，对社会的稳定发展起到了一定的积极作用。

何为现代法治？西方亚里士多德在《政治学》中率先提出法治就是良法善治。那么传统中华法系德主刑辅、以伦理道德价值观直接入法的模式是符合“良法”的要求的。古代的礼法是一个庞大的系统，既有中央政府颁布的礼典、律令等成文法，还有大量以礼义为基础的乡规民约、家法族规、村规寨规、行规会规等习惯法。大量的民间习惯法的执法与适用，由族长、乡贤等行使，他们必须以德立威。儒家礼法的世俗化、平民化，以国家认可民间社会基本的礼俗规范并成文法化为标志，展现了王朝集权下的民间自治的特殊性和一致性。在我们对当代农村典型地区的调查中，仍然能够找到这些痕迹……

善治又是什么？中国古代的“善政”近似于今天的“善治”，包含了严明的法度、清廉的官员和很高的行政司法效率。古代的行政和司法并没有严格的区分，执法司法人员也不限于政府的官员，这种执法司法体制是跟礼法的体制相适应的。为了保障国家法律在时空上的一致性，确保王朝对国家社会的有效治理，必须控制执法司法的过程。儒家的伦理道德价值观逐渐融入法律，形成德治与法治的结合，即所谓的“中国法律儒家化”，体现出中华法系独特的控制方法。这种控制表现在以下四个方面：第一，历代王朝通过详尽立法对各级各类官员的职权范围加以严格界定，并进行评定黜陟的定期考核和随时究举的动态监督。此外，还辅以“官箴”的制约，所谓“官箴”是官吏施政执法判案具体经验的总结，一般包括“居官格言”和“为吏须知”，即道德训诫和业务职守的指南。第二，司法过程中重视判例和证据规则，推崇律例结合。西汉以后推行以儒家经义为指导的“春秋决狱”，成为儒法融合的重要媒介和催化剂。此外，古代证据规则严谨缜密，特别是发达的法医学突出了司法职业的专业性，这也是古代法治治理过程中唯一通过程序规则的设计来控制司法过程，确保判决的准确公正。第三，大量的民间习惯法的执法与适用，由族长、乡贤等行使，他们必须以德立威。“家族主义及阶级概念始终是中国古代法律的基本精神和主要特征，它们代表法律和道德所共同维护的社会制度和价值观念。”儒家礼法的世俗化、平民化，以国家认可民间社会基本的礼俗规范并成文法化为标志，展现了王朝集权下的民间自治的特殊性和一致性。第四，重视对民众的教化。法治运行过程民众的知法守法，是国家社会治理的基础。古代的"德治"重视对民众的伦理教育，一方面通过礼俗的教化，倡导社会伦理价值观的一致性，另一方面辅以"法治"的手段，将礼法成文法化，制定严苛的刑罚，提倡"刑错而不用"的治理效果。

中国古代先秦儒法两家在国家治理实践中的论争，其实是"法"与"人"的作用孰为第一性的法哲学命题。法家主张"人"性恶，有许多的弱点和不确定性，治理国家应当依靠法律，儒家则认为法律的制定和执行均依靠"人"，而"法"总是存在缺点和漏洞的，要靠"人"来补救，因此治国应当靠"人"。儒法其实并不矛盾，秦汉以后儒法合流，法家对严明规则的追求通过历代王朝重视成文法典的编撰颁布得以延续，而儒家对于"人"的因素的考虑则通过政治领域对官僚群体的道德训练和社会领域的伦理教育得以体现。这种传统的德治与法治相结合的治理模式延续千年，其成败在很大程度上取决于帝王、贵族和官僚全体是否具有清醒的政治觉悟和过硬的人格道德表率，稳定性较差。此外，重视全社会的道德伦理教化，在国家集权统治下发挥民间以伦理道德礼治为基础的自治，"人良法行"在今天仍然具有一定的借鉴意义。

当今中国社会的发展正经历着巨变。改革开放以来的经济发展，带来了物质财富的迅速积累增加，然而整体性的道德价值观也被肢解为式样繁多的碎片！经济基础决定上层建筑，中国整体的社会结构发生了重大的变化，正经历由"熟人社会"向"陌生人社会"的转型。传统的德主刑辅的社会治理方式显然已不能完全适应当代的社会关系。同时，城市与乡村、东部与西部发展的差距，经济转型的不均衡，也加大了社会关系的复杂性，增加了和谐社会治理的难度。

党的十八届四中全会提出全面推进依法治国要坚持依法治国与以德治国相结合。德治与法治的结合离不开"人"的素质。一个人的素质包含了道德素质与法治素养，因此对"人的建设"应当包含以下几个方面：第一，坚持党的领导，加强党的建设，完善党内法规，抓住领导干部这个"关键少数"。中国共产党作为执政党，党员领导干部处在执政的第一线，是"善治"的关键。领导干部既要有共产党人的高尚品格和廉洁操守，带头践行社会主义核心价值观，也要有很强的法治素养，依法办事。第二，国家公务人员应当具备合格的政治素质、业务素质和道德水平。古代以德治吏的传统应传承，"官箴"的做法可以借鉴，既有业务素质的训练，又重视私德与官德的结合。第三，在司法领域重视法官、检察官职业的专业性，中国古代律例结合的"人法并用"与西方的司法能动主义异曲同工，都重视法官的主观裁量，而法官的素质直接决定着审判的质量和司法的公正。因此，法学的职业教育不仅要关注专业的学习教育，还要重视职业道德操守。第四，公民道德教育与法治教育并重。法治与德治的结合，离不开人民群众的深度参与。古代社会治理除了国家法律，还有大量的家族法规、乡规民约、行业习惯等民间法在发挥作用，当然民间自律的基础是民众对道德伦理价值观的高度认同。党的十九大报告提出了要健全自治、法治、德治相结合的乡村治理体系，认可了基层群众在党的领导下的自治管理，而这种自治必须以对社会主义核心价值观的高度认同为基础。

法治在“善治”中的体现，离不开人的主观能动性，“善”本身就包含了对于人的素质的要求。无论是德治还是法治，都无法回避人的因素，必须通过规则的设计，一方面在法治治理过程中控制人的权欲，降低和减少对社会秩序的伤害，另一方面人的素养的提高，自律自理，可以减低施政的成本，达到和谐社会的治理目标。因此，道德教育与法治教育在全面推进依法治国的进程中十分重要。对于公民的道德教育应当以社会主义核心价值观为主，法治作为核心价值观之一，在对公民的法治教育中应当重点突出对中国特色社会主义法治理论、法治体系和法治道路的学习。

党的十八大以来，以习近平同志为核心的党中央从关系党和国家前途命运的战略全局高度来定位法治、布局法治、厉行法治。全面推进依法治国的总目标，是在深刻总结成功经验与历史性成就的基础上，作出的科学概括和理论升华。习近平总书记强调，全面推进依法治国是一项庞大的系统工程，必须统筹兼顾、把握重点、整体谋划，在共同推进上着力，在一体建设上用劲。党的十九大明确指出：要推进科学立法、民主立法、依法立法，以良法促进发展、保障善治；建设法治政府，推进依法行政，严格规范公正文明执法；深化司法体制综合配套改革，全面落实司法责任制，努力让人民群众在每一个司法案件中感受到公平正义；加大公民普法力度，建设社会主义法治文化，树立宪法法律至上、法律面前人人平等的法治理念。

本书的调研就是在这样的时代背景下开展的。厦门大学马克思主义学院思想道德修养与法律基础教研部自2005年教育部发布高校思想政治理论课课改以来，一直坚持在思想道德修养与法律基础课严格执行“2+1”的学时，“2”是正常的课堂授课，“1”是带领学生开展课外社会实践。从2012年开始厦门大学加大了对思想政治理论课社会实践的经费支持，本教研部的教师开始在每年的暑期带领学生深入城市乡村进行相关课题的调研。本书调研依托的社会调查是在2016年中央高校基本科研业务费专项“全面依法治国背景下的农村法治建设研究”，2016年教育部高校示范马克思主义学院和优秀教学科研团队建设项目(16JDSZK076)“法安天下、德润人心——法治和德治关系的理论与实践研究”，以及2016年福建省中国特色社会主义理论体系研究中心(FJ2016B027)“诚信与法治价值观相结合教育研究”项目的支持下开展的。本书调研数据的来源包括：农村道德法治状况与教育情况调查——以福建省Z市N县各村为例；全面依法治国背景下德治法治相结合的农村社会治理状况调研——基于江西省S市一些乡村的调查；“律师进村”：法治下乡的有效途径——以湖北恩施为视角；农村道德与法治状况与教育情况调查——以福建省X市T县X镇各村为例；德治与法治相结合的社会治理情况调查——以福建省Z市L区各村为例；全面依法治国背景下德治与法治相结合的社会治理调研——以福建省Q市J县社区为例。这些报告是德治与法治相结合的农村社会治理情况调查的阶段性成果。

对于农村德治与法治相结合的社会治理情况的调查，课题组区分了城市郊区农村、城乡结合地区、乡村作为不同的调查地点开展。

首先，是对乡村德治法治治理情况的调查。为了全面了解目前中国农村道德与法治现状，课题组选取了福建省Z市N县D、S、X、T等村落与江西S市Y、B、G等村落地区，于2016年7月到8月展开田野调查。以Z市N县为例，选取的村落地处偏远，调查走访以老人和留守儿童为主，青壮年大多出外务工。村里的村民几乎都是Z姓，村中保留有Z姓大祠堂，村民彼此之间都熟识，我们仿佛回到了乡土中国中的熟人社会……随着调查的深入，我们也不断在印证这点。村民处理纠纷的方式更多是由亲戚长辈或公认的德高望重的人调解。除了宗族村规，村民也信奉神道，不少村民家中供奉着关帝爷，宗教信仰戒律也约束着村民的行为。然而我们也发现了市场经济对乡村社会的冲击，如访谈中谈到的原先村民之间谁家中的菜好，直接就送，现在几乎没有送的了。旅游农家乐兴起，村民开始办客栈、饭馆等，经济纠纷也开始增多，村民开始重视法律知识的学习等现象，表明熟人社会正在向陌生人社会转变。而调查走访江西S市Y、B、G等村落地区则是另一种情况，该地区的调查集中在乡镇，主要走访调查了行政、司法机构的相关人员，受访的村民人数不多，调查反映出来的情况是依法执政的效果。从调查结果来看，该地区的法律纠纷数量呈现上升趋势，村民采取法律途径维权的领域集中在经济财产纠纷，如村民间土地纠纷、山林纠纷、征地拆迁补偿款纠纷等。基层行政、司法机构人员工作的重点是运用各种手段，妥善解决纠纷，确保社会和谐稳定，而解决纠纷所采取的方式并不是纯粹依靠法治，更多是德法兼有。

针对这些情况，我们选取了湖北恩施L镇D村做进一步的调研。恩施土家族苗族自治州L镇大胆对乡村治理方式进行改革创新，构建了“村医村教进班子、法律顾问进乡村、农民办事不出村”为内涵的“三位一体”乡村治理机制，建立了“四个一”法律顾问服务网络，即乡镇(办)人民政府有一个法律顾问团，村(居)委会有一名律师顾问，农村网格有一名法律宣讲员，农户有一个法律明白人。“法律顾问进乡村”就是采用市场机制，以政府购买法律服务的形式，引入律师作为第三方参与，在各级党政机关和村委会建立法律顾问制度。法律顾问送法下乡，在所服务的乡村进行法律知识宣传，为基层组织提供法律咨询，参与乡村社会矛盾纠纷的调解，用法治思维或方式，化解涉法涉诉信访积案，处理重点疑难信访案件。一方面抓紧处理疑难案件，减少涉法涉诉信访积案，另一方面普遍建立法律顾问制度，减少涉法涉诉信访增量。为基层群众开展法律咨询和法律援助服务，实现“法治落地”，形成浓厚的法治氛围，提高村民的法律意识，促使扶贫建设得以更高效、有序、合理地进行。2016年7月，课题组走访了恩施，对其“律师进村”的乡村治理方式进行了调查。这是法治下乡、依法治国与以德治国相结合的治理方式的一种尝试，然而调查的结果并不太乐观。虽然恩施的变革取得了一定的成效，村民的上访数量下降，不再出现越级上访的情况，村干部也逐渐用法治思维来处理村中的一些纠纷，但是也存在一些问题。一方面律师基于收益问题，不愿进村提供法律服务，另一方面村民并不乐意接受法律途径来解决矛盾纠纷。法治中国的道路依然漫长！

其次，我们需要调查城市、城市与农村结合地区的德治与法治社会治理情况。课题组把福建闽南地区作为调研的主要区域。

课题组在2016年9—11月期间，分别在X市S区、J区、X区进行了城市与城郊村镇道德法治状况与教育情况的调查。重点调查了X区X镇四个村庄：S村、D村、M村、X村，实地考察了当地居民对于当前社会道德法治状况的认知情况和教育情况，同时也对S区和J区现存的几个城中村进行了走访调查。X市作为最早实施改革开放的城市之一，城市的道德与法治状况在改革开放以来的发展变化具有一定的代表性。目前该市各城区城市化发展的速度进程不同，发达的城市商业区、城中村以及城郊农村并存，这在中国的城市发展的过程中并非特例。对各城区道德与法治状况的调查，可以观察到城市化的发展的影响。从调查结果来看，中心城区S区公民的道德素质和法治意识普遍较高，而偏远的J区、X区则相对较低。我们可以发现经济的发展对社会治理的影响，正如调查报告中所写“道德是社会经济关系的反映，归根到底是由经济基础决定的。农村经济水平相对落后，村里许多人疲于奔命，生计问题尚且未能解决，何谈道德等精神层面上的事。”仓廪实而知礼节，衣食足而知荣辱！这促使我们进一步思考农村在经济发展、社会转型、逐步走向城镇化的过程中，德治与法治应当如何更好地结合，以推动农村道德与法治的建设与发展。

2017年7—9月期间，课题组调查走访了Z市X区和L区B镇X村、S村，实地调查走访，了解当地社会治理的状况。Z市发展的速度比X市慢，城市与乡村的界限不是特别明显。X区作为主城区的面积较小，而L区则是原来的城郊村镇发展而来的，在城区边缘仍然有大量村落存在。我们的调查以这些村落为主。虽然这些村落就在城区边缘，村中的青壮年仍不多见，大多到城区务工，我们走访的对象主要是老人和儿童。村中的治理方式以传统的德治为主，以调查的X村为例，村中保留有Z姓大祠堂，还有一座明朝修建的华佗庙，并保留了一些明清民居，主要是当时的官吏及士大夫的宅邸，直到今天村民仍以此为豪，传统文化的一些主要价值观，如忠、仁、信等依然发挥着作用。不过由于靠近城区，城市的发展还是深刻影响到村民的日常生活。村里的纠纷除了日常的婚姻、家庭争执，更多的是经济纠纷，主要是靠近城区土地拆迁安置费用的分配，以及村民集体财产的分配等。对这些经济财产纠纷的处理，村民显然不再完全依靠传统的价值观，反而更多寻求现代法治的帮助。

2017年7—9月期间，调查组前往Q市J县走访调研。J县的乡镇企业十分发达，制鞋业在全国颇有名气。J县乡镇的发展呈现出一种不同的景象，大量的外来人口涌入,原先的乡村结构不复存在,村居聚落向社区聚集发展。我们选取了其中的J、T社区走访。J、T作为新型的农村社区,最大的变化是社区的治理主要是法治规则治理,并且充分利用网络技术进行管理,它的优点是稳定、可预期、可控制。然而这类新型农村社区的缺点是居民自治的意愿较低,导致社会管理的效果不尽如人意。这也让我们意识到乡村治理不是一味强调社会管理,从管理到治理,一字之差,谬以千里。乡村治理的效果如何,是检验治理方式的试金石!农村社区治理要将保留村民自治的方式、外来人口参与自治、社区管理者协调管理三者有机结合起来。

最后,从获得的调研数据来看,虽然调研的地点以福建闽南地区为主,但是也选择了江西和湖北作为比较研究的调查对象。选取的地点经济发展的基础存在差异,显示出来的农村道德与法治治理状况却存在一定的相似性。主要表现在:

第一,当前农村地区的道德与法治治理状况不容乐观。40年的改革开放、经济的飞速发展,造成了农村地区青壮年大量涌入城市务工,农村地区人口以老人和留守儿童为主。传统的道德规范以村约、族规或公认的德高望重的老人的言行为载体延续,仍然发挥重要的作用。然而经济的发展,工业化的侵入,使得这些规范也受到了严重的冲击,法治状况更加严峻。法制的宣传没有到位,法律的权威没有真正建立起来。乡村基层司法机构以解决纠纷而不是明确规则为主要任务。当然一方面是由于目前法律规则与地方性的村规民约有一定的冲突,当前的法律规则大部分是以城市的社会关系作为调整对象,也有部分的法律是从西方移植而来的,难免水土不服。我们也不应该否认村规民约在社会治理方面发挥的有效作用,毕竟有一些村规民约体现了朴素的传统文化价值。另一方面从社会治理的角度来看解决纠纷是第一要务,我国的国情复杂,农村地区又区分为乡村、城郊村镇、城中村等,在农村现代化的过程中,新旧交替,矛盾纠纷众多,基层司法人员必须要使出浑身解数才能较为妥善地处理纠纷,维护社会的稳定。另外,我们也应当看到规则与价值观的交织通过个案的处理展现,其实也是法律权威在广大农村地区逐步树立的过程。

第二,农村道德与法治教育情况存在很大的隐患。由于大量的青壮年外出务工,留守的未成年人的道德教育主要由爷爷奶奶完成,价值观的教育以家庭的言传身教为主,然而隔代的价值观的差异,以及现实世界价值观多元化的冲击,这种价值观教育存在很大的缺陷。社会主义核心价值观的宣传教育没有真正落实到位。法治教育以学校和政府为主,教育手段单一,而且教育资源匮乏,以我们调查的Z市N县T村为例,村中仅仅保留教学点教授小学一、二年级,高年级学生则必须到镇中心校就学。农村进行法治宣传的积极性不高,目前农村的法治教育基本无法真正开展。

第三,以德治国和依法治国相结合的社会治理方式在农村地区的发展需要时间的检验。调查显示,农村的治理,在很多的自然村落,还是保留着传统的宗祠、族约，以及德高望重的“老人会”作为管理者进行治理，村委会在价值观的宣传教育上并不占主导地位。宗族村规、神道和乡绅这三者在乡村治理中仍然发挥着主要的作用，而通过法律的方式进行治理的村落少之又少，对村落里发生的社会矛盾纠纷，选择法律途径来处理的情况也是凤毛麟角。随着市场经济的发展，剧烈的社会变迁对乡村的冲击也是巨大的。原来世代聚居同一村庄的村民流动起来，从根本上动摇了传统道德的约束以及社会信任和关联状况。法治的明示规则化及它的强制执行力，也日益渗透到结构日渐破碎的乡村地区。我们调查的农村地区正好契合了乡村从熟人社会到陌生人社会的变迁，不同的农村地区之间发展的不平衡也许反而存在这样的可能：先行的发达地区的乡村治理方式可以为后来者提供借鉴的模板。

十九大提出健全自治、法治、德治相结合的乡村治理体系，指明了乡村治理的方向。国家的发展，全面依法治国的推行，法治作为治国理政的首要方式，法治与德治的结合，在广大农村地区如何推行实现？乡村治理是社会治理的关键，是建设社会主义和谐社会的重点，法治德治自治如何结合体现在乡村的治理当中？这些问题都值得我们进一步思考。

本书依托的调查报告主要由学生完成，他们当中以本科生居多，也有数位研究生。报告的结论主要由学生完成论证，指导老师尽量保留他们的意见建议，只做文字符号上的修改，因此报告的文字难免有些生涩，结论也不尽完善。但是对于学生来说，田野调查已经开阔了他们的视野，引发了他们对相关问题的兴趣及思考，这是他们了解社会、国家的极佳途径，而这也正是高校思想政治理论课开展社会实践课堂的目的之一！

目 录

第一章　社会治理的相关理论
——以德治、法治为视角

社会治理指特定的治理主体对于社会实施的管理。社会治理与社会管理是不同的。社会治理相比于社会管理，更突出地强调鼓励和支持各方面的参与，强调更好地发挥社会力量的作用，而不是政府的管控。社会治理更加强调制度建设，特别要用法治思维和法治方式化解社会矛盾，社会治理体系可以说是国家治理体系的一个重要组成部分。

社会治理理论是西方治理理论的重要组成部分。社会治理指一个社会可以通过一系列的价值、政策和制度来管理它的经济、政治和社会进程。社会治理是一个国家开发经济和社会资源过程中实施管理的方式，它同时也是制定和实施决策的过程。社会治理还被界定为限制和激励个人和组织的规则、制度和实践的框架。所以，治理不仅仅局限于政府，也包括多元角色的互动。

在我国，社会治理指在中国共产党领导下，由政府组织主导，吸纳社会组织等多方面治理主体参与，对社会公共事务进行治理的活动，是以实现和维护群众权利为核心，发挥多元治理主体的作用，针对国家治理中的社会问题，完善社会福利，保障改善民生，化解社会矛盾，促进社会公平，推动社会有序和谐发展的过程。

国家治理、政府治理和社会治理这三者之间是具有共性的：第一，治理的领导力量是中国共产党。国家治理、政府治理和社会治理，都是中国共产党在社会主义根本制度和基本制度确立和巩固的前提下，领导人民进行的治理活动，都是中国共产党执政地位和执政行为的实际体现，都是在中国共产党总揽全局、协调各方的总体格局中运行治权的活动。因此，国家治理、政府治理和社会治理，都必须“充分发挥党总揽全局、协调各方的领导核心作用”。第二，治理的根本出发点是人民的根本利益。基于中国共产党的阶级属性和人民属性，按照中华人民共和国的国体规定，国家治理、政府治理和社会治理的根本出发点，都是人民的根本利益要求，都是在运行和发展过程意义上稳步实现人民主权和人民民主政治，由此达成人民民主政治与国家有效治理的辩证统一。如同习近平总书记论述推进治理现代化的改革时所指出的那样，“推进任何一项重大改革，都要站在人民立场上把握和处理好涉及改革的重大问题，都要从人民利益出发谋划改革思路、制定改革举措”①。第三，治理共同遵循依法治国的基本方略。依法治国，是中国共产党治理国家的基本方略，是实现党的领导、人民民主与依法治国战略的实际途径，

① 习近平：切实把思想统一到党的十八届三中全会精神上来[N].人民日报，2014-01-01(02).

因此也是国家治理、政府治理和社会治理的基本遵循。建设法治中国的任务，要求以法治思维运行治权，必须坚持依法治国、依法执政、依法行政共同推进，坚持法治国家、法治政府、法治社会一体建设。显然，这其中的法治国家、法治政府、法治社会一体建设，恰恰分别对应着国家治理、政府治理和社会治理，鲜明地显示了多种治理共同遵循的基本方略。第四，治理具有共同的目标指向。在价值层面，国家治理、政府治理和社会治理的目标都在于，巩固马克思主义在意识形态领域的指导地位，巩固全党全国各族人民团结奋斗的共同思想基础。在国家、社会和公民个人层面，培育富强、民主、文明、和谐，自由、平等、公正、法治，爱国、敬业、诚信、友善的核心价值。第五，治理具有共同的制度层面。国家治理、政府治理和社会治理的目标都指向于，在坚持中国特色社会主义根本和基本制度的前提下，破除一切不适应生产力发展要求的体制机制，创新释放生产力和社会活力的体制机制，以完善和发展中国特色社会主义制度。

第一节　法治作为社会治理的一种基本方式的相关理论

一、现代意义上的法治的起源

现代意义上的法治起源于西方文明。古希腊哲学家亚里士多德在《政治学》中主张“法治应当优于一人之治”，这是西方对法治论的第一个经典性论述。亚里士多德认为即使是“依法为政的君王”也不是一种好政体，他主张法律要得到普遍的遵守，必须是良好的法律，良好的法律取决于良好的政体，即提出了“良法善治”的观点。“良”“善”均体现了道德伦理价值观入法。西方近现代的法治则是在英国逐渐形成发展起来的。13世纪英国的贵族与英王之间的矛盾因赋税不断加重而剧增，爆发了战争，并迫使英王签下城下之盟——1215年《大宪章》。《大宪章》中有一条明确规定：“国王征税必须同贵族会议商量并听取民众的意见；非经同级贵族依法审判，任何自由民不受拘捕、监禁、没收财产、剥夺公权、放逐、伤害搜查和逮捕等。”这实际上是限制王权，从人治走向法治的开端。西方的法治是在与封建君王“人治”的针锋相对中发展起来的，限制王权，依托契约论制定宪法以明确规范君王权力与公民权利的界限，确立法律高于权力的法治制度，强调人的法治素养在国家社会治理中发挥的作用。这种依法治国的治理方式对于政权的稳定，缓和社会矛盾，维护社会秩序起到了积极作用。

马克思、恩格斯在吸收了空想社会主义法治思想的基础上，肯定了宪法至上的法治精神。在《黑格尔法哲学批判》中马克思提出了法治的基础是人民主权，强调国家权力的统一，赞同司法独立。马克思、恩格斯分析了法治作为国家治理方式，应当包括立法、司法、执法、守法、监督五个运行的过程，共同协调运行保障社会主义法治的实现。对于法律与道德的关系，马克思在《关于林木盗窃法的辩论中》提出：“法官只是如实地、无条件地执行偏私的立法者所制定出来的法律，不可能给出公正的判决”，明确主张恶法是无法达到善治的社会治理目标的，法律权利的正常性来源于道德权利。综上，马克思、恩格斯的法治思想偏重于阐述法治在治国理政方面的作用，人民主权则强调了人民在实现社会主义法治中的重要性。

二、中国的法治实践历史发展

中华人民共和国成立以来，法治实践的历史发展可以分为以下几个阶段：

（一）改革开放前法治建设探索阶段

在党的领导下，我国法治建设取得了显著成就，也曾经遭遇了严重挫折。新中国成立后，经历曲折摸索，到1978年十一届三中全会后，我国逐步找到法治建设的正确航道。

新中国成立后即宣布废除旧中国的所有法律，百废待兴的新中国这时法律还很欠缺，依法治国的思想也尚未确立，新中国的社会主义法治建设处于探索时期。新中国成立初期是法治建设的奠基、起步阶段，即1949—1957年期间，在废除国民党旧法统的同时，根据新民主主义革命时期根据地法制建设的成功经验，制定了以“五四宪法”为代表的一些法律，法治建设取得了良好的开局。

但正当新中国初步发展的法治建设以党的八大确立的“逐步地系统地制定完备的法律”的方针发展时，从1957年开始滋生的法律虚无主义思潮，伴随极左思想严重阻挠了法治建设。1957—1978年期间，我国法治建设陷入了停滞、倒退的阶段。正如邓小平指出的那样：“旧中国留给我们的，封建专制传统比较多，民主法制传统很少。解放以后，我们也没有自觉地、系统地建立保障人民民主权利的各项制度，法制很不完备，也很不受重视。”[①]十年“文革”动乱使我国法治建设遭受重创，宪法被漠视，长期欠缺民法、刑法、民事诉讼法、刑事诉讼法等基本法典，律师制度也被废除，甚至一段时期作为司法机关的法院、检察院都名存实亡。

（二）法治建设恢复和重建阶段

1978年12月，党的十一届三中全会召开，国家拨乱反正，实行改革开放，我国法治建设得以从瘫痪、停滞状态中恢复和重建。邓小平同志无疑是中国特色社会主义法治道路的开创者，邓小平民主法制思想为依法治国方略的确立奠定了思想理论基础。20世纪70年代末至90年代初，邓小平陆续创造性地、系统性地阐述了一系列关于建设社会主义民主法制的思想，1978年12月13日，邓小平在中央工作会议闭幕式上发表重要讲话《解放思想，实事求是，团结一致向前看》，这个讲话实际上是十一届三中全会的主题报告，讲话中邓小平提出了著名的法制建设十六字方针“有法可依、有法必依、执法必严、违法必究”。

在总结我国社会主义法制建设的成功经验和深刻教训的基础上，十一届三中全会提出“发展社会主义民主，健全社会主义法制”的方针，把社会主义民主与社会主义法制紧密结合起来。邓小平揭示了社会主义民主和社会主义法制的辩证关系，指出：“发扬

① 邓小平.邓小平文选：第2卷[M].北京：人民出版社，1994：332.

社会主义民主，健全社会主义法制，两方面是统一的。”[①]“民主与法制，这两个方面都应该加强。过去我们都不足。要加强民主就要加强法制。没有广泛的民主是不行的，没有健全的法制也是不行的。”[②]邓小平深刻指出：“为了保障人民民主，必须加强法制。必须使民主制度化，法律化，使这种制度和法律不因领导人的改变而改变，不因领导人的看法和注意力的改变而改变。”[③]邓小平还从历史经验教训中指出：“……斯大林严重破坏社会主义法制，毛泽东同志就说过，这样的事件在英、法、美这样的西方国家不可能发生。他虽然认识到这一点，但是由于没有在实际上解决领导制度问题以及其他一些原因，仍然导致了‘文化大革命’的十年浩劫。这个教训是极其深刻的。”[④]直到 1992 年邓小平退休以后仍然强调“还是要靠法制，搞法制靠得住些”。1982 年党的十二大报告提出：“要在全体人民中间反复进行法制的宣传教育，从小学起各级学校都要设置有关法制教育的课程，努力使每个公民都知法守法。”1985 年中共中央、国务院批转了《中央宣传部、司法部关于向全体公民基本普及法律常识的五年规划》，拉开了全民普法的序幕。同年 11 月 22 日，第六届全国人大常委会第十三次会议通过了《关于在公民中基本普及法律常识的决议》，正式启动全国范围第一个五年普法教育规划。为此 1986 年起高校还开设了针对大学生进行法治教育的公共课——“法律基础”。迄今已持续开展了七个五年普法教育规划，通过加强法治宣传和教育，国人的法治观念逐渐增强。

（三）依法治国新阶段

1996 年 2 月 8 日，中共中央举办的法律讲座结束时，江泽民就依法治国问题发表了重要讲话，提出“实行依法治国，保障国家的长治久安”，江泽民指出：“依法治国是社会进步、社会文明的一个重要标志，是我们建设社会主义现代化国家的必然要求。”[⑤]1997 年，党的十五大正式将“依法治国”确立为治国基本方略，将“建设社会主义法治国家”确定为社会主义现代化建设的重要目标。1999 年，九届全国人大二次会议通过《宪法修正案》，将“依法治国，建设社会主义法治国家”的法治原则载入宪法。中国法治建设揭开了历史的新篇章，进入了依法治国的新阶段。

进入 21 世纪，党的十六大提出，要把坚持党的领导、人民当家作主和依法治国三者有机统一起来。党的十七大提出，依法治国是社会主义民主政治的基本要求，强调要全面落实依法治国基本方略，加快建设社会主义法治国家。胡锦涛同志 2005 年提出“树立社会主义法治理念”，即要坚持以依法治国、执法为民、公平正义、服务大局、党的领导为主要内容的社会主义法治理念指引政法工作。

十五大报告提出“依法治国，是党领导人民治理国家的基本方略”，依法治国基本方略的确立，是党执政理念的重大转变。依法治国，就是广大人民群众在党的领导下，依照宪法和法律规定，通过各种途径和形式管理国家事务、经济文化事业和社会事务，保

①邓小平.邓小平文选：第 2 卷[M].北京：人民出版社，1994:276.
②邓小平.邓小平文选：第 2 卷[M].北京：人民出版社，1994:189.
③邓小平.邓小平文选：第 2 卷[M].北京：人民出版社，1994:146.
④邓小平.邓小平文选：第 2 卷[M].北京：人民出版社，1994:333.
⑤江泽民.江泽民文选：第 1 卷[M].北京：人民出版社，2006:513.

证国家各项工作依法进行。十五大报告明确提出“依法治国，建设社会主义法治国家”，从而正式把“社会主义”和“法治”紧密不可分割地联系起来。十五大以前，对“法制”和“法治”这两个词的含义存有不同的认识和理解，因此在使用上不够规范，但自十五大以后，对这两个词的内涵基本形成了共识，使用上也就更加规范。法治与法制的内涵不同，法制是法律制度的简称，法治是相对于人治而言的治理模式。法治与人治对立，而法制与人治并非相悖，如封建专制国家可能是法制国家，却不是法治国家。因此，法制有两种类型，人治型法制与法治型法制。在实行人治的国度里，崇拜权力，权比法大。在实行法治的国度里，崇尚法律，法比权大。2018年《宪法修正案》将我国宪法序言里“健全社会主义法制”修改为“健全社会主义法治”。从“法制”到“法治”一字之改，表面上看只是名词之争，实际上却是观念的嬗变，其重大意义在于，明确社会主义法制是法治之下的法制，而不是人治之下的法制，反映了党的治国理政思想的重大转变，表明中国不仅要加强法律制度的建设，而且要从治国思想与方式上彻底摒弃人治、迈向法治。

建立以宪法为核心的中国特色社会主义法律体系，是依法治国的前提和基础。十五大报告明确提出要“加强立法工作，提高立法质量，到2010年形成有中国特色社会主义法律体系”。1999年、2004年分别通过《宪法修正案》，完善现行宪法，1997年颁布新《刑法》，2001年颁布新《婚姻法》，还颁布了《合同法》《物权法》等大批重要法律，陆续修订了三大诉讼法，推进刑事司法制度改革。到2010年年底，我国已制定现行有效的法律236件、行政法规690多件、地方性法规8600多件，一个以宪法为核心，以民法、刑法等多个法律部门的法律为主干，由法律、行政法规、地方性法规等多个层次的法律规范共同构成的中国特色社会主义法律体系已基本形成，为改革开放和社会主义现代化建设提供了有力的法治保障。

党的十六大报告首次明确提出“发展社会主义民主政治，最根本的是要把坚持党的领导、人民当家作主和依法治国有机统一起来”，指出“党的领导是人民当家作主和依法治国的根本保证，人民当家作主是社会主义民主政治的本质要求，依法治国是党领导人民治理国家的基本方略”，阐明了依法治国与党的领导、人民当家作主的关系，开创了一条以坚持党的领导、人民当家作主和依法治国有机统一为基本内涵的中国特色社会主义政治发展道路。继提出“依法治国”后，2001年江泽民又提出“以德治国”，指出在依法治国的同时需要以德治国[①]，强调二者相结合，二者缺一不可，也不可偏废。江泽民同志提出并阐述了依法治国和以德治国的辩证关系、互动机理，明确指出了依法治国属于政治文明，以德治国属于精神文明，二者相辅相成。以德治国为依法治国奠定了思想基础和价值目标，依法治国则为以德治国提供了法律依据和制度保障。

（四）新时代全面依法治国阶段

随着中国特色社会主义发展进入新时代，法治建设也迈入了新时代，法治中国建设呈现全面加快发展的趋势。

2012年，党的十八大召开，提出推进“四个全面”战略，全面推进依法治国的步伐明

①江泽民.江泽民文选：第3卷[M].北京：人民出版社，2006：278.

显加快。十八大报告明确提出"全面推进依法治国""加快建设社会主义法治国家",确认法治是治国理政的基本方式,强调要更加注重发挥法治在国家治理和社会管理中的重要作用,规定了到2020年法治建设的五大阶段性目标任务,即依法治国基本方略全面落实,法治政府基本建成,司法公信力不断提高,人权得到切实尊重和保障,国家各项工作法治化。2012年12月4日,习近平出席首都各界纪念现行宪法公布实施三十周年大会并发表重要讲话,强调"依法治国,首先是依宪治国;依法执政,关键是依宪执政",并提出了依法治国、依法执政、依法行政共同推进,法治国家、法治政府、法治社会一体建设的重要思想。之后此番讲话写入了2013年党的十八届三中全会通过的《全面深化改革决定》。2014年10月,十八届四中全会召开,这是党史上首次专门召开研究法治问题的中央全会,会议通过的《关于全面推进依法治国若干重大问题的决定》,进一步阐明了全面推进依法治国的总目标和路线图,这次会议的召开在我国法治史上具有重大的里程碑意义。

2017年党的十九大召开,开启了新时代下中国特色社会主义法治建设的新征程。十九大报告指出,十八大以来,在推进全面依法治国和民主法治建设方面迈出重大步伐,党的领导、人民当家作主、依法治国有机统一的制度建设不断完善,科学立法、严格执法、公正司法、全民守法深入推进,法治国家、法治政府、法治社会建设相互促进,中国特色社会主义法治体系日益完善,全社会法治观念明显增强。2017年制定颁布了《民法总则》,2018年修改《宪法》,制定《国家监察法》,成立了国家监察机关,司法体制深化改革取得重大进展。

党的十八大以来,在"四个全面"战略布局中提出了"全面推进依法治国",并将"依法治国基本方略全面落实、法治政府基本建成"作为全面建成小康社会的重要目标和重要任务。十九大明确了全面依法治国是习近平新时代中国特色社会主义思想的重要组成部分。十九大报告概括凝练的"8个明确""14个坚持"是习近平新时代中国特色社会主义思想的核心内容。"8个明确"之一,即明确全面推进依法治国总目标是建设中国特色社会主义法治体系、建设社会主义法治国家;"14个坚持"之一,即坚持全面依法治国。十八大以来,围绕全面依法治国,习近平总书记提出了一系列新理念、新思想、新战略,涵盖了新时代我国法治建设的本质、总目标、根本任务、战略布局等各个方面,深刻回答了中国特色社会主义法治建设的一系列重大问题。习近平关于全面依法治国的重要论述进一步丰富和发展了中国特色社会主义法治理论,为新时代深化依法治国实践、加快建设社会主义法治国家指明了前进方向。

党的十八届四中全会对法治中国建设进行了专题研究,提出了全面推进依法治国的总目标,即"建设中国特色社会主义法治体系,建设社会主义法治国家"。习近平指出这个总目标"既明确了全面推进依法治国的性质和方向,又突出了全面推进依法治国的工作重点和总抓手,对全面推进依法治国具有纲举目张的意义"。建设中国特色社会主义法治体系,就是在党的领导下,坚持中国特色社会主义制度,贯彻中国特色社会主义法治理论,形成完备的法律规范体系、高效的法治实施体系、严密的法治监督体系、有力的法治保障体系,形成完善的党内法规体系。建设中国特色社会主义法治体系是全力推进法治中国建设的重要内容,是实现国家治理体系和治理能力现代化的重大战略部署。十八大提出的“科学立法、严格执法、公正司法、全民守法”展现了全面依法治国的基本格局，推进全面依法治国，必须从立法、执法、司法、守法四个方面统筹推进。一要发挥立法的引领和推动作用，科学立法、民主立法、依法立法，以良法促发展、保善治。二要建设法治政府，依法行政，严格规范公正文明执法。我国各级行政机关是涉及面最广的执法主体，70%以上的法律法规实施都是通过行政机关的具体职能活动体现的。三要深化司法体制改革，全面落实司法责任制，维护司法公正。公正是法治的生命线，公正司法是维护社会公平正义的最后一道防线，要努力让人民群众在每一个司法案件中感受到公平正义。四要加大全民普法力度，建设社会主义法治文化，促进全民守法。习近平指出，各级党组织和党员领导干部必须带头厉行法治，不断提高依法执政能力和水平，不断推进各项治国理政活动的制度化、法律化。各级领导干部要提高运用法治思维和法治方式深化改革、推动发展、化解矛盾、维护稳定能力，努力推动形成办事依法、遇事找法、解决问题用法、化解矛盾靠法的良好法治环境，在法治轨道上推动各项工作。

推进以德治国必须弘扬社会主义核心价值观，十八大把“法治”确立为社会主义核心价值观的重要内容之一。2016 年 12 月 9 日，中共中央政治局举行第三十七次集体学习，习近平总书记在主持学习时强调：“法律是准绳，任何时候都必须遵循；道德是基石，任何时候都不可忽视。在新的历史条件下，我们要把依法治国基本方略、依法执政基本方式落实好，把法治中国建设好，必须坚持依法治国和以德治国相结合，使法治和德治在国家治理中相互补充、相互促进、相得益彰，推进国家治理体系和治理能力现代化。”2016 年 12 月，中共中央办公厅、国务院办公厅印发《关于进一步把社会主义核心价值观融入法治建设的指导意见》，强调要把社会主义核心价值观融入法治建设，切实发挥法治的规范和保障作用，推动社会主义核心价值观内化于心、外化于行。要增强法治的道德底蕴，把法治教育与道德教育结合起来，深化社会主义核心价值观学习教育实践，弘扬社会主义法治精神，增强全民法治观念。习近平明确指出，法律是成文的道德，道德是内心的法律，法律和道德都具有规范社会行为、维护社会秩序的作用。治理国家、治理社会必须一手抓法治、一手抓德治，实现法律和道德相辅相成、法治和德治相得益彰；要发挥好法律的规范作用，以法治体现道德理念、强化法律对道德建设的促进作用；要发挥好道德的教化作用，以道德滋养法治精神、强化道德对法治文化的支撑作用。

三、走中国特色社会主义法治道路

当代中国的法治不同于资本主义国家的法治，走的是中国特色社会主义的法治道路。中国特色社会主义法治道路，是中国特色社会主义道路在法治领域的具体体现，它具有三大鲜明的中国特色：一是同加强和改善党的领导相联系。党的领导是中国特色社会主义最本质的特征，是社会主义法治建设最根本的保证，必须把党的领导贯彻落实到依法治国全过程和各方面。二是具有中国特色社会主义的本质。中国特色社会主义是全面依法治国的根本制度基础，全面依法治国是中国特色社会主义的本质要求和重要保障。三是贯彻中国特色社会主义法治理论。中国特色社会主义法治理论是马列主义法律思想中国化的创新发展，是全面依法治国的行动指南。

依法治国理论是对马克思主义法律思想的继承和发展。由于法治思想并不是马克思主义首先提出的，长期以来一直被归入资产阶级法律思想的范畴，但中国的实践证明，法治并非只能存在于资本主义社会，社会主义国家同样也可以而且必须实行依法治国。现代法治诚然是从西方起步的，但法治并非是西方的专利，法治是人类政治文明进步的成果，中国在现代化进程中选择法治，是历史发展的必然规律。将社会主义与法治紧密结合起来，在国家治理和社会治理体系中确立“依法治国，建设社会主义法治国家”的基本方略，这是马克思主义中国化在理论和实践上的一个重大贡献。

十九大报告中特别指出，全面依法治国是国家治理的一场深刻革命。改革开放以来，我国法治建设从恢复到加强，不断加快发展，走出了一条中国特色社会主义的法治之路，在依法治国方面所取得的一系列显著成就和成功经验，为我们继续坚定不移地走中国特色社会主义法治道路增添了自信和定力。

第二节　德治作为社会治理的一种基本方式的相关理论

道德是人本能的东西，更是后天养成的合乎行为规范和准则的东西。人类的文明是靠道德的建立来保障的。道德是做人做事的底线，它要求我们、帮助我们，并在生活中自觉自我地约束着我们。假如没有道德或失去道德，人类生活就很难是美好的，只能是一个动物世界，人们也就无理性、无智慧可言。道德教导人们认识自己，承担对家庭、对他人、对社会、对国家应负的责任和应尽的义务，教导人们正确地认识社会生活的规律和原则，从而正确地选择自己的生活道路并规范自己的行为。

道德是社会矛盾的调节器。人生活在社会中总要和自己的同类发生这样那样的关系，不可避免地要发生各种矛盾，这就需要通过社会舆论、风俗习惯、内心信念等特有形式，以一定的善恶标准去调节社会上人们的行为，指导和纠正人们的行为，使人与人之间、个人与社会之间关系臻于完善与和谐。

一、德治在中国古代社会治理中的运用

中国古代社会的治理是一个德主刑辅的模式。从周公制礼始，礼治即德治，“德治”，指以礼乐教化来提高人民的道德素质，将遵守社会等级秩序及其行为规范变为一种自觉，从而达到国泰民安的目的，其中心思想是统治阶级依靠对人民施行道德教化，以令人主动地心悦诚服，而不是靠严刑峻法来迫使人民敬畏和服从。

古代的礼统称一切规则，分为两大类：仪礼和经礼。仪礼泛指生活中的各种仪式规则；经礼则涉及人的权利义务，规定各种行为规范，而刑罚则依附于经礼，专司惩罚刑杀。《礼记》中指出：“天子以德为车，以乐为御，诸侯以礼相与，大夫以法相序，士以信相考，百姓以睦为守，天下之肥也。”礼治或德治的内容，以仪礼引之，即所谓的丧、祭、射、御、冠、昏、朝、聘。让民知严上，则礼达于下。礼治重视教化，所谓治人七情，修十义，讲信、修睦，尚辞让，去争夺。十义指的是父慈、子孝、兄良、弟恭、夫义、妇听、长惠、幼顺、君仁、臣忠。这些人伦道德规范很多是以家礼、族规、村约的形式在远离中央政府的地方乡村作为基本的社会治理方式运用，维护社会秩序的稳定。宋明之后，除了中央颁布

的统一礼制规则、族规，神道宗教信仰戒律也在社会治理当中起到了一定的作用。我们在闽南乡村地区调研时，经常看到一些保留至今的大族宗祠，家家几乎都供奉菩萨或者关帝爷，十步一庙，还有一些“生祠”，如妈祖庙或慈济宫等。这些神道宗教信仰中有一些宣扬的是积极的价值观，比如妈祖或慈济的普度众生、帮困抚危、妙手仁心等，对于当地社会良好风气的形成有一定的促进作用。民间的这些自治规则是传统中国礼治或德治的重要组成部分，重视人的自我约束和自我道德修养的提高，同时社会倡导诚信、仁爱、互助等价值观，重视家庭成员之间的道德关系，并利用符合主流价值观的神道宗教戒律来引导人们的行为，起到维持社会秩序稳定的治理目标。当然，这些传统的礼治规则、地方民间自治规则、宗教戒律也不可避免地存在历史的局限性，在今天乡村治理中要谨慎借鉴，控制规模，与社会主义核心价值观保持一致。

二、当代中国的德治

当代中国强调的“以德治国”，是以马列主义、毛泽东思想、中国特色社会主义理论体系为指导，以为人民服务为核心，以集体主义为原则，以爱祖国、爱人民、爱劳动、爱科学、爱社会主义为基本要求，以社会公德、职业道德、家庭美德、个人品德的建设为落脚点，建立与社会主义市场经济相适应、与社会主义法律体系相协调的社会主义思想道德体系，并使之成为全体人民普遍认同和自觉遵守的行为规范。

需要特别指出的是，当代中国的“德治”是社会主义性质的“德治”，指在继承和弘扬中国古代“德治”思想的优良成分、抛弃其糟粕的基础上，以为人民服务为核心、以集体主义为原则，重视道德教育和道德感化的作用，强调领导干部、公务员和党员应当以身作则、注意发挥示范带头作用的“德治”。这里的“德治”，是在肯定“法治”基础上的“德治”，是把“德治”和“法治”看作具有同等重要意义的“德治”。这也是当代中国新型的社会主义“德治”观和中国古代儒家“德治”观的重要区别之一。更为重要的是，新型的社会主义“德治”是以社会主义道德和共产主义道德为其基本内容的，是为维护社会主义社会的稳定和发展服务的，这与中国古代儒家的“德治”以及其他国家历史上出现的“德治”有着根本上的区别。

当代中国的德治是以社会主义核心价值观为基础的。人类社会发展的历史表明，对一个民族、一个国家来说，最持久、最深层的力量是全社会共同认可的核心价值观。社会主义核心价值观是当代中国精神的集中体现，凝结着全体人民共同的价值追求。

三、德治的价值基础——社会主义核心价值观

核心价值观，承载着一个民族、一个国家的精神追求，体现着一个社会评判是非曲直的价值标准。全社会积极弘扬和践行社会主义核心价值观，才能汇聚起建设社会主义现代化强国和实现中华民族伟大复兴的中国梦的磅礴力量。

（一）社会主义核心价值观的基本内容

核心价值观是一定社会形态、社会性质的集中体现，在一个社会的思想观念体系中处于主导地位，体现着社会制度、社会运行的基本原则和社会发展的基本方向。新中国

成立以来特别是改革开放以来,中国共产党带领全国人民在经济、政治、文化和社会等方面建立了一套比较成熟的基本制度和体制,成功探索出了一条中国特色社会主义道路。与这些基本制度和体制相适应,必然要求有一个主导全社会思想道德观念和行为方式的核心价值观。党的十八大提出,要倡导富强、民主、文明、和谐,倡导自由、平等、公正、法治,倡导爱国、敬业、诚信、友善,积极培育和践行社会主义核心价值观。这与中国特色社会主义发展要求相契合,与中华优秀传统文化和人类文明优秀成果相承接,是中国共产党凝聚全党全社会价值共识作出的重要论断。社会主义核心价值观的提出,鲜明确立了当代中国的核心价值理念,生动展现了中国共产党和中华民族高度的价值自信与价值自觉。

社会主义核心价值观把涉及国家、社会、公民的价值要求融为一体,体现了社会主义本质要求,继承了中华优秀传统文化,吸收了世界文明有益成果,体现了时代精神,是对我们要建设什么样的国家、建设什么样的社会、培育什么样的公民等重大问题的深刻解答。

1. 富强、民主、文明、和谐

坚持和发展中国特色社会主义,实现中华民族伟大复兴的中国梦,凝结着中华民族和中国人民对富强、民主、文明、和谐的价值追求。这一价值追求回答了我们要建设什么样的国家的重大问题,揭示了当代中国在经济发展、政治文明、文化繁荣、社会进步等方面的价值目标,从国家层面标注了社会主义核心价值观的时代刻度。

2. 自由、平等、公正、法治

自由、平等、公正、法治,反映了人们对美好社会的期望和憧憬,是衡量现代社会是否充满活力又和谐有序的重要标志。这一价值追求回答了我们要建设什么样的社会的重大问题,与实现国家治理体系和治理能力现代化的要求相契合,揭示了社会主义社会发展的价值取向。

3. 爱国、敬业、诚信、友善

爱国才能承担时代赋予的使命,敬业才能创造更大的人生价值,诚信才能赢得良好的发展环境,友善才能形成和谐的人际关系。爱国、敬业、诚信、友善,这一价值追求回答了我们要培育什么样的公民的重大问题,涵盖了社会公德、职业道德、家庭美德、个人品德等各个方面,是每一个公民都应当遵守的道德规范。有了这样的价值追求,人们才能更好地处理个人与国家、社会、他人的关系,不断提升自己的人生境界。

(二)社会主义核心价值观是当代中国发展进步的精神指引

培育和践行社会主义核心价值观,是有效整合我国社会意识、凝聚社会价值共识、解决和化解社会矛盾、聚合磅礴之力的重大举措,是保证我国经济社会沿着正确的方向发展、实现中华民族伟大复兴的价值支撑,意义重大而深远。2018 年 3 月,十三届全国人大一次会议通过宪法修正案,把国家倡导社会主义核心价值观正式写入宪法,进一步凸显了社会主义核心价值观的重大意义。

坚持和发展中国特色社会主义的价值遵循。中国特色社会主义是全面发展、全面进步的社会主义。既需要不断完善经济、政治、文化、社会和生态文明等各方面的制度,也需要不断探索社会主义在精神和价值层面的本质规定性；既需要为人们描绘未来社会物质生活方面的目标，也需要为人们指出未来社会精神价值的归宿。在全社会大力弘扬社会主义核心价值观，明确中国特色社会主义事业到底追求什么、反对什么，要朝着什么方向走、不能朝什么方向走，坚守我们的价值观立场，坚定中国特色社会主义的道路自信、理论自信、制度自信和文化自信，为社会的有序运行、良性发展提供明确价值准则，保证中国特色社会主义事业始终沿着正确方向前进，是中国特色社会主义的铸魂工程。

增进社会团结和谐的最大公约数。历史和现实一再表明，只有建立共同的价值目标，一个国家和民族才会有赖以维系的精神纽带，才会有统一的意志和行动，才会有强大的凝聚力、向心力。当前，我国正处在经济转轨和社会转型的加速期，思想领域日趋多元、多样、多变，各种思潮此起彼伏，各种观念交相杂陈，不同价值取向并存，所有这些表现出来的是具体利益、观念观点之争，但折射出来的是价值观的分歧。习近平说："我国是一个有着13亿多人口、56个民族的大国，确立反映全国各族人民共同认同的价值观'最大公约数'，使全体人民同心同德、团结奋进，关乎国家前途命运，关乎人民幸福安康。"①培育和践行社会主义核心价值观，能够在具体利益矛盾、各种思想差异之上最广泛地形成价值共识，有效整合纷繁复杂的社会思想意识，有效避免利益格局调整可能带来的思想对立和混乱，形成团结奋斗的强大精神力量。

（三）坚定价值观自信

"一个民族、一个国家，必须知道自己是谁，是从哪里来的，要到哪里去，想明白了、想对了，就要坚定不移朝着目标前进。"②这种坚定不移朝着目标前进的精神状态，就是一个民族、一个国家高度自觉自信的状态。坚定的核心价值观自信，是中国特色社会主义道路自信、理论自信、制度自信和文化自信的价值内核。社会主义核心价值观丰厚的历史底蕴、坚实的现实基础、强大的道义力量为我们坚定核心价值观自信提供了充分的理由。

1. 中华优秀传统文化是社会主义核心价值观的历史底蕴

任何一种价值观都不可能凭空产生，总是有其特定的历史底色和精神脉络。牢固的核心价值观，都有其固有的根本。抛弃传统、丢掉根本，就等于割断了自己的精神命脉。社会主义核心价值观不是无源之水、无本之木。深深地根植于中华优秀传统文化，是社会主义核心价值观历史底蕴的集中体现。

中华优秀传统文化是涵养社会主义核心价值观的重要源泉，是中华民族的精神命脉。在世界几大古代文明中，中华文明之所以能够没有中断并延续发展至今，一个重要原因就是中华民族有一脉相承的精神追求、精神特质、精神脉络。2000多年前，中国就

①习近平：青年要自觉践行社会主义核心价值观——在北京大学师生座谈会上的讲话[N].人民日报，2014-05-05(02).

②习近平：青年要自觉践行社会主义核心价值观——在北京大学师生座谈会上的讲话[N].人民日报，2014-05-05(02).

出现过诸子百家的盛况，老子、孔子、墨子等思想家广泛探讨人与人、人与社会、人与自然的关系，提出了包括孝悌忠信、礼义廉耻、仁者爱人、与人为善、天人合一、道法自然、自强不息等很多理念，至今仍然深深影响着中国人的生活。这些思想和理念，不论过去还是现在，都有其鲜明的民族特色，都有其永不褪色的时代价值。正如习近平在2014年中共中央政治局第十三次集体学习时强调的，要"深入挖掘和阐发中华优秀传统文化讲仁爱、重民本、守诚信、崇正义、尚和合、求大同的时代价值，使中华优秀传统文化成为涵养社会主义核心价值观的重要源泉"。

培育和弘扬社会主义核心价值观，必须立足中华优秀传统文化。历史是从昨天走到今天再走向明天，不忘本来才能开辟未来，善于继承才能更好创新。中国人民的理想、价值观和精神世界是始终扎根于中华优秀传统文化的沃土之中的，同时又是随着历史和时代前进而不断与时俱进的。社会主义核心价值观，是对中华优秀传统文化的继承和升华。它把涉及国家、社会、公民的价值要求融为一体，赋予中华优秀传统文化以新的时代内涵。今天，培育和弘扬社会主义核心价值观，必须从中华优秀传统文化中汲取丰富营养，深入中华民族历久弥新的精神世界，把长期以来我们民族形成的积极向上向善的思想文化充分继承和弘扬起来，坚持历史唯物主义立场，坚持古为今用、推陈出新，有鉴别地加以对待，有扬弃地予以继承；推动中华优秀传统文化创造性转化和创新性发展，激活其生命力，增强其影响力和感召力，把跨越时空、超越国度、富有永恒魅力、具有当代价值的文化精神弘扬起来，把继承优秀传统文化又弘扬时代精神、立足本国又面向世界的当代中国文化创新成果传播出去。

2. 中国特色社会主义建设实践是社会主义核心价值观的现实基础

习近平指出："一个民族、一个国家的核心价值观必须同这个民族、这个国家的历史文化相契合，同这个民族、这个国家的人民正在进行的奋斗相结合，同这个民族、这个国家需要解决的时代问题相适应。"①我们所积极弘扬和践行的社会主义核心价值观，不仅与中华民族悠久灿烂的历史文化相契合，具有深厚的历史文化底蕴，而且同我们正在进行的奋斗相结合，同我们所要解决的时代问题相适应，具有坚实的现实基础。概括而言，这一坚实的现实基础，就是当今时代的中华民族所进行的人类历史上最为宏伟而独特的中国特色社会主义建设实践。

中国特色社会主义建设是社会主义核心价值观的实践根据。价值观是人类在认识、改造自然和社会的过程中产生与发挥作用的。不同民族、不同国家由于其自然条件和发展历程不同，产生和形成的核心价值观也各有特点。建设富强民主文明和谐美丽的社会主义现代化强国，实现中华民族伟大复兴，是鸦片战争以来中国人民最伟大的梦想，是中华民族的最高利益和根本利益，承载着几代中国共产党人的理想和探索，寄托着无数仁人志士的意愿和期盼，凝聚着千千万万革命先烈的奋斗和牺牲，是近代以来中国社会发展的必然选择，是历史和人民的选择，凝聚着全国各族人民的奋斗和实践。事实也雄辩地证明，要发展中国、稳定中国，要全面建成小康社会、加快推进社会主义现代

①习近平：青年要自觉践行社会主义核心价值观——在北京大学师生座谈会上的讲话[N].人民日报，2014-05-05(02).

化，要实现中华民族伟大复兴，必须坚定不移坚持和发展中国特色社会主义。推进中国特色社会主义建设，必然要求有自己鲜亮的精神旗帜，有明确有力的价值引领。社会主义核心价值观生成于中国特色社会主义建设实践，同当今中国最鲜明的时代主题相适应，是当代中国精神的集中体现，是中国特色社会主义本质规定的价值表达。它从价值观的层面，清晰地展现了我们所推进的中国特色社会主义建设的基本特征和根本追求，引领着中国特色社会主义建设铿锵前行。

中国特色社会主义建设的成功经验，是对社会主义核心价值观正确性、可信性的检验。同时，中国特色社会主义建设的新推进，也不断为社会主义核心价值观注入丰富而鲜活的时代内涵，提出弘扬和践行社会主义核心价值观的新任务新要求，并为社会主义核心价值观的弘扬和践行提供了广阔空间及有力的物质基础、制度保障和相应条件。社会主义核心价值观之所以彰显出强大的生命力、吸引力和感召力，正因其深深地扎根于中国特色社会主义建设的生动实践之中。

3. 社会主义核心价值观的道义力量

真理的力量加上道义的力量，才能行之久远。社会主义核心价值观以其先进性、人民性和真实性而居于人类社会的价值制高点，具有强大的道义力量。

社会主义核心价值观的先进性，体现在它是社会主义制度所坚持和追求的核心价值理念。社会主义制度建立在生产资料公有制的基础之上，消灭了剥削制度，劳动人民成为国家的真正主人，是人类社会迄今为止最先进的社会制度。中国特色社会主义制度是科学社会主义原则与中国实际的创造性结合，至今仍在不断地改革、完善和发展之中。中国特色社会主义所取得的开创性成就使得科学社会主义在21世纪的中国焕发出强大生机活力，为人类探索更加美好的社会制度提供了宝贵的中国智慧和中国方案。社会主义核心价值观反映着我国社会主义基本制度的本质要求，渗透于经济、政治、文化、社会、生态建设的各个方面，是我国社会主义制度的内在精神之魂。作为人类社会最为先进的社会制度的本质规定在价值层面的集中反映，社会主义核心价值观代表着当今时代人类社会的价值制高点。

社会主义核心价值观的人民性体现在它所代表的最广大人民的根本利益，反映的最广大人民的价值诉求，引导着最广大人民为实现美好社会理想而奋斗。马克思主义最根本的政治立场，就是始终站在广大劳动人民的立场上，以广大劳动人民的解放为旨归，竭尽全力为人民求福利、谋利益。《共产党宣言》庄严指出："过去的一切运动都是少数人的，或者为少数人谋利益的运动。无产阶级的运动是绝大多数人的，为绝大多数人谋利益的独立的运动。"与此相应，人民性也是以马克思主义为理论基础、以社会主义运动为实践根据的社会主义核心价值观的根本特性。在引导中国特色社会主义建设的进程中，中国共产党也反复强调，人民是历史的创造者，要践行全心全意为人民服务的根本宗旨，坚持以人民为中心、坚持人民当家作主，把人民对美好生活的向往作为奋斗目标；强调中国共产党人的初心和使命，就是为中国人民谋幸福，为中华民族谋复兴；强调中国共产党是为中国人民谋幸福的政党，也是为人类进步事业而奋斗的政党，始终把为人类作出新的更大贡献作为自己的使命。鲜明的人民性，使得社会主义核心价值观具有强大的道义感召力。

社会主义核心价值观是当代中国德治的价值基础。坚定社会主义核心价值观自信,要求我们充分认识社会主义核心价值观的优越性及其在中华民族实现自己梦想的奋斗中所具有的重大意义,自觉以社会主义核心价值观来引领我们的接力前行,要求我们自觉以社会主义核心价值观引领多样化的社会思潮,运用马克思主义客观辩证地分析各种错误价值观的实质,增强抵御错误价值观侵蚀的能力,不断增强社会凝聚力和价值共识。坚定社会主义核心价值观自信,还要求我们在发展的进程中虚心学习借鉴人类社会创造的一切文明成果,但不能数典忘祖,不能照抄照搬别国的发展模式,也绝不会接受任何外国颐指气使的说教。

第三节　德治与法治相结合的社会治理方式的相关理论与实践

一、德治与法治的联系与区别

(一)法治的特征

法治与德治(或人治)是不同的治国理念。人治强调个人权力在法律之上,而法治理念正好与其相反。国家依靠法治并不是说不要依靠人的力量和人的作用,因为再好的法律与制度都需要靠人来执行与实现。但是,不可将“人的作用”与“人治”相等同,两者是根本不同的概念。作为与德治相对立的一种治国方略,法治强调以法治国、法律至上,亚里士多德就明确提出“法治应当优于一人之治”。法治亦即法的统治,强调的是法律作为一种社会治理规范并且在社会生活中拥有最高的地位,且与民主、人权、自由等价值目标密切相关。在社会中,任何人都必须遵守法律,包括法的制定者和执行者本身。法律是社会最高的规则,没有任何人或机构可以凌驾于法律之上。现代法治的基本内涵包括有法律至上、人权保障、司法公正、依法行政等要求。

“法制”和“法治”,尽管只有一字之别,但“法治”与“法制”的内涵不同。“法制”是国家的法律和制度的简称;“法治”则是国家和社会治理的理论、原则、观念和方法的统称。法制指静态的法律制度,法治指动态的依法治理状态;法制理念强调依法制裁、控制,法治主张依法管理、治理。法制是个中性词,有封建的法制,也有现代的法制,而法治是个褒义词,法治代表良法和善治。有法制不一定有法治,但有法治必定先有法制。法制是法治的基础,法治是法制的最高境界。

法治有明确性、可预期性、科学性、稳定性、社会凝聚力的特性。第一,法治具有明确性。法律的规定通过成文法或者判例的形式表现出来,其条文或者内容具有明确性,使人们清晰地知晓自己行为的后果,实现社会的规范和有序,诚如荀子所云“君法明,论有常,表仪既设民知方”,即规章制度设立后,人民了解,则方向明确。第二,法治具有可预期性。在法治社会,法律一经公布,就昭示天下,成为人们的行为规则,每个人都可以按照法律的规定去从事各种行为,而不必担心出现难以预见的后果。如此就可以为人们的行为提供长久的预期，使市场交易得以有序进行，就能够减少社会中交往的成本，提高整个社会的效率，人们可以安居乐业。第三，法治具有科学性。在法治社会，法律的形成与颁布，是众人参与的结果，立法的过程可以说是集众人之长，而司法的过程则是职业化、专业化的法官对法律进行适用的过程。第四，法治具有稳定性。法治社会形成完整的秩序，这种秩序是通过法律建立的，具有长久的稳定性，其秩序的变动必须经过法律上的修法、立法等活动才可以产生，所以其具有程序上的严谨性，不因个人的变动而变更。第五，法治具有社会凝聚力。在法治社会，法治一则要求全民参与，制定良法，二则要求法律至上，法律面前人人平等。通过这两方面可以实现社会公众意愿的有效表达，形成一种社会共识，并对于法律执行的效果在心理上能够予以接受。

以上几个特性都可以让法治发挥优势，为社会和国家带来秩序、公正、人权、效率、和谐等基本价值，有助于建立和维护安定有序的社会秩序，促进社会公平正义、增进人民福祉，尊重和保障人权，提高政治效率、经济效率和社会效率，构建社会主义和谐社会，促进人与人之间、公民与国家之间、群体与群体之间、阶层与阶层之间、区域与区域之间乃至国家与国家之间和谐。然而，中国传统社会讲究人情伦理，在法治社会中，过于强调法律的至上地位而不顾伦理道德、过于强调罪责和惩罚，很可能会造成社会制度过于冰冷甚至人心涣散的结果。这时候就需要德治充当“润滑剂”，使社会治理科学公正而不失人情味。而且，法律也有其局限性，不能调节所有的社会关系。比如，法律提倡“见义勇为”，即使有奖励机制，基于对自身利益的考虑，也做不到使所有人都去见义勇为。

（二）德治的优劣

“仁义礼智信”是被社会公众所熟知的中国传统道德体系。“仁”是个人修养的道德基础，社会文明的前提条件；“义”是个人修养的价值准则，治世利民的重要理念；“礼”是个人修养的行为规范，国家团结的核心力量；“智”是个人修养的知性活动，稳定发展的潜在动力；“信”是个人修养的人格特质，兴衰存亡的根本关键。法律是外在的、他律性的，而道德是内化的、自律性的。因此，一方面，公民的道德素质提高，一定程度上可以预防违法之事的发生率，另一方面，很多情况下人们是因为道德约束而具有良好的行为，这就减少了因推行法律而产生的资源浪费。

然而，与法律相比，道德的强制性较弱，减弱了德治对国家和社会秩序治理的贡献。此外，虽然道德具有普遍性，但不同利益主体的道德准则是有差异性的，一味施行德治、以道德为评判准则，难免导致冲突。

二、法治与德治相结合的必要性

习近平指出：“法律是成文的道德，道德是内心的法律，法律和道德都具有规范社会行为、维护社会秩序的作用。”[①]法律和道德都是社会上层建筑的重要组成部分，都是规

---

①习近平.加快建设社会主义法治国家(2014年10月23日)[M].十八大以来重要文献选编(中).北京:中央文献出版社,2016:185.

范人们行为的重要手段，二者又各有不同的特点和作用，不能相互取代。以德治国与依法治国二者本质上是一致的，但属于不同范畴。前者属于思想建设、精神文明，后者属于政治建设、政治文明。以德治国为依法治国奠定了思想基础和价值目标，法治则为德治提供了法律依据和制度保障。

习近平在2016年中共中央政治局第三十七次集体学习时指出：“法律是准绳，任何时候都必须遵循；道德是基石，任何时候都不可忽视。在新的历史条件下，我们要把依法治国基本方略、依法执政基本方式落实好，把法治中国建设好，必须坚持依法治国和以德治国相结合，使法治和德治在国家治理中相互补充、相互促进、相得益彰，推进国家治理体系和治理能力现代化。”这些重要论述深刻阐述了法律和道德的辩证关系，明确指出了国家和社会治理需要法律和道德共同发挥作用。在国家治理和社会治理中，法治和德治都有其独特的地位和功能。既要发挥法律的规范作用，规范社会成员的行为，维护社会秩序，又要发挥道德的教化作用，提高社会成员的思想道德觉悟，规范人们的行为和调节社会关系。法治和德治，就像车之两轮、鸟之双翼，绝不能偏废。

当前理论和实践脱节是我国法治和德治理论研究的一大问题，理论和实践必须结合，因为没有理论指导的实践必然盲目，没有实践根基的理论必然空泛。当下摆在国人和政府面前的建设社会主义法治国家的实践课题，是一个完全不同于此前侧重从理论方面界定“法治”内涵的新问题。因此，我国的法治理论研究完全可以以此为契机，将有助于法治实现的诸多实践环节纳入法治理论研究的视野，并由此强化法治理论与实践的互动与合流。本书的调研便是一种尝试，将理论与实践结合起来探究农村社会治理途径的几种可能。

（一）法治和德治在全球治理的历史和基本现状

现代意义上的法治主要来源于近代西方法律文化。法治是民主政治的产物，发源于古希腊和古罗马。虽然现代意义上的法治形成于近代西方，但其精神和传统可以上溯至古希腊。古希腊尤其是雅典的城邦民主和法治达到了古典世界的辉煌，在公民范围内实现了较为彻底的民主和法治，但人的等级性划分和奴隶制度的存在，又使它与现代世界的民主和法治有了分野。然而古希腊已在思想上和传统上为后来所有类型的西方民主和法治奠定了基础。

罗马继受了饱含法治精神的希腊理性法思想。罗马从王政、共和再到帝国初期，不仅创制了庞大的法律体系，而且将法治的精神贯彻于法律之中，其中体现人的理性的平等、意思自治和权利的私法可谓是对集中体现于公法领域的希腊法治精神的弘扬和拓展。进入帝国后，皇权对法制精神的破坏和干扰很大，但历史形成的传统未曾消失。中世纪，西方的理性思想和法治精神被笼罩于宗教的帷幕之下，但法律的神圣性和权威性依然在历史和大众中流传。近代以来，思想家们对权力本质的深刻认识推动着西方法治理论走向完备。为了让法治成为现实，西方思想家拿出了“分权与制衡”的实施方案，将专制集权制度改造为以权力制约权力的分权体制，通过分权和制衡来实现法治和人权。

现在法治已成为大多数国家的社会控制模式，但显然各国的法治程度并不相同且各有特色，因而不能简单地用西方法治的经验和标准来衡量已发展了的现代法治。现代法治是建立在更广泛的民主政治、市场经济和与传统相结合的理性文化之上的，西方的经验和标准只是特定的一种，而不是全部或唯一。

关于德治，中国自孔子始，儒家思想在理想层面上始终以德治为目标，西方哲人自柏拉图始，也有对德治向往的思想，如其在《理想国》中所揭示的那样。但德治思想很快在现实中陷入了困境。在西方，我们可以发现，人们对此问题自觉和反省得比较早。由于与中国迥异的人性论传统（即原罪说、性恶论），西方的哲人们更容易正视德治陷入困境的现实，进而能够给出更现实、更有效的解决方案。柏拉图最终放弃《理想国》的德治理想而转求于法律和秩序（见其《法律篇》的相关思想）便是很好的证明。事实上，柏拉图以后，从亚里士多德开始，"法治国"是人类最理想的国家这一思想便成为西方的传统。

现代西方国家坚持以德治国与依法治国相结合，主要表现为：政德建设是实施德治与法治的助推器，是道德建设与法律建设的结合点，其中又特别注重法律体系和道德体系在内容上相互吸收、在功能上相辅相成、在实施中相互支撑，政治反贪治腐是道德建设与法律建设的核心环节。

政德是现代资本主义社会国家道德的核心因素之一，"为政以德"是执政的资产阶级总结封建国家治国方略得出的基本经验，其核心是自由、平等、博爱的价值观念和理想信念，是资产阶级认为优于封建主义的那些在个人生活和国家管理中具有推动作用的有利因素。当代西方国家的政德建设同德治思想的产生一样源远流长，但严格意义上的资本主义政德却是近代随着西方"三权分立"制度的建立而产生的。早在 19 世纪末，罗伯斯庇尔在建立法国资产阶级政权之际，就向议会发表了《关于政治道德的各项原则》（1893 年）的施政演说，他认为支持和推动政府的主要动力是爱祖国和法律的美德，要用美德来管理国家政治生活。现代资本主义国家继承并进一步发展了这个传统，例如，美国政府就十分重视政德建设，先后公布了《公务公开法》（1976 年）、《公务道德法》、《政府道德法》（1978 年）和《公职人员道德法》（1980 年）。

文官制度的设立是政德建设的一个具体表现。从 19 世纪中期开始，少数资本主义国家开始建立文官制，随后在西方国家逐渐形成了一个把持国家行政工作的独立的社会集团。由于他们是代表政府或公共机构执行政策法令的人，他们当中的高级官员又经常参与制定政府的政策法令，他们在社会公共行政中占有非常重要的地位。他们工作的好坏直接关系到国家机器的运转效率与国内政治的稳定性和连续性，直接影响国家根本利益的实现。所以西方国家对其公务员不仅在业务能力、专业知识水平等方面有较高的标准，而且在道德上也有较高的要求。在这种情况下，一种专门化程度较高的现代公务员道德应运而生，并且逐渐形成了自己的制度化系统。文官制度凝聚了资产阶级的政治道德的精神，是实施德治与法治的助推器。这主要表现在：首先，一些道德规范上升为法律规范，成为遴选、录用公务员的重要标准。早在 1789 年的法国《人权宣言》就曾明确提出，政府官吏的任用要"以才能品德为依据"。此后，不少国家在遴选、录用公务员时对报考人员均规定了"应有良好的道德品质"的资格限制。美国近年来规定，因失职或渎职被解雇者，犯过罪、干过丑事或不诚实、不道德的事或臭名昭著者，在考试任用过程中谎报情况或弄虚作假、营私舞弊者及经常酗酒者，取缔其报考资格。其次，道德是公务员就职赴任的重要条件。二次世界大战后，不少国家制定的公务员法中规定：公务员在正式就职前要进行宣誓，明确表示愿意接受各种职业准则的约束。例如，日本《国家公务员法》规定“职员应当进行公务宣誓”，誓词为：“我坚决宣誓——作为全体国民的服务者，应深刻认识为公共利益工作的责任，遵守日本国宪法，服从法令及上司在职务上的命令，不偏不党。公正地履行职责。”最后，道德是考核晋升和奖惩公务员的重要内容。英国的《年度考核报告》在评价公务员工作表现的十项内容中，有五项内容，即个性和品行、主动性、风度和机敏、热忱、职务上的操行，都和公务员道德有关。美国1979年《公务员制度改革法》所规定的“功绩制”九条原则中第四条：“所有雇员应保持高标准的义务，服从命令的义务，严守秘密的义务，忠于国家的义务，遵守法令的义务等。”韩国《国家公职人员伦理法》规定，公职人员必须进行财产申报和登记，无正当理由拒绝登记财产者，处以一年以下徒刑或者1000万以下罚款。《韩国防止腐败法案》规定公职人员伦理委员会在审查登记事项时，如怀疑其中有虚假登记的嫌疑，可以委托监察院进行。同时通过有关国家公职人员（公务员）的服务法规，明确公务员的职责范围。20世纪后半期开始，西方发达国家加大了对于公务员或政府文职人员的伦理监督的力度，目前除了一般对于公务人员的法规，还建立了公职人员的伦理法，并相应设有各级政府的伦理委员会。伦理委员会对于相应等级的政府的任何官员都有进行监督的权力。在他们不违反法律但不符合国家公职人员的伦理要求或规定的地方，伦理委员会可以依据公务人员的伦理法提出不同程度的惩罚意见。

西方国家在向现代化迈进的历史过程中，在坚持法治的前提下，逐步使以德治政、以德治吏走上法治化、规范化的道路，即以制度建设为契机促进道德建设与法治建设的结合。当代美国政治学家、法学家、伦理学家约翰·罗尔斯指出：“正义是社会体制的第一美德，正如真实是思想体系的第一美德一样。”这既是对西方传统社会将正义作为个人美德和社会德性的现代诠释，又是现代资产阶级注重制度建设的典范表述。

廉政建设事关道德建设与法治建设，其中政治反贪治腐是廉政的关键，亦是道德建设与法治建设的核心环节和重中之重。现代西方国家的德治实践和法治实践表明如何以德、法促进廉政善政是一个难度很大的问题，所以都比较注重以廉政善政推动法治与德治。政治反贪治腐很好地说明了这个问题。西方国家的政治反贪治腐注意了以下几个方面：

首先，健全各种选举制度。以法律的形式规定公职人员选拔任用的正常程序，以便使一批优秀人才进入国家公务员行列，保证国家机关内部的纯洁。美国《文官制度法》规定：“公职人员必须通过公开的竞争性考试，择优任用。”公职人员的选拔任用法律制度详细规定了公职人员的任用形式、任职资格、任用程序甚至就职仪式等。

其次，制定比较完备的廉政法规。许多国家除了在本国的刑法典中专门设有贿赂罪、贪污罪等规定，还特别颁布了针对性较强的法律、法规、法令或法案。如美国有《官员道德标准法案》、英国有《反腐化法》、法国有《公务员总法》、日本有《国家公务员法》等。此外，各国法律文件从不同的角度对公务人员在执行公务或日常工作交往及社会、经济活动中的行为作了严格的限制，如实行公职人员任职回避制度、职务轮换制度、政务公开制度、财产申报制度、考核晋升和奖惩制度、严禁国家公职人员兼职和经商，严格控制公职人员接受馈赠和宴请等。

再次，健全与完善刑事法律体系，成立专门的反腐惩贪机构或组织。为有效惩治腐败犯罪分子，各国都高度重视刑法典和有关单行法律、法规的制定、修改和完善。概括起来其内容包括：贪污贿赂犯罪的客体（即报酬）；确立对贪污贿赂犯罪从事处罚的原则；规定对贪污贿赂犯罪行为采取严厉而多样化的刑罚方法；对行贿和受贿实行同等处罚的规定；普遍规定巨额财产来历不明罪并予以处罚。关于建立专门的反腐败机构，其特点有三：(1)地位超然独立，成体系。(2)职责专一，权力广泛，专门机构工作人员享有相当广泛的权力，如调查权、获取资料权、限制被调查者及有关人员处置财产的权力、搜查与求得协作的权力、扣留旅行证件的权力、拘捕权等。(3)享有崇高的威望。其成员一般由在司法界享有较高声誉、业务非常精通且具有丰富办案经验的人士充任。

最后，建立制度完备、组织健全的反腐倡廉法律监督机制。各国反腐倡廉法律监督机制主要由以下几个部分组成：(1)法院和行政机构的监督；(2)新闻舆论的监督；(3)社会公众的监督。许多国家都规定了公民举报的措施和保护奖励举报人的制度，吸引公众积极投身监督公职人员的活动中。为了更有效地规范公务员职业行为，国家普遍制定和颁布公务员道德法规。早在1855年英国政府颁布了《关于录用王国政府文官的枢密院令》，1883年美国国会通过了《彭德尔顿法》(《文官制度法》)，这两部法案对公务员的一些规定就是现代公职人员廉政建设的雏形。1973年加拿大政府颁布了关于调整政府官员职业行为涉及利益冲突的《道德法典》。1978年美国颁布了《政府道德法》，该法将所有现行法律和行政命令中的官员道德规范和限制加以法典化，并予以补充完善。1993年韩国通过了《公务员道德法》，并以此为契机，在国家公务员中开展了反腐败的斗争。在英国，《荣誉法典》虽说只是不成文的法律，但也有《防腐化法》《官员保密法》等涉及公务员道德的法规。公务员道德的制度化和法律化是西方公务员道德发展过程中的显著特点之一，同时也反映了西方国家对公务员道德的高度重视。

（二）法治和德治在我国治理的历史和基本现状

我国是文明古国，以礼仪之邦著称于世，具有几千年的治国经验，批判地继承我国历史上成功的治国经验，结合当代特点加以升华运用，对于巩固无产阶级政权、建设中国特色社会主义国家具有十分重要的现实意义。

我国最早的法律是由原始的礼仪演化而来的，从一开始就带着浓重的伦理道德色彩。周朝搞的宗法制就是以“亲亲、尊尊”原则为基础，社会制度、国家制度、法律制度等皆以“礼”为依据，以“礼”为准绳。春秋战国时期“礼崩乐坏”就是因为儒家最初单纯注重道德，忽视国家的实力，导致奉行儒学的诸侯国先后灭亡。《管子》一书中提出了“以法治国”一词，战国的商鞅、韩非等人又进行了“以法治国”思想的实践和发展。在长期的实践中，许多古代思想家、政治家逐步认识到单纯依靠法治和单纯依靠德治都不足以维护统治者的地位，于是主张德法并用，使法治与德治相辅相成，相互促进。孔子说：“道之以政，齐之以刑，民免而耻。道之以德，齐之以礼，有耻且格。”意思是说，仅用政令引导，用刑罚威慑，民众充其量只能做到不违反法律，但没有羞耻之心，如果用道德引导、用礼节规范行为，民众就会逐渐成为有羞耻之心的道德人。到了汉朝儒法逐渐合流，统治阶级逐步形成了“德主刑辅”的统治方式，强调“德礼为政教之本，刑罚为政教之用”。封建统治者把许多纯道德的东西规定在法律之中，以法律的形式树立和保障道德的权威，使封建道德逐步内化为人民的信条和行为。我国历史上所谓“文景之治”“贞观之治”“康乾盛世”，都是“制礼以崇敬、立刑以明威”，一方面制定了一整套封建道德体系，进行“德治”，另一方面又形成了严密系统的法律体制，进行“法治”，从而促进了社会发展，使社会进入繁荣时期。

随着民族资本工业的发展，清末出现了变法图强确立宪法法治的主张以及“法理派”与“礼治派”之争。《中华民国临时约法》，是我国依法治国的开始，但无论是北洋军阀还是蒋介石政权，都采取政治欺骗和军事镇压相结合的两面派手法，打着“民国”招牌，实行反动统治。剥削阶级的法律政令体现了统治阶级意志，是压迫人民、镇压人民的工具，他们鼓吹的“德政”是以维护其反动统治为目的的一整套礼仪规范。我们提出依法治国和以德治国相结合，是对我国传统治国手段和治国方式的批判性继承，目的是通过法治更加体现人民的意志，使广大人民更好地履行自己的权利和义务，通过德治使以为人民服务为核心的思想道德规范发扬光大，进一步推动富国强民的社会主义现代化建设。

在中国共产党第十五次全国代表大会上的报告中第一次提出了“依法治国，建设社会主义法治国家”的治国基本方略。依法治国，就是广大人民群众在党的领导下，依照宪法和法律的规定，通过各种途径和形式管理国家事务，管理经济文化事业，管理社会事务，保证国家各项工作都依法进行，逐步实现社会主义民主的制度化、法律化。依法治国是党领导人民治理国家的基本方略，是发展社会主义市场经济的客观需要，是社会主义文明进步的重要标志，是国家长治久安的重要保障。继提出依法治国后，江泽民同志又提出在依法治国的同时需要以德治国，德法并重。德治与法治作为治国的基本指导思想有它的历史理论依据和重要的现实意义。

十六大报告指出“依法治国和以德治国相辅相成”，提出“要建立与社会主义市场经济相适应、与社会主义法律规范相协调、与中华民族传统美德相承接的社会主义思想道德体系”。这三点是国家政治权力多年来实施“道德教化”的一个深刻反思，也应当是我们建立真正能与法治“相辅相成”的道德体系的努力方向。唯有从中国当今的社会实践出发，从对历史与现实的深刻反思中，我们才能找到“德治”与“法治”相互契合的现实合理性。

党的十八届四中全会提出，建设中国特色社会主义法治体系，建设社会主义法治国家，必须坚持依法治国和以德治国相结合。这是全面推进依法治国必须把握的一个基本原则，是关系中国特色社会主义事业长远发展的根本大计。我们必须坚持一手抓法治、一手抓德治，把法治建设和德治建设更加紧密地结合起来，实现法律和道德相辅相成、法治和德治相得益彰，不断提高国家治理体系和治理能力现代化水平。

2016 年 12 月 9 日下午，中共中央政治局就我国历史上的法治和德治进行第三十七次集体学习。中共中央总书记习近平在主持学习时强调：“法律是准绳，任何时候都必须遵循；道德是基石，任何时候都不可忽视。在新的历史条件下，我们要把依法治国基本方略、依法执政基本方式落实好，把法治中国建设好，必须坚持依法治国和以德治国相结合，使法治和德治在国家治理中相互补充、相互促进、相得益彰，推进国家治理体系和治理能力现代化。”

回顾过去，我们看到，党的十五大报告第一次以党的正式文件形式明确提出：“依法治国，建设社会主义法治国家”。1999年，九届全国人大二次会议通过宪法修正案，将“依法治国，建设社会主义法治国家”载入宪法，使之成为一项宪法原则。至此，依法治国成为中国共产党领导人民治国理政的基本方略。2012年，党的十八大围绕全面推进依法治国、加快建设社会主义法治国家的战略目标，提出了一系列新理念新命题新任务，确认了法治是治国理政的基本方式，强调要更加注重发挥法治在国家治理和社会管理中的重要作用，明确提出法治建设新十六字方针“科学立法、严格执法、公正司法、全民守法”，规定了到2020年法治建设五大阶段性目标任务，即依法治国基本方略全面落实，法治政府基本建成，司法公信力不断提高，人权得到切实尊重和保障，国家各项工作法治化。2013年，党的十八届三中全会通过的《全面深化改革决定》首次提出“建设法治中国，必须坚持依法治国、依法执政、依法行政共同推进，坚持法治国家、法治政府、法治社会一体建设”。2014年，党的十八届四中全会通过了《中共中央关于全面推进依法治国若干重大问题的决定》，进一步明确了全面依法治国的总目标、总蓝图、路线图和施工图，在我国法治史上具有重大的里程碑意义。2016年，党的十八届六中全会专题研究全面从严治党问题，强调了依规治党与依法治国的有机结合的重要意义，通过完善“四个全面”战略布局进一步深化了全面依法治国的战略地位和重要作用。党的十八大以来，在以习近平同志为核心的党中央正确领导下，依法治国方略在国家治理和社会治理的各个领域全面展开，在立法、执法、司法和守法等方面不断实践探索，在依法执政、依规治党、依宪治国、形成法律体系、建设法治政府和法治社会、推进司法改革等方面不断创新发展，取得了一系列重大的历史性成就。

1985年中共中央、国务院批转了《中央宣传部、司法部关于向全体公民基本普及法律常识的五年规划》，拉开了最具中国特色的五年普法行动的序幕。党的十八大以来，全民普法工作得到了政府和全社会的重视，各项法治宣传教育措施不断深入人心，普法实效不断提高。党的十八届三中全会要求“健全社会普法教育机制”；十八届四中全会要求“坚持把全民普法和守法作为依法治国的长期基础性工作，深入开展法治宣传教育”；十八届五中全会要求“弘扬社会主义法治精神，增强全社会特别是公职人员尊法学法守法用法观念，在全社会形成良好法治氛围和法治习惯”。为推进全民法治宣传教育深入开展，2016年4月，十二届全国人大常委会第二十次会议通过了《关于开展第七个五年法治宣传教育的决议》，拉开了“七五”普法工作的序幕。党的十八届四中全会把“法治社会”建设作为全面推进依法治国的一个重要方面，提出“增强全民法治观念，推进法治社会建设”的要求，强调要“发挥人民团体和社会组织在法治社会建设中的积极作用”。在加强法治社会建设的过程中，法治文化的基础性保障作用得到了重视。法治文化是以社会主义核心价值观为引领，以社会主义道德为支撑，以培育法治精神、法治观念和法治思维为重点，以守法光荣、违法可耻为理念，增强规则意识、权利意识、义务意识、责任意识、程序义务和诚信意识，形成自觉维护法律权威的社会文化氛围。2016

年12月，中共中央办公厅、国务院办公厅印发《关于进一步把社会主义核心价值观融入法治建设的指导意见》，对法治文化建设提出具体要求：坚持法治宣传教育与法治实践相结合，建设社会主义法治文化，推动全社会树立法治意识、增强法治观念，形成守法光荣、违法可耻的社会氛围，使全体人民都成为社会主义法治的忠实崇尚者、社会主义核心价值观的自觉践行者；号召广泛开展群众性法治文化活动，大力弘扬中华优秀传统文化，深入挖掘和阐发中华民族讲仁爱、重民本、守诚信、崇正义、尚和合、求大同的时代价值，汲取中华法律文化精华，使之成为涵养社会主义法治文化的重要源泉。

从基本现状来看，我国坚持法治与德治相结合的道路不动摇，坚信依法治国与以德治国相辅相成，努力建立与社会主义市场经济相适应、与社会主义法制相协调、与中华民族传统美德相承接的社会主义思想道德体系，使之成为我们建立真正法治与德治相辅相成治理国家的社会实践，理论结合实践，再从实践中找出真理，达到德治与法治相互契合的现实合理性，推进国家治理体系和治理能力现代化。

三、法治和德治实践的经验对比与反思启示

第一，各国德治法治实践经验的对比。

法治社会要求人们在处理问题时，首先考虑行为是否符合法律的规定，法官判案时，只能以现行法律为依据，不能靠法官的自由裁量，但是这样的一元法体制势必导致法律无法适应新出现的情况，而道德等非强制性社会规范则可以其主观性调解新生的行为现象。即在国家制定法与道德之间缺乏过渡、缓冲机制，造成了法律的僵硬、无力及冷酷，造成了法律与大众心理、社会风俗之间的脱离与隔阂，也造成了道德的无力感和被蔑视，甚至鼓励了对道德的违犯，加速了道德的衰落。但是，如果以情理断案，就违反了法治的原则。因此，只有在国家治理体制上作出调整，才能实现情与法的协调、德与法的并治。

德治在中西方实践中也存在一定的困境。道德以向人们发出道德指令来协调相互间的关系，但人类限于自律易受本性影响，由于德和人的品质相联系，道德特别是个人美德和公共道德便具有了高尚情怀，德治也成为一种理想。中国自孔子开始，儒家思想在理想层面上始终以德治为目标，西方哲人柏拉图在《理想国》一书中揭示他对德治的向往，但德治在现实中屡屡陷入困境。

社会控制和管理是极为庞大复杂的系统工程，德治虽不能作为主要模式与法治相竞争，但法治从来没有也不可能代替道德的重要作用。相反，理想的法治必须有道德的支持，一部分是由于法律自身的缺陷，另一部分是由于道德和法律具有不可替换的互补功能。

第二，中国在德治、法治建设的反思。

中国在法治与德治、法律与道德关系上，长期存在两个问题：一是在政治领域内，往往把人的品质视为衡量政治善恶、好坏的重要标准，即使讲法治，也是重在法治的道德内容、实质正义问题，法治的最显著特征"程序正义"十分薄弱，因而制度文明、政治文明的建设障碍重重。二是社会日常生活领域，以政治和意识形态的特殊标准要求个人，重道德评判和道德认知，忽略与人性有最直接联系的道德实践和日常起码的道德行为、道

德情感，因而出现各种违背常理的道德缺失。

第三，从法治与德治的实践来看，我们可以得到一些启示。

首先，以辩证思维去看待法治与德治的关系。关于法治与德治的关系，对立起来不行，割裂开来也不行，一碗水端平不行，轻重失衡也不行。这些在理论和实践上都已经证明。在理论上，法律是成文的道德，道德是内心的法律。法律和道德内在关联，能够结合。在实践上，改革开放以来我们一直强调法治和德治两手抓、两手都要硬。这既是历史经验的总结，也是对治国理政规律的深刻把握。尤其是十八大以来的治国理政中，既要全面依法治国，也要弘扬社会主义核心价值观。十八届四中全会部署全面依法治国时，就强调道德对法治的支撑作用，而在社会主义核心价值观的要素中，就包括了"法治"内容。习近平总书记在此次集体学习上的讲话，对两者关系的论述中处处体现了辩证思维，从相互联系、对立统一中把握全面、突出重点。

其次，要坚持以全面依法治国为背景。把"依法治国"确定为治国的基本方略，始于邓小平 1980 年中共中央政治局扩大会议上的一次讲话。他指出："制度问题更带有根本性、全局性、稳定性和长期性"，"制度是决定因素"。这是浓缩了整个民族与国家 30 年社会主义的艰辛探索的价值认同和价值选择，是用几代人有切肤之痛的生命体验的巨大代价换来的，也是邓小平对中国政治文明的最大贡献，是他的中国特色社会主义理论的核心价值部分。此后他反复讲："制度好可以使坏人无法任意横行，制度不好可以使好人无法做好事，甚至会走向反面。""我们过去发生的各种错误，固然与某些领导人的思想、作风有关，但是组织制度、工作制度方面的问题更重要。""制度问题如不解决，过去出现过的一些严重问题今后就有可能重新出现。"①法律的制度化、系统化和强制力，使它在与道德、宗教、行政、教育等的竞争中，成为最有效的治国工具。但是这并不说明德治不重要，道德的非制度性并不意味着它未参与治国，虽然就制度而言，道德确实无法成为法律这样的治国之具，但从间接的角度来看，道德一方面可以转化为制度，另一方面可以通过对人的塑造而参与治国。

最后，是要时刻保持问题意识。当前在法治方面存在着问题，在德治方面也存在着问题，在处理两者关系上同样存在问题。坚持依法治国和以德治国相结合，就是使法治和德治在国家治理中相互补充、相互促进、相得益彰，发现和解决当前存在的突出问题。要把实践中广泛认同、较为成熟、操作性强的道德要求及时上升为法律规范，引导全社会崇德向善。要运用法治手段解决道德领域突出问题，弘扬真善美、打击假恶丑，发挥司法断案惩恶扬善功能。要完善守法诚信褒奖机制和违法失信惩戒机制，对见利忘义、制假售假的违法行为，要加大执法力度，让败德违法者受到惩治、付出代价。这些都是广泛存在而群众反映强烈的问题，既关乎道德又关乎法律，需要在法治与德治相结合的基础上才能有效解决。

四、法治与德治相结合的理论在农村社会治理中的实践

全面依法治国是国家治理方式的最优选择，社会治理是国家治理的一个重要组成

①邓小平.邓小平文选：第 2 卷[M].北京：人民出版社，1994：347.

部分。在国家治理和社会治理的方式途径上都必须坚持法治与德治相结合。我们要实现国家治理体系和治理能力的现代化,关键在基层!农村基层社会治理实现"善治",是我们全面建成小康社会的重要一环。

党的十九大对农村治理,提出了要健全自治、法治、德治相结合的乡村治理体系,这为未来的乡村社会治理方式指明了具体的方向。自治、法治、德治相结合是在总结了中国传统德法结合的社会治理经验的基础上,借鉴了西方社会治理的优秀方法提出的。中国国情复杂,遍布东南西北的乡村是最广泛的基层,基层的治理是社会治理的基础,也是最难治理的区域。

费孝通先生在《江村经济》中指出"中国农村真正的问题是人民的饥饿问题",摆脱贫困,追求富足生活的愿望,成就了改革开放过程中各地乡村一波又一波的努力。2018年全国有1386万农村贫困人口摆脱贫困,预计有280个左右贫困县摘帽。2019年5月7日,陕西延安摆脱绝对贫困,226万老区人民开启奔向全面小康的新生活。延安地处黄土高原腹地,沟壑纵横、生态脆弱,历史上极端贫困。美国记者埃德加·斯诺在《西行漫记》中,曾将这里描述为"我在中国见到的最贫困的地区之一"。在党和国家及全国人民的支持帮助下,截至2018年年底,延安市693个贫困村全部退出,19.5万人告别绝对贫困,贫困发生率降至0.66%,随着延川、宜川两县脱贫摘帽,延安各县整体脱贫摘帽。这是在中国大地上农村经济发展、全面奔小康的一个缩影。2019年2月,中共中央、国务院发布了第16个指导"三农"工作的中央一号文件,即《中共中央、国务院关于坚持农业农村优先发展 做好"三农"工作的若干意见》。该文件要求确保2020年完成农村贫困人口脱贫,这是全面建成小康社会的硬任务。

现代化是一个全方位的社会变迁过程。改革开放四十年来,中国的经济迅速发展,社会结构也发生了巨变,而这种变化并不是以匀速均等的状态发生的,在广大的农村地区更是如此。东西部、南北方,在经济飞速发展、国家财富迅速累积的发展过程中,脱贫致富的速度、阶段是不一致的。社会治理模式与社会治理方法的选择是由社会结构决定的。以社会结构为特征的社会的重大变化,深刻影响着社会治理目标与取向。社会结构不同,由社会结构所决定的社会存在方式不同,社会治理的主体与各个主体所采取的治理行动就会不同。中国农村地区正处在逐步走向城镇化、现代化的转型期,社会结构的变化复杂而多样,单一的社会治理方式并不能达到建设和谐新农村的治理目标,如何因地制宜地将自治、法治、德治相结合,将社会治理的基本理论与广大农村地区的实践相结合,是需要深入调查研究的,而这种理论结合实际的探索,对于中国未来社会的发展是有积极意义的。

(一)农村治理模式的历史发展

新中国成立后至今,由于国家治理农村社会的目的和所处的具体环境不同,农村社会治理结构和机制必然有所差异,表现出阶段性特征,形成了不同特色的治理模式。

1.1949—1952年土地改革时期

传统农村是以血缘关系和有限地域为主要纽带,地方政府和乡绅对乡村社会的管理发挥着主要作用,国家一般只负责税收和断案。通过土地改革,党在农村建立了一套独具特色的农村治理体制。广大农村建立乡政府作为政权主体，各个乡都召开人民代表会议或农民代表会议，选举产生了乡级人民政府委员会。乡（镇）政府的主要职能是执行上级政府的决议、命令，实施乡人民代表会议通过并经上级人民政府批准的决议。乡与行政村并存，同为农村基层行政区划，行政村作为最基层的政权机构出现，并隶属于乡一级政权，村主任、副村主任等均由乡一级政府任命，这表明党和国家将基层行政村纳入了行政系统，实现了国家权力向农村最基层的垂直延伸。

2. 1952—1956 年合作化时期

土改后，党依靠国家机器对农村社会关系进行了重构，以党支部、合作社、生产队为基础打破农村的内在联系，人为地构建以成分划分为基础、阶级斗争为核心的农村社会关系。为了配合农业合作化，党通过党管干部原则从纵向和横向形成集中领导模式，努力健全党的基层组织，在合作社建立党委，生产队建立支部或小组，密切干群关系，通过干部培训和训练，完成对农村权威和秩序的重建。合作化时期，基层党组织的建立，稳固了党在农村社会治理中的权威，促进了党的农村社会治理工作有效开展，营造了良好的农业经营环境。

3. 人民公社时期

人民公社是政社合一的权力结构和农村行政组织，它融合了农村政治、经济及社会管理等。人民公社将党和国家政策、法规贯彻至村，同时也将广大农民纳入政权组织，体现了国家政权对农村社会的掌控。农村社会的传统规范和权威在人民公社阶段遭到重创，广大农民被人民公社通过政治运动重新组织在生产队和人民公社中，打破了农村传统的地域和血缘联系。人民公社通过集体经济对农民经济活动和村政运作进行统一规划和安排，农村生产经营活动和社会生活完全取决于国家制度性供给。传统村庄社区权力对于国家的时空距离、边缘性和自主性，几乎消失一空。这种农村社会治理模式一直延续到改革开放初期，在一定的历史阶段以农村基层党组织管理农村的集体行动能力，保障了一定阶段的国家政治、经济和社会的稳定运行。

4. 改革开放至今

国家对农地产权的掌控强度是影响农村社会治理的重要影响因素。尽管农村的土改和人民公社改变了中国农村政治制度和经济结构，但就农村的文化制度而言，农村仍是传统农村直接的延续和变体，在很大程度上保留了传统农村社区的文化制度、人们对待权力的基本态度、人们在社会交往和为人处世方面的基本方式，与社会变革前并无实质性的区别。

从 1978 年安徽小岗村 18 家农户私下摁红手印“包产到户”开始，农村的经济改革拉开大幕。在改革开放的过程中，农村社会渐渐地从日益宽松的社会氛围以及经济成长中获得了更多的自信，那些潜藏于日常生活中的社会结构日渐复苏，乡村传统在经济发展的大潮中被激活，并有了新的发展。传统的一些礼俗仪式在今天仍然有相当的价值，在一定程度上可以帮助在经济发展社会变迁中凝聚和平衡村民之间的社会关系。家族制度、关系与信任在资源动员、解决地方问题、与正式制度的互动中，仍然为乡村治理提供了重要的基础。家族制度与地域关系，在中国地方经济发展中以及农村人口向城市的迁徙过程中也发挥着重要的作用。

当然，国家权力对于农村的影响仍是巨大的，现代政治制度已经渗透到了农村基层。1998年制定通过的《村委会组织法》明确规定：为了保障农村村民实行自治，由村民依法办理自己的事情，发展农村基层民主，维护村民的合法权益，促进社会主义新农村建设，根据宪法，制定本法。村民委员会是村民自我管理、自我教育、自我服务的基层群众性自治组织，实行民主选举、民主决策、民主管理、民主监督。村民委员会办理本村的公共事务和公益事业，调解民间纠纷，协助维护社会治安，向人民政府反映村民的意见、要求和提出建议。同时中国共产党在农村的基层组织，按照中国共产党章程进行工作，发挥领导核心作用，领导和支持村民委员会行使职权，依照宪法和法律，支持和保障村民开展自治活动、直接行使民主权利，并且村干部（包括村主任、村支部书记）作为基层领袖，是国家权力与乡村基层之间的媒介，从而使得乡村基层与国家权力之间有一定的缓冲空间。

（二）“三治融合”的农村社会治理模式

自治、法治与德治，合称为“三治”，这是党的十九大提出的未来农村社会治理的方向。目前的农村社会治理模式是一种政党、政府、村民自治组织共同治理的三元结构模式。这种模式的特点是：以政府为中心，上传下达，调节矛盾，以维护乡村稳定为主要任务，是一种结构合理的村民自治和权限分明的“乡政村治”治理。其优势在于有利于促进经济发展，增强农民民主意识，维护农村社会稳定，缺点是村民的自治基础不扎实，以权威治理为主，缺少专业化的治理。

不可否认，市场经济带来的巨大变化毫不留情地冲刷着乡村，不仅有人员的变迁流动，更有传统道德约束的弱化，剧烈的社会变迁不断地瓦解着传统和来自传统的各种社会资本与价值。新农村的建设，有各种各样的模式，有发展富裕起来的农村直接城镇化，也有的村镇青壮年流失严重，几成空村，农三代、四代选择进城而不是回到故乡，还有的村镇发展繁荣但保留传统村镇的模样，不一而足。

自治、法治与德治三者是相互关联的，在农村的社会治理中无法单独割裂其中的任何一环。改革开放以来的发展，导致了农村社会结构的激烈变化，而以社会结构为基础的治理方式也不断地变化着。传统中国农村的社会治理主要依靠宗族、神道与乡绅。宗族对应祖宗崇拜，神道对应各种宗教信仰，乡绅对应、补充国家意识形态，并作为德治的重要组成部分体现。改革开放从农村开始，大批农民离乡进城务工，农村社会几近解体，一些农村的党组织甚至瘫痪了。我们所调研的Z市N县D村，全村的青壮年几乎走空，村中只剩老人与幼童。我们也注意到了农村中对于祖宗崇拜的恢复，调研的村落中有一些重新修葺了祠堂，逐步恢复传统的文化。神道宗教在一些村落兴起，值得警惕的是一些新宗教，宣扬不健康的价值观，对于社会治理存在较大的隐患。而国家对于新农村的建设，多年来偏重于经济发展，解决贫困，现在开始注意农村基层文化意识形态的建设。我们在调研的村中特别针对社会主义核心价值观的宣传做了调查，村干部基本都掌握核心价值观的内容，村中的展板文字宣传很到位，但是是否每个村民都入脑入心了？现状是不容乐观的。

中国乡村社会有着悠久的自我组织和自治的传统。费孝通先生认为，传统社会是分成上下两个层次的:下层社会处于自治状态,有一套自治规则;上层面对下层实际上一种无为而治的关系。下层对上层的呼应,是以自治的方式,对上层统治的渗透采取协商对话的方式。中国现代化的进程飞速,原有的乡村自治传统在新中国成立以后曾经被打断,改革开放之后,曾经是乡村自治重要组成部分的民间组织开始逐步恢复。比如我们在调研的村落中发现普遍成立了老人会,在X市调研一些城中村时,发现村中的老人会管理着未承包的集体资产,通过市场化的运作获得丰厚的收益,在村里的分红中占很大的比例,因此也获得了一定的权威。这些老人会有时候与政府的管理有一些冲突,比如征地拆迁等方面。

德治在传统的乡村社会治理中经常会以乡绅这个群体作为润滑,将国家主导的价值观渗透融入乡村。今天,党和国家的政策、社会主义核心价值观主要是通过村干部、村"两委"贯彻和宣传,效果不尽如人意。基层村干部是推进党和国家的政策在农村治理中得到具体落实的关键,因此,2019年党中央1号文件指出:要引导农民践行社会主义核心价值观,巩固党在农村的思想阵地。加强宣传教育,做好农民群众的思想工作,宣传党的路线方针和强农惠农富农政策,引导农民听党话、感党恩、跟党走。开展新时代文明实践中心建设试点,抓好县级融媒体中心建设。深化拓展群众性精神文明创建活动,推出一批农村精神文明建设示范县、文明村镇、最美家庭,挖掘和树立道德榜样典型,发挥示范引领作用。支持建设文化礼堂、文化广场等设施,培育特色文化村镇、村寨。

此外,还特别强调了要发挥农村党支部战斗堡垒作用,全面加强农村基层组织建设。第一,强化农村基层党组织领导作用。抓实建强农村基层党组织,以提升组织力为重点,突出政治功能,持续加强农村基层党组织体系建设。增加先进支部、提升中间支部、整顿后进支部,以县为单位对软弱涣散村党组织"一村一策"逐个整顿。对村"两委"换届进行一次"回头看",坚决把受过刑事处罚、存在"村霸"和涉黑涉恶等问题的村"两委"班子成员清理出去。实施村党组织带头人整体优化提升行动,配齐配强班子。全面落实村党组织书记县级党委备案管理制度。建立第一书记派驻长效工作机制,全面向贫困村、软弱涣散村和集体经济空壳村派出第一书记,并向乡村振兴任务重的村拓展。加大从高校毕业生、农民工、退伍军人、机关事业单位优秀党员中培养选拔村党组织书记力度。健全从优秀村党组织书记中选拔乡镇领导干部、考录乡镇公务员、招聘乡镇事业编制人员的常态化机制。落实村党组织5年任期规定,推动全国村"两委"换届与县乡换届同步进行。优化农村党员队伍结构,加大从青年农民、农村外出务工人员中发展党员力度。健全县级党委抓乡促村责任制,县乡党委要定期排查并及时解决基层组织建设突出问题。加强和改善村党组织对村级各类组织的领导,健全以党组织为领导的村级组织体系。全面推行村党组织书记通过法定程序担任村委会主任,推行村"两委"班子成员交叉任职,提高村委会成员和村民代表中党员的比例。加强党支部对村级集体经济组织的领导。全面落实"四议两公开",健全村级重要事项、重大问题由村党组织研究讨论机制。第二,发挥村级各类组织作用。理清村级各类组织功能定位,实现各类基层组织按需设置、按职履责、有人办事、有章理事。村民委员会要履行好基层群众性自治组织功能,增强村民自我管理、自我教育、自我服务能力。全面建立健全村务监督委员会，发挥在村务决策和公开、财产管理、工程项目建设、惠农政策措施落实等事项上的监督作用。强化集体经济组织服务功能，发挥在管理集体资产、合理开发集体资源、服务集体成员等方面的作用。发挥农村社会组织在服务农民、树立新风等方面的积极作用。第三，强化村级组织服务功能。按照有利于村级组织建设、有利于服务群众的原则，将适合村级组织代办或承接的工作事项交由村级组织，并保障必要工作条件。规范村级组织协助政府工作事项，防止随意增加村级组织工作负担。统筹乡镇站所改革，强化乡镇为农服务体系建设，确保乡镇有队伍、有资源为农服务。第四，完善村级组织运转经费保障机制。健全以财政投入为主的稳定的村级组织运转经费保障制度，全面落实村干部报酬待遇和村级组织办公经费，建立正常增长机制，保障村级公共服务运行维护等其他必要支出。把发展壮大村级集体经济作为发挥农村基层党组织领导作用的重要举措，加大政策扶持和统筹推进力度，因地制宜发展壮大村级集体经济，增强村级组织自我保障和服务农民能力。

法治在农村基层社会治理中的推进，必须制定明确的规则，并与德治、自治相辅相成。建立健全党组织领导的自治、法治、德治相结合的领导体制和工作机制，发挥群众参与治理的主体作用。开展乡村治理体系建设试点和乡村治理示范村镇创建。加强自治组织规范化制度化建设，健全村级议事协商制度，推进村级事务公开，加强村级权力有效监督。指导农村普遍制定或修订村规民约。推进农村基层依法治理，建立健全公共法律服务体系，加强农业综合执法。法治与德治、自治相区别的主要特点在于明确性和稳定性，可以弥补德治与自治治理方式较多受人的因素的消极影响而造成的不确定性，更有利于社会秩序的稳定。

我们在福建省X市、Z市、Q市及江西省S市的一些村落开展了德治与法治相结合的农村社会治理情况的调研，试图从乡村基层的生活实践来观察研究改革开放以来中国农村的发展变化，从社会治理的角度探究未来中国农村的发展之路，在国家治理的视域下，农村基层社会治理与国家治理的关系如何？本土化的实践经验能否提供答案？我们相信人民的力量是巨大的，理论需要实践的检验，反之实践能够修正和进一步完善理论。

第二章　农村德治与法治社会治理情况调查分析

人类的发展史，是一部繁衍生息、财富创造的物质发展史，毫无疑问更是一部精神文明的发展史。作为一个有五千年底蕴的民族，中华民族在其发展史上一直是一个注重伦理道德、兼容并蓄、崇尚优秀文化的民族。自然经济解体前，我国历史上有很长一段时间都是作为典型的农耕社会存在的，千百年来特有的生活方式，自然而然促成了农村伦理道德的形成，并在千百年的实践中不断强化。

改革开放后，社会经济结构的变化给农村地区带来的改变可以说是颠覆性的。2005 年 10 月，党的十六届五中全会明确提出要扎实推进社会主义新农村建设，该纲要建议着眼于国家未来的长远发展，按新时代的要求，对农村进行经济、政治、文化和社会等方面的建设。鉴于我国是一个传统农业国家、农村人口众多和农村社会主体法治意识不强等原因，农村法治在社会整体转型的特殊时期面临着法治困境，需要我们从整体性和差异性着眼探寻现代农村法治的建立，找出现代农村法治的解决方略，以期建立现代法治社会。农村因其社会结构的特殊性也导致了它与城市的社会治理情况会有所不同，经济高速增长的今天，农村居民的物质生活水平得到了极大的提高，与之形成了巨大反差的是村民精神文明发展步伐的落后。这种落后不仅会影响经济的发展，也会导致各种负面社会现象频频出现。众所周知，推进全面建设小康社会的伟大事业，离不开农村地区的发展和经济的繁荣，而农村道德与法治建设的滞后，无疑会影响农村各项事业的发展与进步。

因此，如何提高农村的道德与法治建设、治理解决这些社会问题就成了维系农村稳定发展的重中之重，也是我们在构建社会主义和谐社会过程中必须面对的问题。我们有必要对现有农村生活进行深入调查，切实了解农村道德与法治建设的现状，包括当前农村不同人群对于道德法治状况的认识与评价、存在的矛盾及对未来的期待等问题的看法，而这些亦是我们调整、完善、反思现有农村社会治理制度的必经之路。

第一节　农村德治社会治理情况调查分析

一、农村德治社会治理情况的现状与问题——以福建省Z市N县为例

农村的德治社会治理方式更多会遵循传统的"礼制"，那么在现代生产关系和社会关系巨变的挤压下，德治在农村社会治理中的现状是怎样的呢？存在哪些问题？我们以福建省Z市N县作为调研的样本展开调查。

N县位于福建省Z市西北部，面积1962平方公里，全县辖11个镇，有16个社区居民委员会、183个村民委员会、2058个村民小组，总人口36万。自然生态优美，素有"树海""竹洋"之称，森林覆盖率72.25%，居Z市首位，是全省首批国家生态县，拥有国家级自然保护区及国家森林公园，旅游资源独特。

我们从当地社会风气、传统民间自治规则（族规、村约）、纠纷处理方式、舆论监督、社会主义核心价值观等方面调查当地的社会治理状况。

第一，社会风气的现状。调查数据显示有63%的当地居民对所在地区的社会风气持满意的态度，占比例最大，27.4%的人认为社会风气一般，另有9.5%的居民对当地的社会风气不满意，占比例最小。由此看出，超过半数居民满意当地的社会风气，认同当地社会风气一般及以上的居民占绝大多数，仅有少部分人不满意当地的社会风气。在访谈采访过程中，村民对于当地社会风气的态度也大多表现出较满意的态度。

第二，传统的民间自治规则的现状。调查数据显示有78.5%的居民承认当地保留有传统的宗祠、族规、村约，另外21.5%的居民则不这么认为，由此可见，当地的确保留有宗祠、族规、村约，并发挥着作用（如图2.1所示）。通过调查我们也发现当地保留了大量的村规族约，村中的大姓人家比小姓人家有更大的影响力，村中的年长者、辈分高的人在村里的事务中享有较大的话语权。这是传统社会中村民聚族而居、人治大于法治的遗留物。传统社会的德治是以宗族体系为基础，以约定俗成的道德来约束个人，而掌握德治权力的人就是掌握话语权的人——即宗族的族长、德高望重的老人。这种道德代代相传，使得村民从小接触，耳濡目染，最终牢牢占据人们的思想。

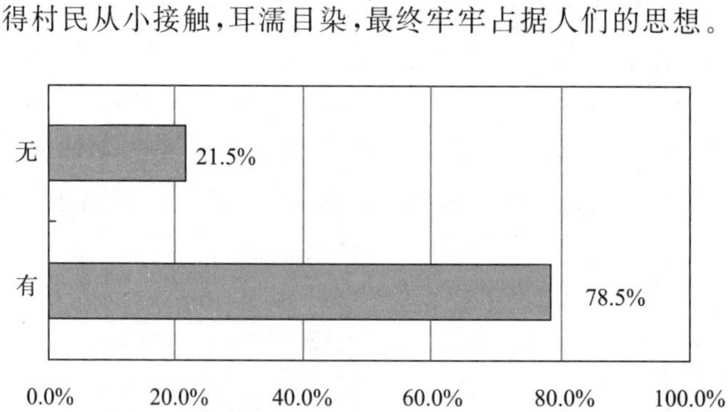

图2.1　福建省Z市N县民间自治规则现状

第三，纠纷处理的方式。调查数据显示，假如与亲戚、朋友或邻居发生纠纷，54.6%的当地人首先会想到的是私下解决纠纷，36.5%的人想到的是找村民委员会调解，7.7%的人想到的是找村里老人解决，仅有1.2%的人会选择到法院起诉的方式解决纠纷。由此观之，当地人互相之间相处比较和谐，一般不会出现大的矛盾，而较小的矛盾纠纷私下或是寻找村委会和老人帮助处理就能够解决。亲戚、朋友、邻里之间的关系比较好，从与当地人的接触中也可以看出他们的友好、善良、随和。如果发生纠纷，道德监督基本上维持了农村稳定、有序的生活。

第四，利用社会舆论监督公民的道德状况如何。关于利用社会舆论（如邻居之间的议论）监督公民（村民）的道德状况如何这方面，有14.1%的人认为效果非常好，有31%人认为好，有43.2%的人认为效果一般，另外11.7%的人认为效果差。数据显示大多数居民对于社会舆论的作用持中立的态度，但是还是有多数人（88.3%）认为社会舆论对于监督公民（村民）的道德状况能起到一定作用。

第五，对社会主义核心价值观的了解。调查数据显示有超过2/3的人不能够说出一到两项社会主义核心价值观的内容，这些人占到调查总数的70.7%，仅有29.3%的人知道社会主义核心价值观的内容。这个数据从一方面反映出农村对这方面的宣传不到位，以及村民对此没有关注和重视。事实上社会主义核心价值观与道德、法律各个方面皆息息相关，需要在村民中得到更多的传播。在走访中，我们看到村庄中有悬挂或者粘贴关于社会主义核心价值观的内容，村委办公室的宣传栏上也有，但是并没有起到很好的宣传教育效果。

第六，存在违反社会道德现象的原因。针对目前存在违反社会道德的现象的原因，我们展开调研访谈。结果显示，18.1%的受访者认为与法律制度的不完善有关，17.2%的受访者认为与学校与家庭教育的失败有关，19.1%的受访者认为与长期以来人们对道德修养问题的忽略有关，20.6%的受访者认为存在违反社会道德的现象的原因是人们在理念上明白，行动上做不到，无法做到理论实践相结合，17.8%的受访者认为是因为过度重视经济与地位，使人们弱化了道德观念，另外有7.3%的受访者认为与其他原因有关。依据各原因所占的比例分析，可以看出人们认为目前存在违反社会道德的现象的原因多种多样，与法律制度、学校与家庭教育、道德修养、理论实践结合、重视道德观念等密不可分。可见，目前农村当地的道德状况在表面较好的基础上仍然不容乐观，仍然有许多问题需要重视并解决，为了改善道德状况而努力。道德与家庭、学校、社会都息息相关，所以在农村加强道德建设，也同时要关注家庭、学校、社会道德现状。

二、原因分析

（一）农村环境改变带来的影响

1. 旅游开发和经济发展带来的负面效果

调研所在地位于N县风景区内，火热的旅游业所需的住宿、餐饮、出行、导游等配套设施为当地农村带来了巨大的经济效应。在市场经济的影响下，淳朴善良的民风和传统美德逐渐淡化的同时，“马无夜草不肥，人无横财不富”等这些不合社会主义核心价值观的理想观念却横行其道。原先村民之间互帮互助，可以分享一些收获的时蔬，而现在须提一个“钱”字，买卖为先，情理在后。旅游带来的经济收益的分配也使原先不计利益得失的村民更加注重金钱。在与村主任访谈中，村主任也提到说在2008年以前，村民之间其实更没有那么多的利益纠纷，没有旅游带来的经济收益，大家都是很淳朴的。例如，在2008年之前，村民各自种菜，如果有盈余大家都会相互赠送，甚至能做到“夜不闭户，路不拾遗”。但是现在随着旅游景点申请加入世界遗产成功，乡村旅游的发展，旅游带来的巨大经济收益，使得村民之间没有原先那样的人情氛围了。

2. 部分农民进城务工、老幼留守导致农村氛围建设困难

调查显示，当地村民16岁以下51岁以上的人群比例达到55.2%，说明虽然因为旅游业的繁荣吸引部分青壮年回乡创业，仍有不少家庭有老幼留守的现象。大部分的年轻人都外出务工，而在家里留下的是老人和孩子。年老的人通晓事理，但不识字；年幼的人虽然识字，却不理解。小孩子都交给老人看管。文化程度的限制使得营造良好的村庄道德氛围较为困难。在问卷调查的过程中，我们发现，当地有些年纪大些的村民甚至不能够说普通话，只能通过当地方言和外界交流，语言的障碍导致交流的时候出现很多问题。很多留守老人年纪较大，已经形成他们的固定思维，他们会按照他们认为正确的行为方式生活，老人照顾着孩子，又影响了孩子的观念，因此，农村道德氛围的建设存在着一定的难度。

3. 农村道德建设实际工作不足

走访调查的过程中，我们发现基层农村道德建设实际工作虽有但不足。具体情况如下，在村干部家中存留有以前的相关宣传单，在村委办公地有相关宣传栏，大路边有社会主义核心价值观的宣传牌，这说明当地领导班子有做基本的宣传建设工作，而村民家或临街店铺中并没有发现宣传单或手册，街道社区中也没有醒目的宣传栏等，建设实际工作是否深入到了广大人民群众中，这是有疑问的。对于宣传工作没有进一步深入，对于所发宣传单与手册没有做好对村民进行以通俗易懂、喜闻乐见的方式进行讲解，没有让村民切实意识到社会主义核心价值观的意义。我们如果没有核心价值观的支持，就会出现利益主导社会的结果，我们如果没有了信仰，现代社会的道德状况将不容乐观。一个只崇尚金钱的民族、一个没有自己高尚的核心价值观的民族是危险的。一个人要赢得人们的敬重，唯有其德，“斯是陋室，唯吾德馨”。道德是人们在社会化的过程中获得的，它支配着人们的信念、态度、判断、评价、选择和行动，成为人们行动的指南。如果一个人内心一点点道德都没有，那么这个国家就危险了。

农村道德呈现失范、失衡、失序倾向明显，部分农民社会正义感淡化，责任感、义务感消失，是非、善恶、美丑界限混淆，比如常见的为征地拆迁补贴引发纠纷，有些人为订婚礼金争执不休，还有些人掺杂使假、强买强卖等，直接导致群众亲密感、信任感、安全感下降，妨碍农村和谐稳定，严重影响到农村精神文明建设的进程和质量。部分农村封建迷信思想死灰复燃，建设陈规陋习，算命卜卦、求神拜佛现象时有发生，部分村民仍然坚持按传统风俗处理问题，农村道德建设总体形势不容乐观。加大农村道德建设的力度刻不容缓，以逐步形成农村和谐的人际关系、社会秩序以及新农村文明风貌。

（二）农民自身道德修养的局限

1. 道德知识薄弱

调研过程中，发现不少人依旧认为只要把自己的小日子过好就行，小农式的传统观念牢固，大多数人根本不重视村委会所散发的有关社会主义核心价值观的宣传单，更不用说去主动浏览宣传栏来学习道德知识，甚至还有少数人对于村干部有一些抵触和不满情绪，不愿意接受宣传教育。

2. 受农村特有的地缘、血缘关系影响

农村与城市有一个很大的不同点，就是其大多保留传统的宗室祠堂、族规、村约。特有的地缘、血缘关系像一把双刃剑一样影响着村民的道德思想状况。一方面，每一个宗族、每个村落在内部都会以约法三章的形式约束各个成员的行为，这固然对提升道德水平有一定的帮助，另一方面，血浓于水的亲情又使得在宗族之间、村落之间的纠纷中也会有徇私枉法的情况发生，大义灭亲者多为同宗族、同村人所不齿。农村的关系网络比较交错复杂，部分同姓氏，同宗族的人会聚集在一起，用他们自己的规章制度约束自己，这样就比较难接受外界的宣传和教育，他们奉行自己的为人处世的行为准则。

三、推进农村道德建设的对策和建议

经过问卷回收和访谈后，我们对完善农村德治社会治理的路径进行了深度思考，提出了以下几点建议。

（一）建立公平的经济收益分配保障机制

推进农村社会主义市场经济的发展，经济是基础，所谓“基础不牢，地动山摇”，农村经济发展的滞后是影响农村道德建设的根本原因。当前，我国农业正处于从传统农业向现代农业转变的时期，由于目前农村经济的薄弱，进行农村道德建设所需的物质基础没有确实的保证。由农业、农村和农民构成的“三农”问题是关系改革开放和现代化建设全局的重大问题。在走访过程中，我们得知不少农村居民为住房和生计问题所困扰，无心关注道德建设。

农村村民大都以务农为业，如今农业已进入“高投入、高成本、高风险发展时期”，但在土地渐少、房屋分配不合理、城市经济高速发展的情况下，无怪乎不少人选择进城务工或者从事商业。因此，政府需要对农村的土地与房屋问题加以关注，尽量施以公平的政策，提供合理的补贴，为新农村的现代化、小农经济的发展出力。

此外，调查结果还显示在农村宣传道德的方式基本只有展板宣传，并无其他更好的方式，比如专家宣讲或放映影片，很大一部分原因是经济发展不足。

根据我们在 N 县 D 村的访谈结果，农村劳动力外流，留守的人民不完全愿意务农，并且现在 D 村的旅游业发达，所以，我们认为可以在当地通过建立公平的旅游经济收益分配机制保障推进农村社会主义市场经济的发展，促进农村市场经济的形成。在这个过程中，农民会渐渐地把自己作为市场主体的一员，这样不但农民能逐渐走向富裕，也能推动道德建设。

（二）加强对留守老人与儿童的关注

随着经济快速发展，城市化步伐加快，我国农村留守儿童和空巢老人现象已成为一个亟待解决的社会问题。根据调查结果，农村许多60岁以上的老人与18岁以下的未成年人共同生活，因为家庭的主要劳动力选择了进城务工。而对于留守儿童存在缺乏家庭教育的问题，在隔代监护中，大多数监护人也就是留守老人们，只能确保孩子有足够的吃穿，但心理、思想道德教育等问题上管束不足，一味交由学校与老师管理，会造成留守儿童的道德教育建设难以实现。

对于留守老人而言，存在自身教育程度较低的问题，根据调研结果，大多60岁以上的老人教育水平在初中及以下，并且老人的收入水平较低，再加上需要承担抚养和教育后代的责任，心理负担沉重，缺乏学习的热情与目标。所以说，为实现农村道德建设，我们需要加强对留守老人与孩子的关注，逐步在有条件的地区建立起稳定的帮扶机制。

（三）构建与社会主义市场经济相适应的农村道德体系

要教育引导农民在市场经济活动中努力做到：既要重视物质利益原则，又要批判功利主义、实用主义和短期行为；既要承认和保护个人利益，又要把个人利益和集体利益、国家利益结合起来；既要追求效率，又要关注社会公平，实现共同富裕；既要增强竞争观念，又要提倡人与人之间的和谐友爱、团结互助；既要增强经济行为的目的性，又要讲究手段的合法性和合理性。

（四）建立与完善农村道德约束机制

引导农村伦理道德的良性发展。加强社会主义新农村道德建设，不但要加强道德规范本身的基本建设，同时还应关注道德约束机制的建立与完善。针对农村社会形势的变化，需要制定符合社会主义核心价值观要求的道德赏罚机制和道德评价机制。通过对道德高尚者给予荣誉、经济或行政奖赏，鼓励和支持道德行为，通过对道德败坏者进行荣誉、经济和行政处罚，防止和消除不道德行为。此外，建立社会道德评价机制也是保证道德规范向实践转化的重要措施。

第二节　农村法治社会治理情况调查分析

建设社会主义新农村，是党中央从贯彻落实科学发展观、构建社会主义和谐社会的全局出发做出的重大战略部署，是解决“三农”问题的重大战略举措。在依法治国方略载入宪法的今天，如何运用法治手段来保障和促进社会主义新农村建设是一个值得关注和探究的现实课题。社会主义新农村建设中的法治意义重大，法治不仅为社会主义新农村提供支撑和保障，也是公平、正义社会机制的制度要求，法治是农村各项改革发展的动力，以人为本的价值观念也需要通过法治来实现。

党的十一届三中全会以来，农村法制建设有了很大进展，但是农村法制建设尚不适应新时期形势发展的需求，距离依法治国、建设社会主义法治国家的要求还有很大差距。第一，农民法律意识落后。农民的法律意识在讲法治的今天应该说是大大增强了，但就整体来看，农民的法律意识远远落后于现代法治建设进程的要求，主要体现在以下几点。一是情义本位的思想观念严重阻碍农村法治建设。二是义务本位的思想制约着农村法治建设。三是权力本位思想阻碍农村法治建设的进程。权力就是法律，权力大于法律的封建专制思想，深深扎根于农民的意识之中。

第二，村民自治制度在实践中存在缺陷。法治是以政治民主作为基础的，法治建设需要社会绝大多数成员的共同参与。我国农村政治民主的标志是《村民委员会组织法》，它为农村实行民主管理、民主决策、依法治村提供了法律保障，但从新农村要求的标准来看，这种好的制度在实践中尚有较大的缺陷，已成为新农村法治进一步推进的障碍。一是村民委员会的议事、决策民主程度不高，村委会公开办事制度有待于进一步完善。二是村民委员会的地位不明确，村委会与村党支部、乡镇府的关系有待于进一步理顺。三是村民民主自治的积极性、主动性不高。

第三，农村法律建设不健全。制度是实现法治的前提，法治制度预设了法治发展的状况，制约着法治的每个环节和整个过程，而我国目前农村的各项法律制度还很不完善，主要表现在：一是法律制度不健全、不完善，有的领域存在立法上的空白，一些急需的法律尚未制定出来，使广大农村基层干部和群众在某些方面无法可依。二是立法层次低。三是内容过于宽泛，规范性、可操作性差，特别是缺乏必要的法律责任，难以发挥法律规范的强制功能。四是有些法律法规没有适时修改，已不能适应新农村建设的客观需要。五是缺乏农村法律援助制度。第四，农村执法混乱、司法监督救济不力。农村立法固然重要，但执法工作更不能轻视。真正体现法的作用和价值，还必须通过公平有效的执法。现行农业法律法规的执行还存在不少问题，不少农村基层干部长期习惯于单纯依靠行政命令而不善于运用法律手段来管理农村，依法治农的观念淡漠，执法不严的现象屡见不鲜。当前有些地区的司法机关立案不及时，惩处不力，未能对违法犯罪行为起到足够的威慑作用。另外，在农村还未能建立起有效的农村执法检查机制，往往监督不到位，对有徇私舞弊、枉法裁判的违法犯罪行为，未能及时追究当事人的法律责任。带着对这些问题的思考，我们在选定的江西省S市展开了调研。

一、农村法治社会治理情况的现状与问题——以江西省S市为例

我们的调查主要是在江西省S市Y县和B县展开。江西省Y县，地处江西省东北部，信江中游。县境东西宽27千米，南北长76千米，总面积1593平方千米，辖16个乡镇(场)，1个街道办事处。Y县县城建成区13.5平方公里，常住人口11.5万余，辖9镇5乡1个街道办事处。Y县是革命烈士方志敏的家乡，有名有姓的烈士就多达9288名。方志敏等老一辈革命家在这里“两条半枪闹革命”，建立了被毛泽东盛赞“有很好的创造”的赣东北革命根据地，为中国革命做出了巨大贡献和牺牲，为后世留下了以“爱国、创造、清贫、奉献”为内涵的宝贵精神财富。B县地处江西省北部，一般称之为赣东北地区，2014年7月1日起被设定为江西省直管县体制改革试点县。B县辖1个街道办事处、14个镇、15个乡。截至2014年，B县总人口157万。2013年，B县实现生产总值

140.1亿元，是国家商品粮、棉、油、鱼基地县。它是一个标准的农业大县，满足我们此次调研任务的要求。

我们的调研区分了村民和村干部，分别对两者就当地法治建设的状况进行访谈和问卷调查，从以下几个方面了解当地农村法治社会治理情况的现状。

（一）村委会、村干部在农村法治社会治理中的作用

调查数据显示，当地村干部大多都认为法律与其生活联系非常密切，一部分人认为法律与其生活有些联系但不太密切，甚至可有可无，较少一些村干部认为法律与其生活无关。这说明了当地农村的管理在大部分情况下还是遵从依法治理的，处理的事件中还是有很多需要用到法律。也有一部分人认为法律与农村管理的联系不密切，可能与其职务、个人原因或是当地习俗等原因有关。总的来说，大部分村干部认为法律在农村管理中发挥相当大的作用（如图2.2所示）。

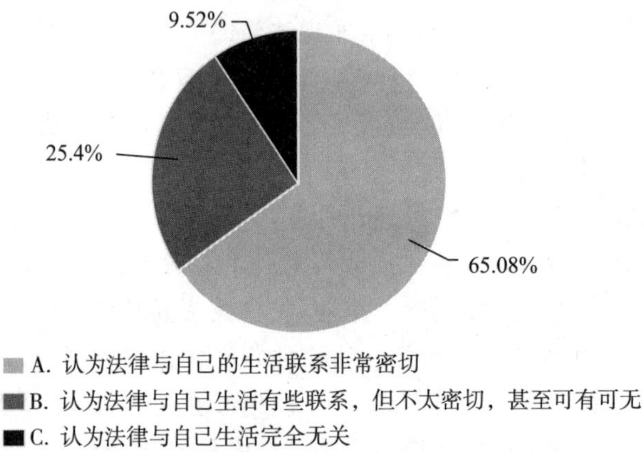

图2.2　江西省S市B县和Y县村干部对法律与生活关系的态度

大部分村委会成员认为当地的法治建设一般，很少一部分认为很好或非常差，极少人认为较差。这说明当地的法治建设仍需要进一步努力。农村法治建设目前存在着较多的问题，主要是村民法律意识缺乏，法律意识较为落后，农村自治制度在实践中存在缺陷，执法不严，司法监督救济不利，家族势力和村霸势力抬头等。农村的法治建设需要政府加大法律宣传力度，加强公民的法律意识。另外，在农村的自治制度要因地制宜，适当变通，加大农村的执法和监督力度。

目前，村委会在村民中开展法治宣传教育工作的主要方式还是普通的挂横幅、贴标语及发放宣传册，宣传形式比较多，如分发法律宣传材料、举行法律讲座、播放法律题材的电影、邀请村民代表进行座谈、开展与法律知识相关的文娱活动、利用网络宣传等，但是缺乏新意，不容易调动村民的积极性。当地还是需要丰富宣传形式，充分调动村民积极性。当地采用干部走访这一形式也说明了干部的用心和努力，面对面效果会很好，但是也要考虑干部的工作负担。

村干部大多积极学习法律知识，学习的方式主要是集中学习和自主学习，其次是网

络教学，学习的方式和通道还是比较少的。这与当地的经济发展水平和人员综合素质有关。对于如何加快农村法治建设，当地有哪些有利条件？应重点做好哪些工作？大多数的村干部表示当地发展农村法治的有利的社会条件首先是民风淳朴，其次是当地的法治建设基础好，当地政府重视，但是需要加强村民的自身素质和参与度（如图 2.3 所示）。

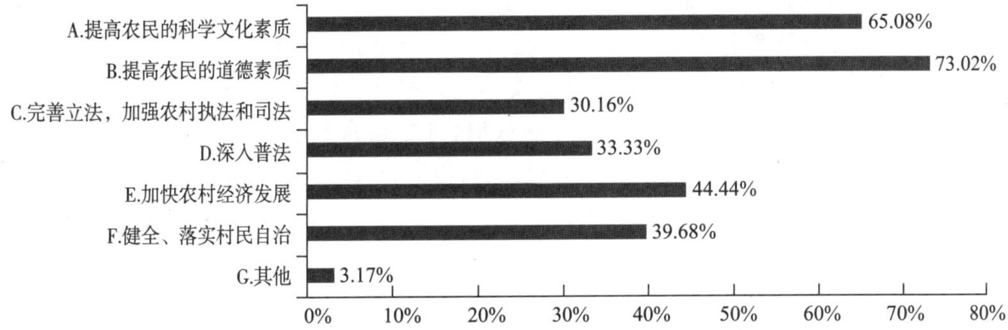

图 2.3　江西省 S 市 B 县和 Y 县农村法治建设存在的问题

对于法治建设与道德建设之间的关系，受访的村干部大部分表示两者是相互关联的。加强农村的法治与道德建设在社会主义新农村建设中占有重要地位，说明村干部对法治和道德建设是非常重视的。调查显示，大多数的村干部认为传统风俗习惯对法治工作的开展有一定的影响。说明传统道德在一定程度上有利于法治建设和法律的实施。在农村德治与法治相结合的社会治理实践中，要善于发挥德治对法治的促进作用，同时也要减少社会习俗的干预，这需要当地村干部在工作中协调好，有必要将法治建设与当地传统文化的传播相融合，使人们更容易接受。对于加强农村的法治与道德建设所面临的挑战，受访村干部的答案不一，总结下来大概有以下内容：太多人不讲道理，跟他讲道理他听不进去，依然我行我素，为所欲为；要提高村民的道德素质，提高农民的科学文化素质；村民的总体素质较低，难以号召，难以做到，只有少数村民能做到，但大多数都是为了利益参加，所以有许多的挑战；经费过少；难以让村里的人对法制与道德理解更深；汽车多，污染大；提高村民道德素质、文化素质；应该加强经济问题，加强管制问题，还要加强农村的教育问题；地方不够，人多地少；民众法律意识不高，自治能力有限，干部与民众缺少沟通；农村法治基础不好，民众不配合；维护道德法治，提高村民素质等。主要集中在村民素质、经费、民众的配合程度和参与积极性方面。

总之，从宏观上说，村干部对于法治是非常重视的，在处理事务时主要是德治与法治并重，以德治为主，法治为辅。但是当地道德与法治建设中面临最大的困难是村民的知识水平低下，道德素质和法律意识不足，另外，资金不足、人员配置不够也是重要题。当地的民俗、制度等对法治建设是有一定影响的，需要工作人员灵活变通，因宜。当地政府需要加强宣传力度和监督力度，农村的德治和法治建设还需要很长路要走。从微观上说，在处理社会问题时，村干部主要采取道德劝解以及村规民俗式，法治观念还是相对薄弱。同时，村委会认为相对于道德建设，法治建设中存在更多问题，信心有所欠缺，村干部自身在学习法律知识中也缺乏相应办法。在风俗习惯问题上，大部分村干部持消极态度，认为其会对法治建设的推动产生一定阻碍，并认为应将法治建设与当地的传统文化的传播加以融合，有所扬弃。大部分村干部都认识到加强法治与道德建设在社会主义新农村建设中占据了重要地位。

（二）村民参与基层自治的情况

调研数据显示，当地 57.14％村民并没有参与过村委会干部的民主选举，只有不到 36％的村民参加过选举村干部。这说明村民的政治生活参与度不高，政治素养和政治权利意识淡薄，农村的民主与法治建设还没到位。61.69％村民还是遵纪守法，遵守村规民约，14.29％的村民也具有一定的维权意识，有参与自治的意识，75.98％村民选择依靠村委会和村民的力量建设德治与法治社会，说明村民的自治意识较高，对村委会的工作也是认可的（如图 2.4 所示）。

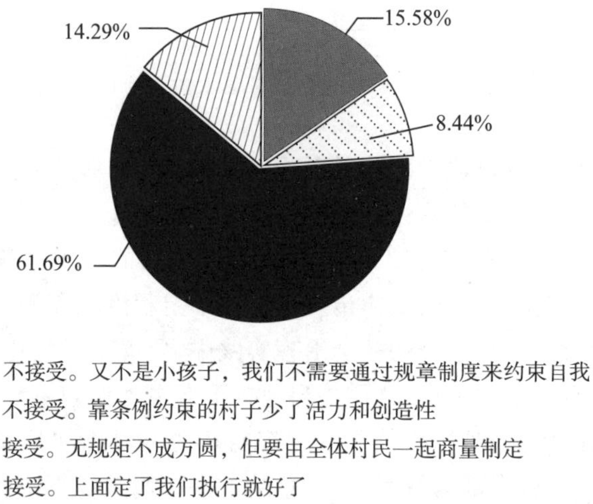

图 2.4　江西省 S 市 B 县和 Y 县村民参与自治的情况

（三）村民对法律知识的了解

在当地的调查显，示村民对法律知识的了解，主要通过收看相关法治电视节目获得，比如中央电视台的今日说法、法治在线等节目。村委会也会通过传统的展板宣传栏等法治教育的手段开展法治宣传，但是这种形式不为村民所喜。73.38％的受访村民是有一定法律意识的，而且遵纪守法，会寻求法律帮助，但是还是有 4.55％人通过暴力手段解决问题。这需要加大法律的宣传力度，加强村民的道德修养，树立法律意识。对自身掌握法律知识程度的评价，有 71.43％的村民觉得自己掌握的程度一般，基本不了解的比例达到 20.13％，仅有 8.44％表示具有丰富的法律知识。

（四）应用法治手段处理纠纷的比例

调查显示大部分村民的维权意识比较淡薄，运用法律维护自身合法权益的能力不高，对于维权的认识不是非常充分和正确，维权的机会也并不多。认为自身权利受到侵犯，考虑通过法律维权的比例达 39.61%，但不知道怎么维权，或者迫于经济压力无法通过法律途径维权；而不相信法律可以保护自身合法权利的比例有 12.34%。此外，还有 48.05%的村民认为自己的权利没有出现过受损的情况。

综上所述，村民的民风淳朴，但是法律意识不高，法律知识较少，有一定的自治意识，村委会在其中发挥重要作用。但是学校有关道德与法治教育的相关课程较少，宣传力度和形式也需进一步改进。相比起村干部，村民的法治观念更加薄弱，维权意识淡薄，大部分人很少听说权益被侵犯的事情，需要利用法律捍卫权利时，会因为经济问题、对法律毫无了解、对司法不信任等原因不能实现。大部分村民也反映很少有法律知识普及和道德先进事迹的宣传，而道德与法治的宣传活动的主要方式是宣传横幅与板报介绍或者看视频，形式较为单一，不够有力。超过半数的村民未参加过村委会民主选举或者根本不了解，选举的民主度和服众度较低。村民普遍具备基本的道德素质，愿意遵守村规民约，但在法律知识上比较缺乏，愿意学习一些基础的法律知识，也有小部分村民认为法律在日常生活中不够重要。

二、原因分析

当真正走入农村，走入群众，我们发现，农村法治建设在农村有了一定的成效，仍旧还存在许多问题。农民守法却不会用法，农民做事重结果却忽视规则，农民遇事喜欢信访却忽略了法律。村干部法律知识的欠缺，但是他们处事的原则、处事的办法都影响着农村法治建设的步伐。

调研数据显示，随着经济社会的发展，村民的法律知识和维权意识都有所增长，一部分村民会更倾向于通过法律手段解决遇到的问题或纠纷。而村中长久以来约定俗成的一些村规民约在调解纠纷中也发挥着一定的作用，政府部门和村委会也有一定的配合。但目前村民纠纷的问题尚未完全杜绝，还存在一些难以调解和判决的难点问题，农村的法治建设还有待进一步推进与发展。那么，形成目前这种农村法治建设现状的原因有哪些呢？根据我们的调研，分别从村民和基层村委角度作出以下的归纳。

（一）村民自身的局限

第一，村民的法律基础差，畏惧法甚至不相信法律。

建设法治农村，农民是主体。农民法律意识淡薄、法律知识欠缺是阻碍法律在农村实施的重要因素。在全面推进法治建设的今天，作为基层主战场，农村应加强法律知识的宣传、教育力度，通过宣传单、宣传栏、讲座，利用广播、远程教育、短信、微信等途径丰富宣传方式，选择与群众切身利益相关的法律知识进行宣传、讲解，让群众了解法律、熟悉法律、懂得法律，进而提高群众的法律意识。紧紧结合近年来开展的“法制宣传贯彻年”“法治建设年”取得的成效，将法律意识深入人心，使农民懂得用法处理问题、用法解决矛盾、用法维护权益。

第二，村民法律知识欠缺，权利意识淡薄。

很多村民虽然已经打开法律的大门，敢于尝试法律手段维权，但由于传统观念的影响，大部分人并未探得其中虚实，对法律确切的理解有所欠缺，常常出现断章取义的现象,使得案件执行与判决中增添了很多不必要的纠纷。同时,村民对法律的认识仅仅停留于表面,平时对其关注并不多,大多只有在涉及自身利益时才进行快速的了解和学习,法律在村民心中过于充满目的性、针对性与工具性,而失去了其本应作为常识普及于人民生活中的作用与地位。法律确是一项解决问题的工具,但它的存在更多应该是一项日常工具,而非关键时候才拿出来使用;留守农村的居民大多为中老年人和孩子,青壮年大部分外出工作,导致村里接受普法教育的对象多为年纪偏大的中老年人,普法成效相对不显著。

第三,村民法律意识淡薄,存在畏法息讼心理。

大部分村民缺乏法律维权意识,出现纠纷少有通过法律渠道解决问题。传统观念认为法律多么严肃,法庭多么威严,认为上法庭是一件丢脸的事情。很多农民宁愿忍气吞声或者大打出手也不愿意通过法定程序处理问题。尽管无讼思想有利于避免矛盾纠纷的扩大化、严重化,但以不正当途径处理纠纷反而激化农民之间矛盾。

第四,法律权威尚未在村民心中真正确立。

熟人社会的弊端在农村尤其显著,加上家族势力和村霸势力的盛行,权利的拥有者与农村势力在农民心目中往往勾结一起,法律受熟人社会影响执行不到位,法律的威严与神圣在农民心中丧失,导致他们抗拒通过法律手段解决问题。法律的威严在于执行,执行的关键在于公允公正,农村法治的司法执法尚未在村民心中树立好形象。

(二)基层政府社会治理法治化尚未成熟

全心全意为人民服务从来就是中国共产党人的根本立场,是每一位共产党员想问题、办事情的出发点和归宿,是我们党区别于其他政党的最显著标志。某些人拿着人民的俸禄不为人民办事,甚至利用职权谋私,没有好处不办事,有了好处乱办事,行政不作为,严重背离了公务员应有的职责。这些都是和代表最广大人民根本利益的要求和为人民服务的宗旨格格不入的法治意识缺失。

政府诚信是构建整个社会信用体系的核心,但当前我国部分基层政府出现了诚信危机。主要表现在:其一,社会政策多变,朝令夕改;其二,浮夸造假,谎话连篇;其三,上有政策,下有对策,地方保护主义严重。基层政府工作人员任人唯亲的现象和官员经济上的贪污以及官员糜烂的生活作风都让政府形象受损而不受信任。这些都严重损害了党和政府的形象,降低了党和政府在人民群众中的威望,使得农村的德治法治推动受阻。

农村德治法治推动受阻的原因如下:第一,基层法律法规不完善。有关农村村民权利的细化立法在质量与数量上未达到期望目标,已有的法律法规没有得到很好地贯彻实施。有些法规指定不够严格,地方保护主义与地方传统风俗会阻碍地方法规的实施。第二,执法基础设施欠缺,基层行政执法不严。执法部门的能力不足,执法的权力有限,某些农村执法机关无论从人员素质还是执法设备与办公场所都不能适应执法需要,大大降低了执法能力。第三,执法人员执法不公。司法机关处理农村纠纷时不能做到公平正义,导致司法的公信力不高,司法面临不受群众信赖的局势,农民自觉守法和依靠法律保障权益的倾向渐渐消失。

此外，阻碍农村法治社会治理进程的还包括：农村传统风俗习惯阻碍国家法律的施行；熟人社会阻碍了新农村法治建设进程；经济建设的落后阻碍了农村德治法治建设；家族势力和村霸势力阻碍法治建设推进。

三、推进农村法治建设的对策和建议

全面依法治国背景下的新农村建设，村民是主体，村干部是关键，同时要坚持法治与德治相结合。德治的社会作用，就是用道德来调节社会关系确保社会平衡，法治作为治国方略，就是利用法律手段治理国家、管理社会。德治、法治被公认为社会治理的重要手段，二者在地位和作用上不可或缺。“德治是治本的，法治是治标的，标本兼治是唯物辩证法的两点论所决定的。”①

第一，巩固农村法治建设的经济基础。

农村的经济发展是法治建设的基础，作为思想上层建筑的法治建设要以物质利益为基础。如果农民不能增收，农村贫富悬殊、两极分化，社会主义法治建设就会在农村失去经济基础。调整农村的利益分配格局，国家各项政策适当向农村倾斜，加大各地扶贫力度，千方百计增加农民收入，实现“两不愁三保障”。只有农民真正富起来了，农村的法治建设才有开展的经济基础。

第二，加强社会主义法治教育。

普法宣传教育形式要多样化、趣味化。采取各种措施进行宣传教育，开辟普法与依法治理的新渠道。为让广大农村群众便于见法、学法、用法、守法，各地农村可以学习泰安“法律一条街”的经验，将宪法和有关法律法规或其中某些条文，编成群众喜闻乐见的易懂易记的诗歌、三字经或口号式标语等，写到设置在村中心街区的永久性宣传栏、黑板报、过街横幅等上面，配上现代化的声光电效果，对有关法律知识适时进行播放，使人一旦步入这一街区，就徜徉在一个宣传、学习法律的立体化天地里，在耳濡目染中受到法律的教育。

第三，坚持法治与德治相结合。

一方面，在农村基层党员干部的引导下，各地村落可以制定符合法律规定的村规民约，这些约定中可以体现当地传统优秀文化的价值观和行为规范。另一方面，在解决农村社会矛盾纠纷时，要将德治与法治的手段相结合，人民调解是目前最佳的解决方式。而调解所依据的可以是法律的规则、传统的礼俗，也可以是村规民约，只要能妥善解决纠纷，促进社会和谐，就应当支持推广。此外，可以通过加强农村道德建设来促进农村法治建设的进化。一方面立法者将正确的道德标准确定为农村法律制定的价值指导，这将保障农村法治的道德层次高尚，另一方面，所有的立法者都是经过严格筛选的具有较高道德素质人员，立法人员的自身素质保障了所制定法律的质量，也可以推动农村法治建设的进步。

第四，加强农村权力监督法治建设。

加强具有社会导向作用的权力监督法治建设，坚决彻底地反对权力腐败。为此，要

---

①韩汝胜.论法治视角下的德治[J].辽宁大学学报(哲学社会科学版)，2002(06)：90-91.

以建设社会主义新农村为主题，引导广大农村党员学习贯彻党章，坚定理想信念，坚持党的宗旨，确立"全心全意为人民服务"的价值观，正确对待权力、地位和自身利益。加强农村基层党建工作，可以借鉴一些地方乡镇的党建工作经验，严格农村基层党员干部的考核评价和惩罚机制。加强对村委、村干部的监督，制定相应的规则防止村干部徇私舞弊，脱离群众。

第三节　农村德治与法治相结合社会治理情况调查分析

对于农村德治与法治社会情况的调查，呈现了当今农村社会道德建设与法治建设的现状及存在的问题。我们也发现对于农村社会的治理，德治、法治和自治是三管齐下的，因此我们选取了福建省 Z 市调研，做一个与江西省 S 市相对比的样本，进一步探究农村德治与法治相结合治理的具体情况。

一、农村德治与法治相结合社会治理的现状与问题——以福建省 Z 市为例

Z 市，是福建省下辖的地级行政区划，海峡西岸城市之一，中国"田园都市，生态之城"，生态竞争力位居福建前列，国家闽南文化生态保护区。地处"闽南金三角"，核心区为 X 区、L 区，是厦深铁路、龙厦铁路、鹰厦铁路、福厦铁路交会的重要枢纽地区，国家区域级流通节点城市。Z 市是著名的"鱼米花果之乡"，Z 平原是福建最大平原，素有"海滨邹鲁"的美誉，2014 年当选福布斯中国最佳商业百强城市，先后荣获国家历史文化名城、全国文明城市、国家森林城市、中国优秀旅游城市、全国科技先进城市、国家园林城市、全国双拥模范城市、世界食用菌罐头之都、中国温泉之城等称号。境内有东山岛、滨海火山公园、南靖土楼、云洞岩等景点。Z 市是历史文化名城，是闽南文化的发祥地之一，早于一万年前就有先民在这里繁衍生息。历史上走出了林语堂、黄道周等名人。全市户籍人口 508.19 万人，人口自然增长率 16.32‰。2016 年 GDP 3125.34 亿元，增速连续 4 年位居福建第一，财政收入 287.68 亿元。

Z 市自然资源丰富，经济发展迅速，经济增速和经济总量均位于福建省前列。在加快城乡经济建设、改善人民生活的同时，也注重当地的法治建设。调研期间，我们走访调查了 Z 市 L 区城郊的 S 村，了解当地德治与法治相结合社会治理的情况。

（一）S 村德治与法治相结合社会治理的现状

我们就社会风气、民间自治（族规、乡约）、社会舆论监督等方面展开调研，得到了和江西省 S 市相近的数据。比如有近 46%的当地居民对所在地区的社会风气持满意的态度，占比接近一半，47.3%的人认为社会风气一般，另有 6.76%的居民对当地的社会风气不满意，占比例最小。由此看出，半数居民满意当地的社会风气，认同当地社会风气一般及以上的居民占绝大多数，仅有少部分人不满意当地的社会风气。由此观之，调研地的社会风气水平较高，居民普遍比较满意，仍有接近 7%的人不满意目前风气，因此相关方面的工作仍待改善。在访谈采访过程中，村民对于当地社会风气的态度也大多数

表现出较满意的态度。

S村是闽南地区十分著名的侨村，传统文化保留较好，村中有自清朝至民国初期，黄氏家族建造的“大夫第”“翰林第”“进士第”“贡元第”等官宅和古民居10余座，构成了黄氏同宗官宅民居古厝群。其中，有6座古建筑历经数百年风雨，至今保存较完好。此外，有一座明朝时期的华佗庙，村中的文化气息较浓厚。调查的数据也证实了这点。高达97.54%的居民认可当地保留有传统的宗祠、族规、村约，走访期间我们也确实看到了多处村里大姓人家的祠堂。当地对于传统文化以及相关规定、约束的宣传及教育都较为到位，传统的德治礼治的治理方式保留较好。因此，在与亲戚、朋友或邻居发生纠纷时，59.46%的当地人首先会想到的是私下解决纠纷，32.43%的人想到的是找村民委员会调解，5.41%的人想到的是找村里老人解决，仅有2.7%的人会选择用起诉到法院的方式解决纠纷。

而对于利用社会舆论(如邻居之间的议论)监督公民(村民)的道德状况的效果的调查，显示有8.11%的人认为效果非常好，28.38%人认为好，有55.41%的人认为效果一般，另外8.11%的人认为效果差。由此项数据看出，大多数村民对于社会舆论的作用持中立的态度，但是还是有多数人(91.89%)认为社会舆论对于监督公民(村民)的道德状况能起到一定作用。

S村的法治治理状况不是太好。有63.51%的当地居民对法律知识仅了解一点，占比例最大，21.62%的人不了解法律，有12.16%的居民比较了解法律，另有2.7%的居民表示非常了解法律，占比例最小。由此看出，超过半数居民对法律仅有一点了解，法律意识不够完善的居民占绝大多数，仅有很少部分人非常了解法律。因此，相关方面的工作仍待改善。在访谈采访过程中，村民对于法律相关问题多表示生疏。有50%的当地居民表示主要是通过电视节目获得法律知识，占比例最大，18.92%的人通过网络获取，有12.16%的居民通过普法宣传获得，另有2.7%的居民通过报刊，占比例最小，剩余16.22%通过其他途径。对于法律援助，有25.68%的当地居民对此知道且了解一点，31.08%的人从未听说，有43.24%的居民表示听说过但不知道具体内容，占比例最大。由此看出，绝大多数的居民不是很了解法律援助，相关工作有待完善。通过此次调查，我们发现，许多村民并不善于使用法律来维权，有些村民认为自己请不起律师，甚至不清楚该从什么渠道获得法律支持。帮助他们解决身边困难的途径，大多偏向于道德方向。结合问卷，我们还发现多数村民认为违反社会道德现象的出现，主要是因为长期以来人们对道德修养的忽略。从社会层面应倡导的价值观来看，认可法治的人仅有1/3。诚然，道德与法相互依存，不可分割，村民难以区分道德与法律。在农村，村民大多认为法律有至高无上的地位，却又离自己的生活远之又远，可见法律在农村的普及程度过低，人们更愿意以传统道德方式进行维权。

在参加基层自治方面，大约有2/5的村民没有参加过村民委员会的选举，3/5的人参加过，即相当一部分的人没有参加过村民委员会的选举。调研数据显示S村具有选举资格的人大约占85%，而参加过选举的人数却并不多，从中便可以反映出部分村民对于合法行使自己的权利并不关心，并没有积极地参加当地的选举活动，感觉选举似乎与自己无关，没有能够清晰地认识到选举的重要性，也反映出民主选举制度在当地的不完善。

(二)S村德治与法治相结合社会治理方面存在的问题

德治与法治的结合,在社会治理方面的表现方式不同,有很多的切入点。我们选择了社会主义核心价值观作为我们的调研的重点。核心价值观是德治的基础,其中的法治价值观更是全面推进依法治国的价值基础。

我们对S村的调查显示,58.11%的当地村民或多或少知道什么是社会主义核心价值观,并能够说出其中几项或者全部内容,仍有41.89%的人一点都不了解社会主义核心价值观。而对于传统文化中的价值观的调查则显示绝大部分村民认同儒家思想中的仁爱和仁义礼智信,这个数据也说明了儒家思想对以前以及现在的社会生活一直有重大的影响,这种思想同时也在无形之中规范着当今人们的言行举止。其次,像墨家"爱人者,人亦从而爱之;利人者,人亦从而利之"的思想也得到了不少人的认同,从一个侧面也说明了人们在自己善良的情况下希望其他人能够保持善良。再次,也有一部分人支持"父子有亲,君臣有义,夫妇有别,长幼有序,朋友有信",这也是人们推崇的思想,像道法自然这种道家思想以及因果报应的佛家思想,也有不少人支持。支持人数最少的是"君君臣臣,父父子子",说明现在的人们更喜欢以一种自然的相处方式与长辈、领导相处。

对于中国传统文化与社会主义核心价值观之间的关系,调研的结果显示超过一半的人认为中国传统文化对社会主义核心价值观的形成意义深刻,只有极少数人认为没有意义。相对于核心价值观,人们可能更了解中国的传统文化,传统文化在潜移默化地对我们的生活工作造成影响,从中便可以看出来传统文化对现代社会的价值仍然存在,并且影响也是极大的。而当我们询问从个人层面看,您认同哪些价值观?爱国、敬业、诚信、仁爱、礼貌等价值观的比例都接近或超过一半。被问及社会层面应该倡导什么价值观时,选择诚信、公正、民主的比例均超过一半,选择法治的比例达到39.19%。被问及国家层面应该倡导什么价值观时,选择富强、文明、民主、诚信、和谐等均接近或超过一半。数据显示了当地村民认可的传统价值观其实与社会主义核心价值观存在一致性,说明了即使他们没有全面系统去学习了解社会主义核心价值观,但是凭借当地传统文化价值的影响,仍然可以在两者之间架起互通的桥梁。

二、农村德治与法治相结合社会治理的现状和存在的问题——以江西省S市为例

在江西省S市的调研,我们选取了Y县N镇S村、G村村委会和司法所、F镇人民法庭、B县D村委会、Y镇人民法庭、律师,就"德治与法治"这一中心话题,针对各单位人员构成与流动情况、案件或纠纷的种类和频率、治理方法、普法举措和成效等方面提出问题,并得到了耐心的解答。对当地德治与法治相结合社会治理的现状及存在的问题有了基本的了解。

(一)Y县德治与法治的基本现状及分析

Y县N镇G村现共有834户,3487人,占地面积3448.58平方米,村干部8人,党

员 58 人，7 个党小组组长，15 个自然村，25 个村小组，精准扶贫 40 户、126 人。受地理位置限制，与其他村相比距离市场较远，村民主要发展种粮食等农业，以种植蔬菜水果为辅，粮食主要为稻谷，还有少量小型手工加工工业，村里另外通过招商引资增加经济效益。另有 5 个重点工程，虽然有 320 国道，但内部交通不便。经济基础薄弱，村民年均收入为 7500 元，50 岁以上的人在家务农，50 岁以下的村民基本在外打工，青年劳动力流失。干部工资低，财政能力不足。

随着居民经济生活水平的提高，电视网络媒体的发展以及近些年来国家对道德文明风尚的重视和培养，邻里间、夫妻间、婆媳间的家庭纠纷逐渐减少；经济与科技的发展也使过去干旱时期由于上下游水源问题引起的打架斗殴现象大大减少。而重点工程的建设发展导致征地拆迁类纠纷日益明显，征地补偿标准达不到村民的期望值，但此类纠纷村委会基本上都能够通过维护标准变相解决，村民其他实际问题协商解决。从整体上看，纠纷总体数量减少。当村民间发生纠纷时，由村干部引导村民相互退让一步，调解开导为主，以此尽量解决纠纷，一般情况下不会通过法律途径解决，但村民的法治观念逐年提升，个人法治素质也慢慢加强。

宣传法律的形式主要是设置普法宣传栏，每年请专家来办一次讲座，鼓励村民积极参与。虽然村里互联网尚未完全普及，但村民利用互联网和电视的频率逐年增加，生活条件也在逐年提升。但由于经济条件仍相对落后，村与村之间开展普法工作缺少合作意识，对法律传播构成一定束缚。

村民能够积极依法参与村民自治，对党员要求逐年提高。村民道德水平逐年提高使村中纠纷减少，解决纠纷主要以法律为主，同时德治也占着很大一部分。村里有约定俗成的村规民约，实行少数服从多数的原则，存在家族势力不均导致表决结果不能完全反映民意的风险。

综上，农村普法受经济条件与村民文化素质水平的影响不能一蹴而就，在因地制宜发展农村经济（如未来利用国道优势变地理位置劣势为优势）、合理增加贫困地区政府补助基础上，进一步考察征地补偿合理化问题，吸取村委会灵活补偿方式的成功经验，通过使补偿方式多样化做到既最大限度地满足村民的合理化期望、减少纠纷，又促进村庄经济可持续发展。此外，减少青壮年的流失问题，提高村民整体文化水平，加强党员建设，加强村与村之间的交流，发展优秀传统区域文化等可以进一步推动农村法治德治建设。

（二）Y 县 S 村德治与法治的基本现状及分析

S 村村民的经济来源以蔬菜基地、开店经商、打零工等为主。当地纠纷的类型以前主要是家庭纠纷，现在则是村民间土地纠纷、山林纠纷、征地拆迁在百姓补偿方面的纠纷、人身伤害补偿方面纠纷、户口迁移问题以及离婚后财产纠纷、彩礼纠纷等问题。纠纷解决方式：①一般双方各让一步，村干部或者村委会中的调解委员会进行调解较多，难以通过诉讼途径解决。②村民的法律意识逐渐提高，运用法律手段进行解决的事情越来越多。③对于比较严重的事件，百姓相对于走法律程序更倾向于上访。④基层干部在实际工作中，处理解决问题的主要方式是法律，但是执行方面主要依靠传统风俗，法律和传统风俗有时存在一定冲突。由此可见，S村在实际工作中处理解决问题时，基层干部主要依据法律、道德和传统风俗相结合的方法，其中道德占很大一部分，当地村民由优先选择传统风俗逐步过渡成三者相结合的方法。

随着全面推进依法治国的普及，村民和村委会解决问题的方式逐渐变成运用法律手段维护自己的权益。在引导村民法律道德观念方面，S村村委会采取了上门讲法的方式，有一定的效果，但反响不是很强烈。在宣传方面，S村通过文艺表演中穿插讲解来传播法律和道德观念，在村中也会在布告栏上张贴海报宣传法律知识。这说明他们有一定的法律意识和道德观念，但是整体水平还是较为落后，究其原因，还是由于村里经济发展水平落后，导致道德和法律制度普及不完善，村民法律意识不强。同时，在乡村秩序中，法律扮演一种强制性角色，道德扮演调解的角色，农村的德治法治仍存在着冲突，究其根本还是农民间的利益冲突。

新时代互联网逐渐普及，村民互联网使用频率增加，但是村里有些人还不会用电脑等高科技电子产品，所以村里通知有关事宜时并未使用互联网，这也同样是由经济发展水平落后导致的信息传递方面的不发达，S村还需要加强推广村民紧跟时代步伐，让村民更好地利用互联网了解和学习法律。

村民在村委会选举村干部时，都会积极参加选举，由此可见，在基层群众自治制度中村民的参与度很高，并会推选出村中有威望有信誉的人来担任委员，说明具有一套有效的监督机制。随着国家"四个全面"战略布局的展开，特别是"全面依法治国"的提出，政府对农村法治建设更加重视，德治和法治的结合治理令农民更加了解法律，越来越多的老百姓学会用法律来维护自己的合法权益，成为一个懂法守法会用法的好公民。

（三）F镇人民法庭工作情况调查

F镇人民法庭处理的主要纠纷包括了：离婚官司，合同纠纷交通事故，建房伤人事故，户口迁移问题等。受案数量呈逐年上升趋势，打架斗殴事件减少（一年约两三起），案件处理总量由过去年均100出头增至去年300起、今年400起左右，翻了三四倍。

处理纠纷量上升的原因有以下两点：一是随着整个社会的经济发展、结构的调整，总体纠纷数量必然会呈现上升趋势；加之法律观念普及，打官司变得正常化了。这一方面反映了农村法治的进步，村民敢于通过法律途径维护自身权益，另一方面在纠纷发展到要通过法律途径加以解决之前，村委会及乡镇人民政府调解解决纠纷的作用没有得到充分发挥。相比之下，以前乡村镇都致力于农村工作，把矛盾纠纷消除在村里，而现在把案件推到法院，村委存在不作为的现象，是因为怕得罪人。二是当地村民家庭经济不景气，家庭状况不太好，社会诚信精神匮乏，精神文明建设不到位，在利益问题面前，双方各不相让，百姓难讲话，对法律一知半解，了解不够透彻，调解困难。基于以上两点，农村社会治理要从根本上加强道德诚信建设，结合当地优秀传统文化培育淳朴村风，可在村镇内建设诚信监督系统，要明晰村委及乡镇政府在解决农村民事纠纷上的责任，在以后的普法活动中要强调公民权利与义务相统一的原则，并可结合案例对村民的法律误区进行有针对性的普法活动。不过F镇人民法庭的工作人员表示乡镇普法活动难开展，因为年轻人大多不在，送达时多是老人孩子在家。对此，应丰富普法的形式及内容并结合不同人群的自身特点进行有针对性的普法教育，加强其实用性、操作性。

此外，F镇人民法庭案件执行时常不顺利，人难找，财产难执行。例如，农村宅基地属集体土地，交易性差，离婚房产分割存在困难，而大多数人又不愿折旧，只能一人一半住，一般执法人员会劝女方放弃。另外，缺少银行从源头上的管控，实践中强制执行难以收到良好成效。根据实际中的情况，完善地方法律法规以更好地维护当事人合法权益。

（四）B县D村德治与法治相结合社会治理现状及存在问题

B县D村村委会目前共有5名干部，调解村民纠纷是他们的日常工作之一。调解过程中，涉及纠纷主要有婚姻、土地及经济纠纷等。由于社会发展、经济模式转型，青壮年劳动力外出务工较多，械斗事件已经基本不会发生，治安情况相对良好，但上访、越级上访等情况依然存在。当地村民处理纠纷时，普遍以法律作为优先参考对象，但德治依然在村务治理过程中发挥着至关重要的作用。

当地法律与道德观念的主要传播途径是电视（包括《今日说法》等栏目）、网络，其受众以年轻人为主，老年人的接受程度不高。村委会一方面受经费、精力、能力所限，很少进行法律与道德宣传，相关资源投入较少，互联网作为一个高效的传播途径也无法得到村委会的利用；另一方面，由于政府层面不重视法律、道德的宣传，村委会认为自己的工作不那么重要等原因，法治宣传不是很到位。村委会主任坦言，契合实际、简单有效的方式是公开典型案例的审理过程、判决结果，村民可以从中直观地了解法律程序的运作、特定法律法规条例，将其作为参考，这样的普法宣传效果会更好。

我国村民自治的发展依托村民委员会和村小组委员会等村级自治组织，将其作为联系基层政府和农村社区的纽带。村委会受法律的规范，发挥其中介作用，实现村民自治，同时也可以推进农村地区法治建设，提升群众法律意识。此外，它也有引导村民道德观念、防止民间不良风气蔓延的职责。通过访谈我们了解到，村民参与村务的主要形式是组织代表协商。往往只有当决策问题涉及自身利益时，村民代表才会表现出一些热情，一般情况下，村民自治、村委会内部监督机制只是走过场、流于形式而已。由于法治力量的薄弱，无法有效地规范农村的村民自治制度，无法建立有效的监督机制。村委会干部经由民主选举产生，但作为农村法治主体的村民往往主体意识薄弱、主体能力匮乏，限制了村民自治制度的发展，更难以发挥其纽带作用，遑论投入人力物力推进道德、法治建设。

（五）B县Y镇人民法庭工作情况

我国司法机关的最低一级为县一级，对于人口较多的乡镇才会派出法庭，导致农村地区派出法庭数量少，资源配置也有不足。这种机构设置现状不但增加了农民对司法机关的陌生感，而且使司法机关对农村社会的影响极其有限。故而人民法庭虽然有宣传法制思想的工作，但其影响力较小。

B县Y镇人民法庭属于B县人民法院的派出法庭，其庭长具有20年工作经验。久居基层，他对当前法治情况以及历来变迁深有体会。法庭目前仅有4名工作人员，最近

5年内也只招过五六个年轻人，却要负责Y镇共计29个村、1个居委会的工作。工作人员少的原因是多方面的：第一，法庭进入门槛高，以往有招干考试、部队转业等途径，而现在必须要求从司法专业学校毕业、具有本科学历、通过司法考试；第二，基层条件不足以吸引人才；第三，申请编制困难（编制由经济、人口等数据进行测算确定），无法增加人员。

令他们倍感压力的是，人手缺乏的同时，近年来每年案件审理总量不断上升，虽然秉持"先调解、再审理"的原则，但采取立案登记制，符合程序规定的案件必须受理，工作量日益加重，每年案件超6200件，90%的案件通过简易程序处理。60%～70%的案件集中于婚姻家庭、民间借贷，涉及治安的案件除春节前后一般较少（春节时期外出务工人员大多回乡，易发生纠纷）。这与社会的变化是相关联的：年轻人外出务工增多，农业机械化程度提升，经济构成变化，自然而然导致了案件性质的变化。为了让群众更好地了解法律、了解法庭工作，他们采取了群发短信、报刊宣传、普法宣传、通过人大代表和政协代表宣传等手段，但是收效不大。

Y镇人民法庭在日常工作中遇到的问题主要是经费、人员紧张，部分群众不配合，以及群众法律知识的欠缺。庭长还提到了当前法庭工作的一种不合理的考核方式，即公众满意度测评制度。他认为由于地域风气、经济条件等诸多差异，很难将公众满意度提高。

（六）G县德治与法治的基本现状及分析

G县农村居民如果产生了纠纷，一般村委会会先进行调解，然后未能解决的矛盾就上升到镇司法所调解，要是仍旧解决不了纠纷，才通过走司法途径解决。所以司法所在这里起到重要的中介的作用。毕竟，村委会的调解人员水平有限，他们几乎没有专业的法律知识，而如果每个纠纷都直达法院就会造成滥诉，这不仅加重法院的负担，也阻碍了真正需要法院受理案件的及时审理。此外，司法所还要承当加强当地居民法律意识和法律素质的任务，通过普法，减少不必要的纠纷。降低案件发生率。

G县司法所2015年工作卓有成效，他们全镇三级调解组织共调解各类矛盾纠纷26起，调处成功24起，调成率达90%以上；着力化解了3起越级上访、群体上访和闹访缠访案件，成功率达到了100%。无一起调处不力引发的群体性上访、群体性械斗、民转刑案件和自杀事件发生，有力地维护了全镇社会和谐稳定。总体而言，当地民风较好，案件的类型多是关于土地、宅基地、邻里、山场、赡养的纠纷。因为经济发展，人们更多地通过正当渠道获取财富，所以刑事案件并不多，但同时，借贷案件增多并卷入大量人员，一般通过法院等司法途径解决。除了调解工作，他们还落实了帮教措施和社区矫正工作，帮助刑释解教人员及"五种罪犯"改过自新，顺利融入社会，并且不再重新违法犯罪。

为了进一步提高人民群众对司法行政工作的满意度，全面推进司法行政工作，努力维护社会和谐稳定，该司法所普法宣传的内容主要是广泛宣传G县司法局、司法所工作职能、服务内容。形式主要包括：结合党风廉政社会评价工作走村入户发放法治宣传品，在赶集日摆摊定点集中开展法律宣传和咨询活动，在镇内主要街道悬挂横幅宣传。工作人员表示，案件也是一种宣传方式，而且对于一些接受教育不多的人来说，这也是最容易接受的方式。他们还不断拓展服务领域，扎实搞好法律咨询服务和法律援助工作，加快提升服务质量，为政府减轻负担，为百姓排忧解难。

由于工资水平较高、工作环境也不错（有独立办公用房）、工作稳定的原因，司法所的人员流动性不高。近年来也通过招考纳入了具备法律专业背景的本科生，对司法所的工作起到了促进的作用。然而，目前该司法所却面临案多人少、经费不足的困难，使工作积极性大大降低。面对约 3 万人口的 G 县，每年的案件数目约是 20 万人口的 B 县的两倍，按编制应当配备 3 名工作人员，而实际上该司法所只有 2 人。此外，虽然每年上级政府拨给的经费有 3 万元，但实际上到达该司法所的经费只剩 6000 元，远远少于受理案件所需要的经费和普法宣传的经费。很多案件要通过交通送达，而人员经费又不足，受理案件之外的普法工作基本难以维持。

通过对上述地区的调查，可以发现经济变化及其引发的一系列社会变革是农村地区德治与法治发展的重要诱因。农村的经济成分、分配方式、就业方式和生活方式更加多样化，而这些变化加上科技日新月异、信息传播方式的发展，改善了人们获取知识的途径。群众法律意识正在逐步增强，传统道德也仍然有着举足轻重的地位，但时代思想的变化使群众更懂得了运用道德与法律有机结合的方法解决问题，当然，在重大事件中，群众确实更偏向于用法律解决纠纷。可以从调查中发现，电视、网络成为新一代年轻人学习与提高法律素养的重要途径，而对于大多数的文化程度相对有限的群体，尤其是中老年人群，典型案例公开是得到法律知识的有效途径。这些途径在一定程度上引起了群众对道德与法律的认知变化，他们更容易从贴近生活的案例判决中更正自己曾经对一些案例的误解，获得有效有实际用途的法律知识。

此外，在当地的调研也发现了农村法治与德治建设过程中存在的主要问题：因为政府的重视程度不够、资金拨付不到位，基层单位开展德治与法治建设过程中投入资源与实际所需严重不对等，各单位往往面临案件或者纠纷过多，有心做出改变，现实却是经费短缺，不足以支持除日常运作外的其他工作，同时陷入人手不足却无法招聘的窘境。农村中，老年人、小孩所占比例较大，存在文化程度不高、理解能力不强的情况，导致现有部分宣传方式效率不高，法律知识与道德意识的宣传不到位，难以被群众普遍接受了解。法庭工作评价制度存在问题，不能准确反映工作的真实效果，这是涉及更上层机关的决策问题，不能因地制宜制定合适的考核方式，而是选择了乍看之下很有道理、实质却是简单粗暴的“一刀切”政策。而村委会干部等中间人员能力有所不足，不能利用信息化工具，如网络等，宣传德治与法治思想，同时也没有认识到自己作为“村民自治”主体，应当坚定施行村民自治、保障村民权益、创造更和谐的道德与法律环境的职责，导致在实际过程中缺乏有效监督，有为自身或家族谋求利益的倾向。

农村德治与法治建设是实现坚持走中国特色社会主义法治道路、建设中国特色社会主义法治体系这个目标的重要组成部分。农村地区法治的进步有利于政治与社会的结合，实现真正有效的村民自治，并使群众获得保障利益的有效途径，使社会更加和谐，减少不安定因素。德治进步有利于群众道德水平的提升，防止在经济生活得到大幅度提升的同时，出现精神水平落后，导致失去公德心、一心谋求私利，败坏社会风气的情况。

总而言之,群众意识行为的改变使社会主义新农村的变化显而易见,良好的法律道德基础使社会更倾向于良好的秩序,而良好的秩序又推动了经济、文化、社会以及全面依法治国的发展。

三、总体分析和对策建议

(一)对农村德治法治建设现状的总体分析

增强全民法治观念,推进法治社会建设,是全面推进依法治国的重要任务之一。农村作为法治建设的根基,作为新农村建设的主舞台,推进农村法治建设是必然趋势,也是必要途径。法治需要思想道德建设先行,道德品格是法治的前提,法律的产生以道德为基础,没有对道德理念的追求,法律可能成为专制与奴役的工具,法治的关键在于善法或良法的存在。

当真正走入农村,走入群众,我们发现,农村法治建设在农村有了一定的成效,仍旧还存在许多问题。农民守法却不会用法,农民做事重结果却忽视规则,农民遇事喜欢信访却忽略了法律。而村干部法律知识的欠缺,使得处事原则、处事办法影响着法治建设的步伐。

通过综合调查,我们可以看出在农村的德治与法治的建设进展已经取得一定的进步与成果,有一定的优点:其一,政府部门在因地制宜发展农村经济(如未来利用国道优势变地理位置劣势为优势);其二,合理增加贫困地区政府补助,进一步考察征地补偿合理化,吸取村委会灵活补偿方式的成功经验,通过使补偿方式多样化实现既最大限度地满足村民的合理化期望,减少纠纷,又促进村庄经济可持续发展,同时减少青少年的流失问题;其三,加强党员建设,加强村与村之间的交流发展优秀传统区域文化,进一步推动农村法治德治建设。

综上,随着经济社会的发展,村民们道德觉悟逐年提高,村内纠纷随之减少;村民的法律知识和维权意识都有所增长,一部分村民会更倾向于通过法律手段解决遇到的问题或纠纷。而村中长久以来约定俗成的一些村规民约在调解纠纷中也发挥着一定的作用,政府部门和村委会也有一定的配合。但目前村民纠纷的问题尚未完全杜绝,还存在有一些难以调解和判决的难点问题,农村的德治与法治建设还有待进一步推进与发展。

1. 农村秩序中,德治与法治各自扮演的角色

首先,法治需要思想道德建设先行,道德品格是法治的前提,法律的产生以道德为基础,重要的基本的道德规范是法律规范的主要来源之一。法治的关键在于善法或良法的存在。法的正义与否,在相当程度上取决于立法者的价值取向和道德水准。不体现道德,甚至背叛道德的不义之法,也许可以称为法治,却永远无法纳入法治的范畴,不可能得到有效的贯彻实施。因此,比起法治,德治更具有基础性和前提性。

其次,法治的运行需要道德支撑,道德控制是法治的内在动力。法治的重点是人的外在行为,德治的重点是人的内心世界。法律不能自行,再好的法律也需要人来执行。法律的确立和实施,归根到底是人的活动过程,法治是靠人来实现的。见物不见人,法治也就无从谈起。法治的推行首先要依靠社会成员的普遍认同和自觉遵守。没有较高

的道德水准，有了好的法律也不易执行，再严密的法律也有空子可钻。法治是对全国人民最起码的要求，德治则是高层次的要求。没有德治支持的法治，是没有根基的。

最后，法治的完善离不开道德制约。法律在实践中是动态的开放的体系，需要在面对新情况、总结新经验的基础上，不断延续、提升和发展。道德的自觉约束与法律的强行约束是互相制约的，也可以互相转化，某些道德规范需要适时提升为法律规范。在法律未涉及的领域，道德就在其中起到一个补漏的作用。推行法治，必须辅以德治。在村民的日常生活中出现的一些不公平、不合理现象，法律可能束手无策，道德却可以有所作为，人们可以依据道德来评判、谴责一切危害社会的行为。

2. 农村治理中如何使德治与法治相辅相成，以保持良好社会秩序

法治对于德治具有规范和促进作用。一个社会的德治必须与社会的法律规范保持一致，社会的德治在境界上可以高于法律规范，但绝不能和法律规范相冲突。一个社会的法治对德治的维持和实行，都具有重要的规范、促进作用。法律可以直接规范人们的行为，而思想道德教育对人们行为的规范却是间接的。如果法律制度不完善，就会为不道德思想过渡到失范行为提供机会；如果法律制度健全，合乎道德的思想就能充分得以施展，不道德的思想就不一定能转化为失范行为。我们既要重视道德建设问题，也要看到，现在还无法使人们的思想道德都达到理想境界，所以用强化法治建设来规范社会成员的思想和行为，就有着特别重要的意义。

德治只有依附于一定的法治，才能发挥出应有的作用。抛开法治的德治是没有保障的，会由于缺少规范性和可操作性而容易被人忽略，使道德规范和道德制约显得软弱无力。同时，道德建设法制化，是使德治焕发生命力的必然要求。所谓道德建设法制化，就是通过一定的立法程序将道德建设的基本要求、主要环节、工作程序及其督促检查等内容及时加以总结归纳，融入有关法律和具体制度中，再通过司法活动使这部分明确化了的内容取得国家强制力的支持，用法律推动道德建设的发展，逐步使道德建设走向法治化。只有这样，道德建设才能扎根于现实生活，才能依此为据指导全社会的道德建设，德治才算最终落到了实处。德治要靠法治来保证它的经常性和巩固它的成果。

（二）推进农村德治与法治相结合社会治理的对策

法律的有效实施有赖于道德的支持，道德的自觉践行也离不开法律的强力约束；法律难以规范的领域，道德可以发挥作用，而道德无力约束的行为，法律则可以给予惩戒。国家和社会治理需要法律和道德协同发力，需要法治和德治两手齐抓。

全面依法治国背景下的新农村建设中，村民是主体，村干部是关键，同时要坚持法治与德治相结合。

第一，调整农村利益分配格局，巩固道德与法治建设的经济基础。

农业兴旺、农村经济发展是道德和法治建设的基础，作为思想上层建筑的道德建设和法治建设要以物质利益为基础。如果农民不能增加收入，农村贫富悬殊、两极分化，社会主义道德与法治建设就会在农村没有根基，就会面临失去农村阵地的危险。国家的各项政策应当适当向农村倾斜，加大各地扶贫力度，千方百计增加农民收入。同时依法限制部分农民的不正当利益，帮助贫困农户尽快实现合法致富，形成先富帮后富、共

同致富的道德文化环境。

第二，丰富农民的精神文化生活，加强社会主义法治教育和道德教育。

普法宣传教育形式要多样化、趣味化。采取各种措施进行宣传教育，开辟普法与依法治理的新渠道。为让广大农村群众便于见法、学法、用法、守法，应当开通法律服务专线，设立调解中心，配备农村法律顾问。原有的村民喜闻乐见的宣传活动如通过演出宣扬诚信价值观等方式要保留，并增加这些活动的频率。另外，要新增一些更长期的日常的道德建设活动，并丰富活动的形式与内容，如进行文明之星、道德模范的评比；对村中善举的名誉奖励以及日常的文化小活动。村中党员、干部和有威望之人要主动带头，并可以通过网络或公示的形式来鼓励大家，竭力创造出和谐温馨的如家一般的小团体氛围。

第三，坚持法治与德治相结合。

首先，提高农村基层司法行政人员的法治专业素养，严格依照法治思维和法治方式司法执法。其次，加强对乡镇村制定村规民约的指导，包含着传统文化道德约束的村规民约不得违反法律的规定；同时村规民约的制定可以明确促进道德约束力的增强，形成良好的社会环境。最后，通过农村道德文明建设来推进农村的法治建设。营造良好的乡风氛围，有助于村民理性对待社会矛盾纠纷，保持健康的心态，努力提高自身的法治素养。这些德法结合的方式方法有助于农村德治与法治相结合的社会治理实践的发展和创新。

第四，加强农村权力道德文化建设和权力监督体制的建设。

加强具有社会导向作用的权力道德文化建设，坚决彻底地反对权力腐败。为此，要以建设社会主义新农村为主题，引导广大农村党员学习贯彻党章，坚定理想信念，坚持党的宗旨，确立"全心全意为人民服务"的价值观。正确对待权力、地位和自身利益；要结合农村实际，有针对性地开展正面教育，解决党组织和党员队伍中存在的突出问题，解决影响改革发展稳定的主要问题，解决群众最关心的重点问题，务求取得实效。同时，要探索监督农村权力运作的机制，确保农村基层党员干部坚持走群众路线。比如一些地方的乡镇通过党建工作的创新，严格党员考核评价监督体系，严禁村委徇私舞弊，制定明确的规则保证村务公开、组建村民议事机构监督村委工作等，来加强农村权力监督机制的建设。

第五，构建与社会主义市场经济相适应的农村道德体系和道德约束机制。

要教育引导农民在市场经济活动中努力做到：既要重视物质利益原则，又要批判功利主义、实用主义和短期行为；既要承认和保护个人利益，又要把个人利益和集体利益、国家利益结合起来；既要追求效率，又要关注社会公平，实现共同富裕；既要增强竞争观念，又要提倡人与人之间的和谐友爱，团结互助；既要增强经济行为的目的性，又要讲究手段的合法性和合理性。

引导农村伦理道德的良性发展。加强社会主义新农村道德建设，不但要加强道德规范本身的基本建设，同时还应关注道德约束机制的建立与完善。针对农村社会形势的变化，需要制定符合社会主义核心价值观要求的道德赏罚机制和道德评价机制。通过对道德高尚者给予荣誉、经济或行政奖赏，鼓励和支持道德行为；通过对道德败坏者进行荣誉、经济和行政处罚，防止和消除不道德行为。此外，建立社会道德评价机制也是保证道德规范向实践转化的重要措施。

（三）推进德治与法治相结合的新农村建设的建议

无论是德治还是法治建设，孩子是最关键的，即使农村教育资源相对欠缺或落后，德育和法律知识的普及也是不容忽视的，为了长远的发展，应该从小学教育开始抓起。我国目前的普法手段缺乏参与感，通过电视、互联网的大众传媒固然会起到一定效果，但是大多数留守的儿童和老人仍缺乏法律知识，因此，也应在学校的日常教育中加大法治教育的力度。经济建设是道德建设的基础，青年人员流失情况下的德育和法治宣传对农村的建设实则收效甚微，缺少执行力的宣传都是徒劳。

德治法治两者相辅相成，缺一不可，建设农村需要村委会和村民双方投入。既然有缘在同一个村落生活，每个人都有义务将这个大家建设成最美的样子。正处于探索阶段的新农村建设，各个村落可以相互学习和借鉴德治与法治的经验，交流才能擦出火花，沟通才能创造可能。

1. 降低法治成本、提高守法用法收益

成本与收益分析是经济学分析解决问题的基本方法，分析社会问题也是一样，不可忽视人类的功利性，只有当收益大于成本时，才有可能成功劝说人们使用某种方法。为贯彻依法治国的基本方略，我国越来越注重法治建设的全面推进，在财政上也为农村法治建设提供了大力支持，然而却收效甚微。随着农村社会治安的逐步提升，农村刑事案件有逐年减少的趋势，而我国农村现存的法律问题一般涉及地产分配、婚姻及继承、损失及赔偿等。由此可见，农民要解决的问题大多涉及财产，那么如果寻求法律救济会使他们损失更多的财产的话，其适用范围必然大大降低。对于农村管理机构，法治成本一般包括：法律建设成本、设施建设成本、人力资源成本、宣传普法成本及执法成本。而对于广大村民来说，法治成本则不仅包括经济成本，同时包含了长期诉讼所花费的时间成本。因此，要想提高农村的法治建设，光是加大宣传力度是远远不够的，更要加强法律基础设施建设，使村民享受到便捷的法治服务。同时，适当增加法律人员，完善法律援助制度，降低诉讼成本。把村委会以发短信、家访、制作宣传标语和海报的单向宣传方式转化为由少数尝到法治甜头的村民带动大多数村民守法用法的双向宣传模式。

2. 发展农村新型经济，为法治建设提供经济基础

“经济基础决定上层建筑”是马克思主义的重要理论，法律作为上层建筑中必不可少的一部分，必然需要强大的经济基础作为支撑。法律是随着西方商品经济的发展及民主契约精神的发展而逐渐演进的。然而，在我国农村，第一产业占绝大部分，土地对于农民产生了极大的束缚。在我国人多地少的国情下，土地承包经营制度使更多的农民获得了可以使用的土地，但也在一定程度上限制了农业机械化、专业化发展和农产品的商品化。农村市场规模较小，在西部广大农村，集市是最大的交易场所，每逢几天赶一次集的状况在农村广泛存在。大部分生意人都是小商小贩，极少有固定的商场和公司在农村驻扎，因此，可以在农村适当提高第三产业的比例，促进农产品的流通和交易，在发展农村经济，提高农民生活水平的同时，潜移默化地培育起契约精神，为法治发展

提供土壤。

3. 结合当地具体情况有重点地解决具体问题

影响法治推进有诸多因素，如果毫无顺序慢慢解决，无疑会降低效率，因此把握核心问题尤为重要，我们认为其中之一便是农村人口流失，乡村"空心化"的问题。据国家统计局统计年鉴的数据，2017 年我国乡村人口比重为 41.48%，创历史新低，而且超70%的农民工不愿意返乡，乡村的常住人口以每年 1.6%的速度减少。由于农业效益低，而且随着投资的发展，大量农村土地被征收与征用，农民手中的地越来越少，无法进行规模化经营，农村剩余劳动力越来越多，最后绝大部分进城成了农民工。如今的农村，年轻人的身影已经越来越少，留在农村长期居住的人大多是空巢老人和留守儿童。他们对法律的需求相对较低，即便遇到经济利益的冲突和矛盾时，大部分愿意选择村干部调解，而不会诉诸法律。例如，在我们所调研的 B 县，当地的产业大多为小规模的农业经营，因为当地留守的老人较多，而这些老人由于知识水平、身体状况和自身观念等因素，无法从事技术水平较高和工作量较大的工业和服务业。同时由于缺少第三产业的需求，也很难吸引年轻人留在本地创业，劳动力剩余不仅大大增加了产生纠纷的概率，而且由于其文化水平较低也增加了调解的难度。政府可以采取适当的措施，比如一方面可以对他们进行法律培训，并让他们在具备一定法律常识后参与调解和咨询，增加他们的参与感，减少无所事事的状态，另一方面在农村发展新经济，如建设互联网产业园，吸引更多的年轻人留在本地就业、创业。

4. 完善立法，使法治与德治紧密结合

我国历史悠久，传统思想对人们的影响较大，尤其是在广大农村，传统思想更是根深蒂固。例如，如果邻里之间产生了纠纷，则大部分愿意寻求族长或是有威望的老者说句公道话，或是干脆忍气吞声，反而抱怨"政府遗忘了下层百姓"，而非寻求法律途径。然而这种传统更是由于我国的传统道德观念和数千年来道德发挥作用的方式而逐渐形成的。首先，中庸思想和儒家思想在国民心中根深蒂固，遇到纠纷都希望"大事化小，小事化了"，而一旦闹到法院去，不仅可能会把原本的小事在时间的堆积下变成大事，同时也可能双方撕破脸皮，再无回旋的余地。其次，所谓"好事不出门，坏事传千里"。农村的社会范围一般较小，邻里之间的纷争如果闹到法庭上去则更有可能因为舆论而远近皆知，这也成为一种舆论监督的方式，若想获得社会认同，则必须形成一定的自律。由此可见，"德治"经过我国上千年漫长的发展，已在农村形成了较为完整的行使体系和处事方法，在"德治"的影响下，遇到问题诉诸道德也成为大部分人的固有思维方式。同时，法律是最基本的行为规范，具有指引和补充作用，也就是说，法律的条文毕竟是有限的，不可能规定得面面俱到，但是有纷争的地方必定有人，有人的地方必定他们的一套道德标准，只有当这套标准无法更好地解决问题时，法律才出面调停。另外，法律也是定纷止争的最后手段，人们在社会中生活，必须获得社会认同，这也就产生了自律，而如果实行过于严苛的法律政策，事事都要管的话，必然会给人们造成过于紧的束缚，使人们产生逆反心理。因此，在法治基础本就很薄弱的农村，法治改革更应该考虑多方面因素，保持稳健，如果完全脱离了农村的道德传统，则会扰乱了正常的社会生活秩序，引起人们的逆反心理。总之，法治建设要扎根传统，与道德传统相结合，符合大众的社会认同。

从以上调研结果出发，德治法治相结合的路径可以有以下的几种尝试：(1)法制宣传路径。利用宗族族长的权威性，每年村支书和宗族族长协同召集村民开会进行法制教育，以一年中社会热点话题中的违法判例制作为宣传册和宣传海报的内容，以趣味性和可谈性将其内化为村民平时交流的谈资。(2)德治宣传路径。利用当地宗族祠堂，宣传传统道德，每年选出模范村民，建立相关族规；积极培育和践行社会主义核心价值观，同时也可以用广播进行道德行为普及。(3)德是法的延伸，法是德的规范。重点是进行法律扫盲，而对道德应进行潜移默化地宣传。宗族制度是德治教育与法治教育在农村扎根的共同土壤，要利用好这一工具。

5. 实现法治与德治有机配合，推动社会主义新农村建设

在发展农村市场经济的过程中搞好法治与德治的紧密结合。社会主义市场经济是法治经济，靠法治才能维护市场秩序，实现宏观调控。农村经济是社会主义经济的重要组成部分，更是法治的薄弱环节。我们必须看到，当前农村的经济成分、分配方式、就业方式和生活方式更加多样化，收入差距呈现拉大的趋势，社会关系发生了很大的变化。过分追求个人利益导致的唯利是图、假冒伪劣、坑蒙拐骗等欺诈行为屡禁不止，拜金主义、享乐主义、极端个人主义有所滋长。规范市场秩序，调整各种利益关系，要靠法治，也要靠德治。运用道德的特殊调整手段，可以解决市场经济带来的各种消极因素对人们思想造成的不良影响；可以将各种利益矛盾调整到社会可控的范围之内，避免利益矛盾的激化和对抗，并逐渐缓和乃至化解那些影响社会稳定的利益矛盾。这就是说，社会主义市场经济也应该是德治经济，靠德治来提高人们的道德境界，规范和调节人们的经济行为，保障和促进社会主义市场经济健康发展。

法治与德治是两种不同的手段，但是在社会主义建设中的任务是一致的，因此，二者必须实现有机结合。这同样也是社会主义新农村建设的要求，农村也应该实现法治与德治的有机配合。依法治国和以德治国紧密结合，是“两手抓，两手都要硬”战略思想的运用和发展，是治国安邦、实现中华民族伟大复兴的战略大计。法治与德治二者互为基础，互为保障，要使它们协调配合，共同发展，有机统一于调整社会关系的实践中。促进法治与德治相结合，从法治角度讲，一是必须增强人们的法治意识和法律知识，提高人的综合素质，尤其是执法者的专业技能与职业道德水平。二是要从建立和完善与社会主义市场经济体制相适应的法律体系入手，带动整个国家法治体制的形成和发展。三是要维护法律和制度的严肃性。宣布一种法律和制度，就要不折不扣地执行。如果有法不依、执法不严，法律和制度就成了一纸空文。立而不施，只会造成法制建设的负效应，失信于民。四是越是加强法治控制机制，越要重视人的工作，强化思想道德建设。确立依法治国和以德治国的大政方略，深化了对建设有中国特色社会主义规律性的认识，标志着我们党治国之道更加科学、完善和成熟。在新世纪的征途上，使法治硬约束的权威性和德治软教育的能动性有机互动，刚柔并济，相辅相成，达到的目标是，以坚实有力的法制建设和富有成效的道德建设，形成国家和社会的良性运行局面，进而推动我国社会主义现代化建设稳健地前进。

6. 增强村民对法律及执法人员的信任

目前我国农村的法治状态可总结为“知法不懂法”，即大多数村民，即使是固守传统老年人也知道法律这一事物，甚至知道国家的“依法治国”政策，却不信任法律能帮助他们解决问题。一方面由于法律给他们的收益可观性较小，在司法上，村民利用法律所得到的好处远远不及为了提起诉讼所耗费的时间和金钱；在守法上，遵守法律也许并不能给村民带来方便，而由于监督不力，村民违法也可能得不到及时追究。另一方面，农村官僚主义思想较为浓重，在我们所调研的地区，我们对村委会进行简单的采访过后，发现由于近年来思想政治教育的推进，村干部大多已经能够规范自己的思想，摆正自己位置，认为自己所扮演的是一个为人民服务的角色。而老百姓对此却并不认同，在他们的内心，村干部仍然像旧时代的官僚一样，不可能为百姓着想。因此，我们看到农村的行政诉讼类案件少之又少，同时无论基层群众自治组织如何宣传，百姓也只当是一种宣传手段，始终走不出内心的藩篱，我们也经常能够看到村委会自认为尽心尽力为村民着想，而群众并不领情，两者说法不一的情况。因此，要想加强村民对法律的信任，首先要加强其对政府及自治组织的信任。

第三章　农村道德教育与法治教育情况调查

在调研农村德治与法治社会治理的过程中，教育问题是另一个需要关注的重点。法治，良法善治，人的因素无论是在良法的制定还是在善治的过程中都是重要的因素。依法治国，重点在基层，难点也在基层，而推进农村基层社会治理的关键因素其实在人，在于人的道德修养与法治素质。因此，我们在调研的福建省Z市N县，X市T县和江西省S市的多个村镇，就农村的道德教育和法治教育状况及存在的问题进行调查。

第一节　农村道德教育情况调查分析

农村乡风道德文明包括整体的道德风尚，包括人们良好的思想状态、精神风貌、文化素养等，而乡风道德文明包含着中华民族诸如勤劳节俭、团结友爱等传统美德和古朴民风，乡风建设也正是建设社会主义文明的重要内容。文化是民族的灵魂，知识改变命运，教育是民族的生机，道德文化教育是民族灵魂的根基。当今社会在全面建设小康社会的同时大力发展经济与道德建设，经济建设是为了提高国家整体经济水平，而在发展经济的同时，要重视道德建设，道德建设作为一种精神动力，能够更好地引导人们建设美好和谐法治社会。农村历来受到国家领导人的重视，中国是个农业大国同时也是个教育大国，农村的发展对中国的发展极为重要，而乡风道德文明的本质是农村道德文明建设，而农村的道德教育是乡村道德文明的基础，只有广大村民的道德素养提高才能带动整个乡村的道德文明建设，进而带动农村法治建设。

一、农村道德教育的现状及存在的问题——以福建省Z市N县为例

Z市N县地处山区，我们调研的D村风景优美，农家民居溯溪而下。当地的民风淳朴，村民以采茶制茶和农家旅游为主要经济收入。村中保留了一座明代的Z姓大祠堂，是典型的客家村落，被誉为闽南周庄。D村村民有敬教重才的优良传统，村中有一所华侨捐资兴建的小学，校舍明亮，占地颇广。D村19%的村民的文化程度是小学以下，30%的村民的文化程度是小学，27%的村民的文化程度是初中，18%的村民的文化程度是高中，还有6%的村民的文化程度是大学以上，在我们调研的村落中比较罕见。

调研中当地村民有47.2%的人认为家庭以言传身教的方式进行道德教育最重要，认为学校以行为约束的方式进行道德教育最重要的人占36.0%，认为社会以践行核心

价值观的方式进行道德教育最重要的人占16.8%。分析这组数据我们可知当地居民认为家庭和学校对道德教育起很大作用，在人的完善的道德观形成过程中，家庭的影响和学校的教育占了很大一部分。

当地超过一半的村民对自己家乡风气感到满意，而有十分之一的村民不满意当地的社会风气，大多数村民家乡保留有传统的宗祠和村规，并且有相当多的村民对当前社会道德教育感觉一般。我们发现不满意当地社会风气的村民几乎来自于T村，而当问询到X村和D村的村民时，老人们多露出满足的微笑，有一位老人说的话我们到现在都记得，他说的是：“当然满意了，自己住的村子是最好的，肯定满意。”而在乡村，遇到不识字的村民也是很正常，不过相比以前可是大大减少了，在D、T、X三个村庄里我们居然还采访到了22位大学学历以上的村民，其中包含几位老教师和一位有出国留学经历的老先生。老先生正是安享晚年的时候，对村子的社会风气并没有过多的态度，只要乡里乡亲和谐无争吵，农田能够自给自足就好了。当提到家乡风气也就是民风时，他很高兴，就着民风给我们说了好多，他说民风当然好啦，乡里乡亲平时谁家青菜收多了就会送给别人，他说他的村子就像以前的“大同社会”，没错，当我们提到这个词的时候，他十分激动：“对对对，就是大同社会。”问卷中的两个问题是这样的：①如果您与亲戚、邻居或者朋友发生纠纷首先想到怎样处理？②您认为利用社会舆论如邻居之间的议论监督村民的道德状况如何？他回答我们说：“不不不，我们不是这样的，对于我们村，大家相处和善，我们没有这种不快，即使有也不会用这些方法解决（注：这些方法指的是向法院起诉，找村委会，私下解决），对于你说的村民之间靠舆论监督的方法别的村也许会用，但是我们村民有‘信仰’，就是相信神明，相信好人有好报，恶人有恶报，我们乡下人就是相信这些，用这种信仰来约束言行。你给我们说什么法律之类的，我是懂的，因为我读过大学也出过国，城市里都是讲究法律的，可我也从小在这里生长并且现在我回来了，我也一直和这里的人一样相信神明，相信善恶因果，特别是我们这些老人，已经这么大岁数了，再去学什么法律那些没什么用，也不愿接受这些什么教育，村里镇上是有用展报或者宣传手册给我们宣传，但是没什么用，村里大多数是老人不想接受，还有许多不认识字，村里也就在前年发过一两次，所以这些道德法律教育对我们没什么用。”问卷上还有一题是这样的：您认为道德教育的进行哪个方面最重要？老先生说：“家庭、学校、社会都重要，缺一不可。”在我们采访的400余份问卷里，占有一半的人认为家庭教育最重要，我们在调研完三个村子后与D村村主任进行了一次座谈，了解到D村全村只有三个学生，并且村里只能供他们读到二年级，之后要到镇上去读书，这也难怪他们把家庭教育看得那么重要，本来上学的人数就不多，更多是家里长辈的教育。所以这位老先生有这样辩证全面的看法真的是让我们佩服，老先生说：“家庭，没错，很重要，因为父母的教育方式和做人做事的态度会给孩子带来最深的影响，孩子首先接触到父母。学校也重要，孩子得上学，我是有文化的，我知道有知识对于改变一个人的命运来说多么重要，没有文化的人很难懂，毕竟村子要出一个大学生多么不易，孩子必须得接受知识，而接受知识的时期就是在学校，此时孩子成长，更多的是老师的教育，要为人师表，要接受好的教育。当然社会的教育也重要，孩子上完学肯定是要进入社会的，特别是城市里的孩子们，学习后的人生是工作，是进入社会，到社会中去历练，所以，社会的教育更是让孩子们真正长大成人，立足世界。”

老先生的话让我们有了更深的思考。老先生的观点正是大多数村民的观点，首先农村较为封闭，固有的封建思想更是从以前就延续下来，除了几位有文化的村民，大多数其实是不愿接受新的观念、新的文化的，即使愿意接受这些东西，也会因为文化的限制、接受途径的不便、其他村民的影响而不能接受。年轻人相比于老年人对外界新鲜的世界更好奇，更愿意接受新的思想文化，他们就更有可能和希望来带领整个村子进步，但是三个村庄年轻人又很少，大多外出打工了，我们挨家挨户寻访，很多地方几乎没人，这是道德法治教育在乡村不能很好实行的原因之一。其次，先生提到了“信仰”这个词，他说或多或少大家也都听说过城市里的道德法治教育，完全不知道的也就是村子里那些上了岁数不识字的人，可是道德法治教育并没有很好的开展的背景下，村子里仍然民风朴实，乡里乡亲互帮互助，并没有产生什么诸如城市里说的违法乱纪的事情，这是为什么呢？靠的就是信仰，这种信仰就是村民们的自我意识，他们愿意用神明来约束自己，自己安分守己一辈子无忧无虑，自己做坏事，上天都是看着的，所以他们的道德教育并没有来自于外界，村里或者镇上即使有道德教育对他们来说也是可有可无的，他们的道德界限遵从于自身的价值判断。

N 县 X 村的旅游业较为发展，在景区一家安静的茶铺里，一位四十岁左右的先生烹着茶，抬头看壁橱上有很多陶瓷玩意儿，先生后来讲到他在外地经营茶叶公司，平时爱好陶瓷，公司雇人管理，没事干时自己回来卖茶、陶等，其实不需要这一点钱，只是在家里很舒服，这位先生是很爱家的。就我们的道德法治教育相关问题，先生说：“道德教育其实对我们村子而言可有可无，我们村这方面还是做得很棒，有人做错了事情，村里的老人们都会指责，大家也都会分清是非站在一边指责他的错误，村民们都看重村里的规矩和村里德高望重的老人，政府的教育可有可无。大家之间都讲道理，如果有人吵架老人家都会站出来的。”提到家庭、学校、社会教育的重要性时，先生认为家庭教育最重要，“孩子从小接触的是家里人，父母的言行密切关系着孩子的言行。”这也就是所说的言传身教吧！

相比 D 村和 X 村，T 村村民对于家乡的民风不满意的比例是最高的。也就是说，我们问卷中对家乡风气感到不满意的 40 人几乎都来自于 T 村。T 村的赌博之风较盛，随处可见很多村民围成一圈打牌，甚至有些涉嫌聚众赌博被处罚。我们在调研时就被村民围住咨询相关法律问题。有趣的是，D 和 X 村的村民普遍瞧不起 T 村，嫌他们民风不好，村民好逸恶劳，不愿与之来往。这也许是传统道德价值观发挥正面作用的一个表现。

二、农村道德教育的现状及存在的问题——以福建省 X 市 T 县为例

X 市是一个滨海海岛型城市，T 县位于岛外，我们调研的 D、M、S、X 四个村庄靠海，村民大多是渔民，主要以捕鱼、养殖为主要经济来源。随着当地政府发展岛外经济，围海填海，发展旅游、文教、房地产，四个村庄从事捕鱼的村民数量逐渐减少。

对于道德教育，四个村的村民中有 39.5％的人认为家庭教育（言传身教）最重要，31.6％的人认为学校教育（行为约束）最重要，21.3％的人认为社会教育（践行核心价值

观）最重要，同时还有7.5%人认为其他方面的教育最重要。可见对于道德教育，大部分人认为家庭教育和学校教育最为重要。我们在D村采访村民时，也有不少村民表示最关键的一定是家庭教育，家庭教育对孩子的影响最大也最深刻。家庭的教育会影响孩子的一生。而对于村中小学生们的随机采访中，孩子们表示学校有思想道德品质的课程，但经常被其他主课占用。在生活中有遇到过“乱丢垃圾”“乱打人”等不道德现象，但是一般都不会跟父母提及这些现象。询问原因，有以下答案：父母在外打工，疲于生计；父母的文化程度不高，对这些细节的不注重；父母教育理念的偏离等。

T县的这几个村落虽然靠近城市，但传统文化底蕴较差，道德教育现状也较差，村民对道德教育的重视程度较低。一方面，在家庭教育方面，许多家长将“教孩子做人”视为学校应该做到的事。另一方面，村里许多人疲于奔命，生计问题尚且未能满足，何谈道德等精神层面上的事。我们也在村中了解社会主义核心价值观教育的情况，许多村民表示村委有进行过相关的宣传，但是他们不太关心，觉得跟自己的生活没有太大的关系。不过当我们就核心价值观的具体内容，比如诚信、敬业、爱国、和谐等询问时，他们却也能理解相关内容，但大多是从自身家庭或学校的传统价值观教育中获得。就调研情况来看，村民肯定了道德教育的作用，但是认为道德教育不能起什么大作用，村里普遍会有老人会或者村民集体分清是非而共同指责，或是普遍信奉神明，相信因果循环，都有自己的一套为人处事的准则。

X市T县与Z市N县在道德教育上的相似点和差异性，我们通过调研大体看出了端倪。首先，两地的道德教育基本以家庭教育为主，但是由于两地的文化底蕴差异大，Z市N县的村民中教育文化的程度略高，距离城市较远，也少受城市文化影响，这种影响不仅指经济发展道德建设，也有城市文化的糟粕，村子里较城市人淳朴，物质化程度较轻，所以村子里民风朴实，乡里乡亲互帮互助，淳朴善良，在民风的文明程度上比X市T县要高一些。其次，学校社会的道德教育方面，Z市N县地处偏远，教学资源较为匮乏，村中的小学只有两位学生，且只能上到二年级，三年级就必须到镇上的学校去就读。相比之下X市T县靠近城市，由于当地政府岛外发展政策的影响，村子征地拆迁后，附近建起了大学城。这对T县几个村庄的基础教育带来了很大的影响。T县的几个村，小学年级设置完整，教学资源设备设施比较齐全，在学校道德教育方面的优势比Z市N县要大一些。最后，两地的相似性也惊人得一致。村中以老人、小孩居多，青壮年大多外出打工，未成年人的家庭教育或学校教育都存在着危机。道德教育的实行主要是靠村民自身自律，而村中老人的价值观大多跟不上时代的变迁，学校教育由于孩童父母的缺失，教育方式较单一，效果也不尽如人意。

三、对策建议

第一，加强农村传统文化道德教育。

传统文化中优秀的价值观，比如诚信、仁爱、尊重等与社会主义核心价值观的内容是一脉相承的，也是社会主义核心价值观的历史底蕴和价值基础。中国的人文地理复杂多变，每个村落的文化底蕴亦不相同。对于一些文化底蕴比较好的村落，比如Z市N县D村，道德教育的开展可以与当地的文化传承相结合，这对于提高村民的道德修养，营造良好的村风、民风有巨大的推动作用，并且可以影响辐射周边的村落，有利于乡村道德文明建设的开展。

第二，加强农村义务教育的实施，关注教育的效果。

随着经济快速发展，城市化步伐加快，我国农村留守儿童和空巢老人现象已成为一个亟待解决的社会问题。根据调查结果，农村许多 60 岁以上的老人与 18 岁以下的未成年人共同生活，因为家庭的主要劳动力选择了进城务工。而对于留守儿童，存在缺乏家庭教育的问题，在隔代监护中，大多数监护人也就是留守老人们，只能确保孩子有足够的吃穿，但心理、思想道德教育等问题上管束不足。而对于留守老人而言，自身教育程度缺乏，根据调研结果，大多 60 岁以上的老人教育水平在初中及以下，并且老人的收入水平较低，再加上需要承担抚养和教育后代的责任，心理负担沉重，缺乏学习法律的热情与目标。

目前我国对农村义务教育的关注，国家的政策更多集中在数量上，要求每个村落不能出现失学儿童，尽可能配备学校，做到全覆盖。但是，随着我国经济发展，社会变迁，农村青壮年大量外出，这种只保证数量的模式面临很大的危机，教育的效果跟不上。因此，我们建议应当更加关注农村义务教育的质量，比如可以鼓励社会对务工者子女建立学校进行投资，兴办农村寄宿制学校，使学习和生活上没有保障的留守儿童在学校得到更好的照顾和教育，来弥补家庭教育的缺失。

第三，改进道德教育的途径与方式，家庭教育、社会教育、学校三方相互依托，相辅相成。

家庭教育是三种教育的起点和基础。家庭教育，并非只有父母教育孩子，也可以通过孩子改变父母。加强学校教育，让孩子从刚入学就开始重视道德教育，知道什么是好，什么是坏，进一步让孩子认识到自我，感受到周围环境的不足，让孩子知道如何通过自己来改变外界，升华自我，并影响自己的家人，治好家人道德上的疮痍。许多村民表示自己并没有读过多少书，文化程度不高，并不能很好地教育子女，只得完全托付给学校这个教书育人的地方，但学校只能提供统一形式和内容的教育，并不能完全适合每一个拥有不同家庭背景的学生。父母是孩子的第一任老师，学校的言传要配合家庭的身教才能更好地教育好孩子。家庭教育的缺失必将影响孩子的一生，而孩子就是祖国的未来，下一代道德与法治素质的体现者。

邓小平曾经指出："一个学校能不能为社会主义建设培养合格的人才，培养德智体全面发展、有社会主义觉悟的有文化的劳动者，关键在教师。"[①]由调查数据可得，学校的道德教育形式单一，多为老师讲授或宣传栏，缺乏针对性与吸引力。为此应该探索一些更有针对性的灵活多样的教育教学方式方法，比如利用互联网，收看宣传社会主义核心价值观、传统优秀文化价值观的电影电视等，传播正能量，引导学生塑造积极向上的人生观、价值观。

第四，加强各级党委政府特别是农村基层乡镇党委政府对农村道德教育工作的领导。

---

①邓小平.邓小平文选：第 2 卷[M].北京：人民出版社，1994：122.

政府高度重视，是做好道德教育工作的根本保证。要把农村道德教育工作摆上重要议事日程，与农村社会经济的全面发展统一考虑，统一部署，并作为绩效考核的重要标准。各级政府要把农村道德教育经费列入财政年度预算，根据经济社会发展水平制定道德教育工作的经费保障标准，并随着经济发展逐年加大财政支持力度。要加强对经费支出的监督，做到专款专用。国家应拿出一部分经费，作为一项重要的支农补贴，投入农村道德教育领域，帮助农村特别是边远落后的农村地区解决这项经费，改善农村道德教育在人员、设备等方面的条件。当然也要积极探索新的经费筹措方式，鼓励有实力的企业、经济发达地区对农村道德教育工作进行对口支援，缓解经费紧张的问题。

第二节 农村法治教育情况调查分析

调研显示，农村法治教育的开展相比道德教育更加困难。传统中国的社会治理遵循，礼法合一，法律的规则更多以礼的形式出现，同时中央和地方是两套不同的法制模式，中央颁布统一的礼典和法典，地方则有大量的民间自治规则参与社会治理，国家鼓励符合传统价值观的民间自治规则的发展，甚至待其成熟后直接入法，比如著名的《朱子家礼》。虽然农村地区在市场经济的冲刷下，传统的“熟人社会”渐渐支离破碎，但现代化的人际社会关系也没有能够完全形成，正处于一个由“熟人社会”向“陌生人社会”发展的过渡期。现代法律规则对于熟悉村规民约神道戒律的广大村民来说是陌生的，其传播的方式和惩戒的规则对村民而言也是不熟悉的，这点在调研村落的法治建设现状中得到了印证。

在Z市N县调研时，我们发现村委会的宣传栏上公然贴着关于全村集体收入利益分配的村约，落款赫然是该村的老人会。这份村约里面对全村一年的集体收益进行了分配，它的基本规则是按照人口均分，有趣的是，嫁出去的本村女性是不能参与分配的，而男性则没有这个限制，即使他娶了外村的女子，甚至离开本村外出打工，仍然有分配收益的权利。从这份村约当中，我们似乎有点明白了在农村生男孩的重要性了！显然这份村约是得到了大多数村民的支持的，大姓大户在村中的利益是绝对占上风的，这其实是传统农村经济发展的形式决定的。当村民的收入主要来自农耕和土地，人多地多自然获得的利益更多。当工业经济的发展开始冲击农村传统的农业经济时，变化开始了。很多青壮年离开土地外出打工，收入远远超出原来农耕获得的利益，村约的约束开始变弱。我们在Z市N县的调研显示出另外的一个变化。由于N县风景优美，旅游经济发达，村集体收入中旅游收益占比逐年加大。村中各家各户各凭本事发展农家乐、客栈旅游等增加收入，村集体收入的来源主要是景点的门票和集中调配运营的交通收入。由于景点分布在三四个村落，而门票是统一的，如何分配收益开始有了纠纷。这类纠纷跨村，原先传统的村规约束不到，无法处理，而过去村落宗族之间争夺利益的械斗在今天是违法的，村民开始寻求法律的帮助。这种变化让我们看到了中国法治在农村发展的可能轨迹。

法治教育是契合这个发展轨迹的基础，农民有利用法律规则保护争取自身权利这个需求，这是法治宣传教育的最佳时机。那么如今农村法治教育的状况如何？存在哪些问题？带着对这些问题答案的探求，我们展开了调研。

一、农村法治教育的现状及存在的问题——以福建省Z市N县为例

（一）农村开展法治教育的形式

调研数据显示，农村开展法治教育的形式主要有两种：一是学校的法治宣传教育，主要针对未成年人；二是基层村委的法治宣传教育。学校教育方面，以Z市N县D村为例，有59.7%的人表示所在地区学校没有开设法治教育的相关课程，剩下的仅有40.3%的人表示所在地区学校开设了法治教育的相关课程。

对于学校授课方式，有59.3%的人表示是通过老师讲授的方式，有25.8%的人表示是通过播放相关视频的方式，有3.8%的人表示是通过参观访问的方式，有7.7%的人表示是通过校内外专家讲座的方式，剩余的3.3%的人表示是通过其他方式授课。从这组数据来看，通过老师讲授的方式占比例最大，这也是比较传统的授课方式。

在受访者中，表示所在地区村落有进行法治教育的相关宣传教育和没有进行法治教育的相关宣传教育的人分别占44%和56%。由此说明当地法治教育的相关宣传教育的工作做得不够到位，一半以上的居民并没有及时了解相关知识。有54.9%的人表示村委是以宣传展板介绍的形式开展宣传教育，有13.5%的人表示是以专家讲座的形式开展宣传教育，有11.9%的人表示是以参观访问的形式开展宣传教育，有16.6%的人表示是以观看视频的方式开展宣传教育，其余的3.1%的人表示是以其他方式开展道德与法治教育的相关宣传教育。由这组数据可知当地主要是以宣传展板介绍的方式进行法治教育的相关宣传教育，这一方式较为传统，宣传效果可能不尽如人意，难以让每个村民及时地掌握法治教育相关的知识。

（二）农村法治教育的内容

调研数据显示，对于法治教育的内容，32.6%的人认为应该包括人身安全，24.7%的人认为应该包括法律权利义务，14.0%的人认为应该包括宪法知识普及，16.6%的人认为应该包括法治观念（法治与人治的区别），11.2%的人认为应该包括合法与非法行为的界限。农民关心的都是与自身利益密切相关的法律规则，人身安全和权利义务占比达到了57.3%。

农民期待的法治教育的内容与实际的法治宣传教育的内容，存在一定程度的脱节。村委法治宣传教育更多宣传的是国家制度、宪法的规定以及社会治安方面的法律，对于村民迫切想要了解的解决经济纠纷、财产分配、人身权益等方面的法律知识，则有些欠缺。

（三）当地村民对法治教育状况的评价

调研数据显示，有73.9%的人认为学校与社会进行的法治教育对他们自己有帮助，其余的26.1%的人认为学校与社会进行的法治教育对他们自己没有帮助。另外，

41.2%的受访者对当前的法治教育表示满意,45.9%的受访者觉得当前的法治教育一般,13.0%的受访者对当前的法治教育表示不满意。总体来说,当地村民对目前的法治教育的评价不佳,这跟上述法治教育内容和形式单一有关联。

(四)总结综述

综合以上数据的统计分析,我们可以总结出以下几点:

第一,过半的受访者表示所在学校没有开设道德与法治教育的相关课程,由此说明当地学校对道德与法治教育不够重视。并且,据调查结果显示,当地学校开设的道德与法治教育的相关课程的形式较为单一,授课效果难以令人满意。

第二,多数受访者表示所在地区没有进行道德与法治教育的相关宣传教育,由此说明当地社区对道德与法治教育的宣传工作做得不够到位,宣传效果难以让人满意。并且,问卷统计结果表明,当地主要以宣传展板介绍的形式进行宣传教育,信息难以及时有效地传达到每个村民。

第三,总体来说,当地的道德与法治教育的宣传教育情况不容乐观,当地村民对所在地区的道德与法治教育的满意程度也是一般,政府应更加重视道德与法治教育,监管下属部门做好宣传工作,学校应意识到道德与法治教育对学生的重要性,认真教授相关知识,村委应加强宣传力度,尽职尽责地做好宣传道德与法治教育的相关宣传教育工作,同时,当地村民也应配合工作,认真学习相关知识,全民齐心营造一个风气高尚、治安良好的环境。

二、原因分析

1. 法治教育未能与道德教育、其他教育相互结合

目前农村法治教育,基本停留在法律规则的宣传上,重点是维护社会治安,明确村民遵纪守法,是一种义务本位的教育思路。同时法治教育相对独立,没有意识到法治教育与道德教育其实是相辅相成的。道德与法律作为调整社会关系的两大基本行为规范,互为补充,正如依法治国与以德治国在社会治理中相互结合一样。一方面道德是法律的价值基础,为法律的制定、发展和完善提供价值准则,是社会主义法律正当性和合理性的重要基础。道德教育、价值观的培育能够促进人们自觉尊法学法守法用法,维护法律权威。道德调整社会关系的范围和方式更加广泛灵活,可以弥补法律的短板,与法律一道共同促进良好社会秩序的形成。另一方面,法律为道德提供制度保障。道德入法可以让法治成为良法善治,增强人们对法律的信心。法律的严格执法和公正司法,能够有力维护社会公平正义,为社会主义核心价值观的弘扬保驾护航。全民的普法守法,有助于增强人们信守法律的道德水平,引导人们自觉履行法定义务、家庭责任和社会责任。

十九大指出了未来农村社会治理的方向是德治、法治、自治三者结合的。法治教育与道德教育也是相互呼应的。传统的礼俗教育中就包含了严格的规则,类似今天的法律规定,但礼法并没有特别明显的界限。家礼规定示范性的行为规范,法制负责对违背礼制的行为施罚,两者紧密联系,共同构成了社会治理的基本规则。今天的农村,正处

在新旧交替之际，传统的礼制教育仍然存在，并有其可取之处，应当与现代的法治宣传教育相融合。对一些文化传统保留较好的村落，原先重视教育的大姓宗族的家风教育对道德与法治教育可以起到补充的作用，应当予以保护并鼓励。一方的和谐平安治理的背后，其社会治理的方式基本都是德法相结合的，而教育是社会治理的基础，更是应当兼容并包，相辅相成。

2. 未能及时回应村民的维权需要

改革开放以来，农村经历了风雨巨变，传统的以农耕经济为基础的社会关系逐渐破碎，工业经济的侵入，农村经济结构的转变，加剧了农村由“熟人社会”向“陌生人社会”的发展演变。在我们调研的村落当中，距离城市较近的，或者是城郊的农村，或城中村，村民的维权需求从传统的家庭纠纷(如离婚、家暴等)转向了经济利益的纠纷。例如，因政府征地拆迁引起的利益分配纠纷、因共建厂房仓库停车场产生的收益分配纠纷、家庭分家析产产生的利益纠纷等。这类纠纷已经无法通过传统的村规族约、协调利益平衡可以解决。比如，在调研中一位女生表示父母没有很强的防御意识，遇到熟人借钱不还这样的情况也只会让事情不了了之。一位男生则提到自己家的房子在拆迁时，拆迁方没有信守承诺，而且由于是官方的拆迁队，他认为维权是没有用的，没有采取维权措施。另一位男生谈到了家里和邻居之间的矛盾，他说，当时家里修盖的旱厕因为有些靠近另一家修盖的宗祠，有一年那家人在祭拜宗祠时强行把他家的旱厕拆毁，但最终家里人选择隐忍过去了，不想因为这件事和那家人争执，闹不愉快，而且也不知道如何维权。社会的发展，农民已经迫切需要了解相关的法律规则以保护自身的权益。距离城市较远的村落，则是另外的情形。有一些村落风景优美，旅游业发达，村民的纠纷也集中表现在经济利益的分配上。还有一些村落较为贫困，纠纷往往集中表现在治安和家庭人际纠纷上，但表现形式有新的特点。比如，治安方面涉黄涉赌的，一经抓捕，根据情节轻重，会区分犯罪或是一般违法行为，被抓捕的村民往往会老老实实伏法认罪。而现在的村民权利意识会更强，他们开始会争辩自身情节的轻重，质疑判罚的公正性，为了减轻惩罚，甚至会开始积极学法用法，这是一个新的现象，值得研究。

面对这些变化，当前农村的法治教育却未能及时回应村民的维权要求。“送法下乡”已持续进行多年，效果如何？本书的一个章节将就此展开相关论述。另外，由于农村地区青壮年大量外出就业打工，老人与留守儿童是目前农村地区的主要居民，而侵犯留守儿童人身权利的案件时有发生。如何保护留守儿童的合法权利，相关的法治教育尤为迫切，但目前这方面的法治教育却似乎是空白的。

3. 政府投入不足

教育是社会治理有效进行的基础。教育需要大量的投入，包括设施、设备人员等，是一个大工程。2018 年我国乡村常住人口约 5.6 亿人，占总人口数约四成的比例，而且主要是老人和儿童。目前我国农村义务教育政府投入不足，以财政拨款为主(乡镇)，辅之以农村教育费附加、农村教育集资、杂费、校办产业收入、社会捐资和设立教育基金等多种渠道筹措教育经费，其中农村集资是主要方式。由此可见，农村义务教育经费的投入实际上与当地经济发展是相挂钩的。

然而，随着我国农村城镇化的发展，越来越多的农民或者进城务工，或者抓住改革开放的发展机遇成功地城镇化，农村的人口在逐渐减少，农村的义务教育也有日渐萎缩的趋势。在我们调研的村落中，当地有的小学已经招不到适龄学生，校舍空空，原因是许多父母认为城镇的教育资源更加优质，便将孩子送往城镇的寄宿学校就读了，有的学校即使还在维持，只有零星几个学生，师资也欠缺。

综上，我国的农村地区幅员辽阔，贫困地区较多，政府由于财政短缺，对农村的道德教育和法治教育的投入是不足的，加上农村城镇化的发展，个别地区处在过渡发展的交接阶段，甚至会出现教育缺失的状态。而这对于农村的社会治理，推进全面推进依法治国，对于全面建成小康社会，都是发展道路中的荆棘。

三、改进农村法治教育的对策与建议

传统的乡土社会主要是依靠长老政治和村规民约来治理，在每个村庄的内部只要因循旧历就可以有效地整合生活秩序。但中国日益加速的城市化进程，已经在事实上打破了这种旧的秩序，反之，由此而出现的新问题、新变化、新矛盾，让广大的农村和农民无所适从。当秩序和规则在农村的实践场景和逻辑已发生变化的时候，幅员辽阔、人口众多的农村需要一种新的秩序和规范，法治下乡变得迫切而又重要。农村的法治教育现状较差，但是在全面推进依法治国方略的制定施行后，农村已有许多人听说甚至了解并能运用法律处理事情。虽然上级能够宣传并执行法律，但是并不符合广大村民利益和意愿，不少村民犯错并不知道原因，甚至再次犯错。总体而言，法治教育现状不算良好。据我们走访了解，距上一次上级法治宣传已过去一年半的时间，一个村尚且如此，可见其他村也差不多。宣传和执行力度不够，若是能在考虑广大村民利益意愿下，加大宣传和教育，在接受村民固有思想的基础上，尊重他们的同时以他们能够接受的方式向他们传播新思想新文化，在他们知法懂法的情况下做好奖惩有度，那么村民的法治意识会有很大进步。农村法治状况滞后且传统观念根深蒂固的现状决定了农村的法治宣传教育工作还有很长的路要走。

法治宣传教育是提高全民法律素质、推进依法治国基本方略实施、建设社会主义法治国家的一项基础性工作。继续深入开展对农民的道德与法治宣传教育，是构建社会主义和谐社会和全面建设小康社会的重要保障。积极推进农村法治教育应当做到以下几点：

（一）重视教育，提高农民的文化水平

有效组织实施对农民的法治教育培训。培训是提高干部群众道德与法治素质不可替代的形式，在新型农民培训工程中，法治知识的培训应当是一项重要内容。

第一，要抓好农村干部的道德与法治培训。充分发挥各级党校的作用，坚持集中培训、以会代训、专题宣讲等方式相结合。健全规范教育培训机制，把农村干部道德与法治培训的目标、任务、基本内容、主要方法、保障措施、监督管理、考试考核及法律运用以制度的形式予以明确，保持经常性，增强实效性。要建立农村干部学法用法档案，把培训、学习和依法治村的情况作为选拔任用和评先选优的重要内容。

第二，要抓好外出(来)务工经商农民的道德与法治培训。应当由各级普法宣传机

构牵头，协调各有关部门，实行三个结合。一是与劳动保障部门结合起来，在就业培训、技能培训中增加道德与法治培训的内容；二是与流动人口管理部门结合起来，在外来人员居住集中的地方建立道德与法治培训学校和法律服务中心；三是与用工企业结合起来，发挥企业管理组织作用，开展有针对性的教育。

第三，要充分发挥乡镇司法所、法律服务机构的作用，定期对农村普法骨干进行道德与法治讲座、专题辅导、学习交流等，使他们受到系统的道德与法治知识教育。

（二）宣传教育要与当地实际情况相结合

加大宣传力度，引导农民解放思想、转变观念、提高认识，是加强农民法治教育的必要条件。加大宣传力度，一是让农民意识到，在推进社会主义新农村建设的过程中，农民之“新”，不仅是他们穿上新衣服、住上新房子、用上新电器，更重要的是，他们成为新时代的主人、新农村建设的主力军，进一步增强他们的社会责任感和使命感，以调动其学法、守法、用法的主动性和积极性。二是让农民转变陈旧的观念，在处理各类矛盾纠纷时，摒弃传统的依靠朋友、亲属、宗族和“私了”的方式，采用法律咨询、寻求法律援助、寻求基层组织的调解。按照法律的要求处理家庭社会关系，逐步实现家庭和睦、邻里融洽、男女平等、尊老爱幼等目标。

（三）扎实推进农村道德与法治教育队伍建设

首先，各级党委政府特别是农村基层乡镇党委政府，要高度重视，切实加强对农民道德与法治教育工作的领导。政府高度重视，是做好道德与法治宣传教育工作的根本保证。要把农民道德与法治教育工作摆上重要议事日程，与农村社会经济的全面发展统一考虑，统一部署，并作为绩效考核的重要标准。领导干部要带头学法用法，树立在宪法和法律范围内活动的观念，树立国家一切权力属于人民的观念，树立国家尊重和保障人权的观念，提高依法管理经济和社会事务的能力，规范决策、管理和服务行为。要严格落实领导责任，强化奖惩激励机制，积极改善农村道德与法治教育机构弱、人员少的状况，着重加强县级普法办、乡镇司法所等农村道德与法治教育机构建设，并逐步改善工作人员的年龄结构、文化层次、知识水平，提高其组织、领导、决策本地区农村道德与法治教育的能力和水平。

其次，各级政府要把道德与法治教育经费列入财政年度预算，根据经济社会发展水平制定道德与法治宣传教育工作的经费保障标准，并随着经济发展逐年加大财政支持力度。要加强对经费支出的监督，做到专款专用。国家应拿出一部分经费，作为一项重要的支农补贴，投入农村道德与法治教育领域，帮助农村特别是边远落后的农村地区解决这项经费，改善农村道德与法治教育在人员、设备等方面的条件。要积极探索新的经费筹措方式，鼓励有实力的企业、经济发达地区对农村道德与法治教育工作进行对口支援，缓解经费紧张的问题。

（四）将法治教育融入农村基层义务教育之中

由调查数据可得，多数村民认为学校教育在孩子的道德与法治观念的建立上起到了尤为重要的作用。在某些村民心中学校教育在某种程度上远重于家庭教育，他们认为自己的受教育程度较低，把孩子送到学校就是为了孩子能够受到更好的教育，不学坏，做一个对社会更有用的人。与此同时，地理环境的限制带来的交通不便利导致孩子在学校里度过多数时光，只有周末才能和家长短暂地相聚。然而，从调查结果看来，过半的村民表示学校并未开设道德与法治教育的相关课程，因此，加强农村学校道德与法治教育投入显得尤为重要且迫切。

教育有正规与非正规之分，二者有着明显的差别。美国著名的教育学家约翰·杜威曾指出"在不发达的社会群体中，很少有正规的教学和训练。野蛮人为了把必需的倾向灌输给年轻人，主要依靠使成年人忠于他们群体的相同的行为来实现"，"每个人从和别人共同生活中所得到的教育"，这种教育具有很强的偶然性，而正规教育则"把有意识的机构——学校和明确的材料——课程设计出来了，并将讲授某些东西的任务委托给专门的人员——老师"。道德与法治教育作为教育的子集，同样存在正规与非正规之分。当前的农村道德与法治教育恰恰处于一种正规严重缺失的状态之中，无论是传统的血缘群体间的道德传承，还是村委会和村党组织的思想政治宣传，都与正规的道德教育相去甚远。

（五）创新农村法治教育的方式

由调查数据可得，道德与法治教育形式单一，多为老师讲授或宣传栏，缺乏针对性与吸引力。为此，一是要充分发挥墙报、标语、横幅、小报、夜校等农村传统道德与法治宣传教育阵地的作用，并以与农民生产、生活密切相关的车辆、生活用品等为载体，利用各种机会和场合发放法制书籍、普法小册子等宣传资料把《宪法》《村民组织法》《土地承包法》《治安管理处罚法》《婚姻法》《物权法》《继承法》《人口与计划生育法》等与农民息息相关的法律，进行尽可能广泛的宣传。二是要充分利用电视、广播、报纸等新闻媒体，开辟一些面向广大农民群众的道德法治类节目，通过以案析法、案件点评等形式，使农民群众能够一目了然地明白法律知识，在丰富多彩的道德法治教育活动中起到潜移默化的作用，从而达到提高法律素质的目的。三是要广泛利用互联网信息量大、传播快、互动性强、范围广等优势，创建道德法治教育的新阵地，增强道德法治教育的趣味性、互动性，提高道德法治教育效果。四是要着力抓好农村学校道德法治教育，重点加强农村在校学生的道德法治教育，充分发挥学校教育的辐射作用，通过学生带动家庭、家庭带动村镇、村镇带动更大区域，不断拓展农村法治教育的覆盖面。五是要利用宣讲团、辅导班、法制学校、集市广场宣传、以案讲法等面对面的宣讲形式和文艺演出、电影放映、知识竞赛等寓教于乐的宣传方式使道德法治教育化枯燥为生动，化抽象为直观，使广大人民群众时时处处生活在道德法治教育的环境中，不断地提高对法律知识的知晓程度，不断地接受法治精神的熏陶，使他们最直观地感受法律的尊严、权威、作用，耳濡目染地产生对法律的尊重和崇尚，进而熟悉法律、运用法律、遵守法纪。

第三节　农村道德教育与法治教育的再思考

中国经济在改革开放四十年来的高速发展后，正处于历史性的"临界期"：对世界经济及整个国际社会的影响不断加大，但是内部体制转型和社会发展面临许多矛盾和挑战。人民对美好生活的期望更多转向了医疗、教育、文化等公共服务保障领域，而在广大的农村，问题更加突出。以我们调研的农村教育为切入点，我们看到了城市化的快速发展，让城乡二元结构的弊端日益加深，在未成年人的教育、村民的教育上出现了缺失，这给农村社会治理带来了很大的隐患。

一、农村留守群体道德与法治教育的缺失

社会学家李强曾指出："虽然在城市社区中，农民工居于社会下层，但是在同一社区中，与未流出的农民相比，流出的农民工却是典型的精英群体。他们在个人素质上具有明显的优势，例如，他们都具有年龄和教育的优势。外出的农民工，一般都处在活动最强的年龄段，尤其是具有很强的经济活动能力。"①从这种意义上来说，农村人口的流动会有一种"吸纳效应"。这种效应最直接的后果，就是在农村出现了留守群体，这个群体主要由妇女、儿童和老人组成。

农村留守儿童是指父母双方外出务工或一方外出务工另一方无监护能力，而自己留在农村生活或不在父母身边的不满 16 周岁的未成年人。他们一般与父母一方或与隔辈亲人生活，或与一些关系更疏远的其他亲戚生活，甚至有些是独居。留守儿童是我国经济社会发展中的阶段性问题，是我国城乡发展不均衡、公共服务不均等、社会保障不完善等问题的深刻反映。农村留守儿童的数量规模近几年来呈逐年扩大的趋势，2012 年，根据 2010 年全国人口普查资料推算，农村的留守儿童数量有 6102.55 万，超过了 6000 万人，占农村儿童数量的 37.7%，占全国儿童数量的 21.88%。从年龄结构来看，农村的留守儿童趋于低龄化，即在最应得到父母照料的幼小年纪成了留守儿童，而义务教育阶段留守的儿童数量则减少了。在留守儿童的性别上，存在某种程度的重男轻女，相当一部分外出打工的父母更愿意把男孩带在身边。从生活状况来看，有相当一部分留守儿童的生活仍处在简单的温饱水平，实际生活质量并不高。特别是父母双方都不在家的孩子，生活状况不容乐观。农民进城务工虽然可以挣到一些钱，但是职业和生命安全却没有相应的保障，其收入与所付出的代价相比极不对等，因此生活十分节俭。而留守的儿童与他们的监护人就更为节俭了，也没有基本的医疗救助保障。农村的留守儿童普遍缺乏亲情关爱，心理失衡甚至畸形。不少留守儿童跟随祖父母外祖母生活，处于隔代监护状态，而祖父母溺爱孙辈者居多，约束、管教孙辈特别是指导其学习、受教育的能力有限。由于国家政策规定要求不允许出现学龄失学儿童，有条件的村

① 魏后凯、潘晨光. 中国农村发展报告：聚焦农村全面建成小康社会[M]. 北京：中国社会科学出版社，2016：128.

镇必须设立义务教育点，因此农村留守学龄儿童义务教育总体状况良好，但教育效果如何就有所差异了，大部分是达不到预期效果的。

农村的留守老人，很多人生活特别简朴艰难，居住环境差，或承担着繁重的体力劳动，或负担着抚养、照顾孙辈的重任，甚至遭遇排斥，闲暇时无处可去。

农村留守的妇女则面临"上有老下有小"的家庭状况，生活与劳动负担超重，她们根本无力去顾及孩子的教育问题，或由于自身文化程度有限有心无力，容易对孩子养而不教，造成许多教育问题。

农村留守群体的产生最主要原因是我国城乡二元结构体制下的户籍制度及其派生出来的其他一系列政策和制度，包括教育、医疗、住房、社会保障等，形成了阻止农民工及其家人融入城市的强大的制度性障碍。在我国义务教育阶段，财政制度实行地方负责分级管理，农村的教育经费则由乡镇自筹。一旦儿童离开原户籍地，他享受的教育经费并不会跟随他流转。到了流入地后，由于没有当地户口，当地政府的财政支出中也不会划拨相关的教育经费，学校就不愿接受这些流动儿童。即使是一些允许外来人口通过积分政策入学的城市，招收的流动儿童的人数也是有限制的，接受的学校也是限定区域的。相关政策没有给农民工决定其子女是流动还是留守提供自由选择的制度空间，大部分农民工不得不选择将其子女留守于农村家乡。

农村留守群体成了当前特有的社会现象，而在教育上的问题更加突出。按照农村的传统习惯，农村儿童在校外社区的监护，一般是由家庭成员、亲戚与邻里共同承担。但随着一些不良社会风气、现象与观念对农民思想意识的侵蚀，这种由亲情、乡情构建的监护体系正在逐步弱化，功能也逐渐散失。而农村自治机构、学校与家庭并没有根据这一形势的变化而对相应的教育与监护体系给予弥补，没能为留守儿童提供防止社会不良影响的屏障。因此，对留守儿童在校外社会生活的教育与监护实际上处于一种空白的状态。长期以来，农村的经济发展受到更多的关注，如何摆脱贫困，吃饱穿暖，有房住，看得起病是关注焦点，而农村的精神文明建设一直比较滞后。很多地方的农民休闲方式不健康，如赌博、六合彩等，一些不良的传统文化、庸俗文化很容易乘虚而入，对留守儿童产生不良影响。在一些乡村"读书无用论"重新抬头，长期以来，广大农民视升学作为跳出农门、改变命运的首要出路，现在却变得困难重重，严峻的就业压力，即使获得了较高的文凭也不一定能找到一个稳定的工作，导致"读书无用论"又开始占据一些人的头脑，致使部分留守儿童对学习失去兴趣和信心，离开学校走上街头游逛，滋生出许多社会问题，也影响了社会治安。

二、农村义务教育的现状及存在的问题

在农村人口结构发生巨变，以留守群体为主的状态下，如今农村的义务教育的现状又是怎样的呢？义务教育是一项提升社会整体素质的基础工程，道德与法治教育也包含在义务教育之中。当前国家的经济实力提升，国家财政投入农村义务教育的总量以及各级财政承担比例都显著增加。2019 年中央 1 号文件中指出要全面提升农村教育、医疗卫生、社会保障、养老、文化体育等公共服务水平，加快推进城乡基本公共服务均等化。推动城乡义务教育一体化发展，深入实施农村义务教育学生营养改善计划。实施

高中阶段教育普及攻坚计划，加强农村儿童健康改善和早期教育、学前教育。体现了国家承担农村义务教育的努力和决心。然而，由于城乡二元结构差别长期存在，城镇化过程中劳动力大规模的流动，城乡社会公共服务供给不均衡，农村的义务教育发展还存在许多问题。

1. 农村小学的办学规模不断收缩，生源流失严重

由于教育部在2001年启动撤点并校，很多偏远地区的农村教学点撤销并入了城镇小学，出现了一系列上学难的问题。2007年教育部政策要求农村教学点的调整，要保证学生就近入学，交通不便的地区仍需保留必要的教学点和小学，防止过度调整造成学生失学、辍学和上学难等问题。

但是，许多撤掉的教学点并没有恢复。我们在Z市N县D村调研时就看到了撤掉而没有恢复的教学点和小学。在这轮撤点并校的动荡中，很多农村学龄儿童无论是自愿还是被动选择，都到了镇上或县城，甚至城里的小学就读（有些是私立的寄宿学校，选择哪一类型的学校取决于家庭的经济能力），也有一些儿童随外出打工的父母到外地就读。因此，农村当地的小学，尤其是撤点并校后留下来的教学点，学生人数越来越少，大量教室和教学设施闲置。我们在调研的Z市D村就看到村小学的校舍空置，教学楼有一半借给了村委会办公使用，仅保留了一二年级，只有一位教师。与此同时，县镇小学出现了教室学生爆满，学校周边租房陪读的家长租住火爆的情况，也有一些家长将孩子送入县城私立的寄宿学校就读。随着生源的流失，许多正常规模的学校逐渐凋敝，农村地区学校对教育资源的规模效益不断下降，公共财政经费对农村教育投入的效率和积极性都有所降低，这种状况对于乡村经济能力相对落后而无能力到县镇就读的学生的来说，他们的教育权益是受到损害的。

2. 农村初中生辍学的现象比较突出

初中生辍学问题的严重性已经引起了社会的广泛关注，这一现象一方面来自学生对教育收益预期的降低和教育意愿的下降，另一方面也来自家庭经济负担的影响。初中生学生人数的缩减趋势逐年上升，很大一部分是因为辍学，而影响其辍学的因素很复杂。一旦辍学，青少年在村里游荡闲逛，会成为社会治安潜在的不良因素。我们在Z市N县D村调研时，便发现村中有一小部分辍学在家的青少年，整日赌博，有的甚至因聚众赌博受到处罚，给农村的社会治理带来了一定的难度。

3. 寄宿低龄化导致农村寄宿制学校学生身心健康发育失衡

我们在调研地Z市N县D村就餐时，餐馆的老板就告诉我们他的两个孩子都在县私立小学寄宿就读，一个三年级，另一个四年级，问及原因，他告诉我们，县城的教学水平更高，孩子可以接受更好的教育。当我们询问孩子平时的生活由谁照顾时，他告诉我们学校有生活老师管理，他和妻子忙着赚钱做生意，只有周末才会把孩子接回家，他们也担心孩子没有受到很好的照顾，但也没什么办法。

这种状况在农村寄宿制学校相当普遍，很多孩子从小学一年级就寄宿，而寄宿制学校人员编制方面缺少生活老师岗位，对于寄宿儿童的生活照料和心理关怀是比较欠缺的，长此以往，农村儿童的身心健康发育令人担忧。

三、农村义务教育发展的建议和对策

我们调研的重点是农村的法治与德治教育，而农村未成年人的义务教育是承载道德与法治教育的重要载体、主要途径，一旦出现断层，农村的社会治理会有很大的隐患。如何发展农村的义务教育，我们提出了以下相关对策建议。

（一）合理规划农村寄宿学校

随着城镇化不断推进，大量的教育资源和农村生源不断向城镇集中已经成为社会发展的趋势，农村教学点的生源会随着学龄儿童人口数量的缩减或是随父母到外地就读不断减少，如果继续维持学生规模较小的教学点，势必造成教育资源难以持续高效地投入，而寄宿制学校寄宿学生低龄化已是不争的事实。因此，相关教育部门需要合理规划寄宿学校，严格限制寄宿生的最低年龄，一般来说必须是高于三年级的才可以寄宿，一到三年级低幼龄学童不得寄宿。而教学点只要村中有入学的适龄儿童，必须保留一到三年级的教育。这样可以兼顾义务教育的规模效益和公平性。

（二）增加农村职业教育的可得性，提高教育预期收益

农村青少年受父母及周围长辈生活质量、外出打工状况的影响，加上青春期心理叛逆，在初中阶段很容易辍学，在村里和其他同龄人闲逛或早早到城市打工。通常大多数农村辍学青少年都有一种“读书无用论”的思想认识，他们很难预期教育对其未来生活的效益，觉得不如效仿自己的父母，外出打工来获得经济上的独立。城乡初中教育条件的差异也进一步加剧了农村青少年辍学的意愿。

因此，应在农村增加职业教育的宣传，目前我国对于中专等职业教育的学费全免并提供补贴，未来还将增加财政投入支持。2019 年中央 1 号文件特别指出若是因为贫困辍学的，要严格控制，要加强贫困地区义务教育控辍保学，避免因贫失学辍学。同时要坚持扶贫与扶志扶智相结合，加强贫困地区职业教育和技能培训，加强开发式扶贫与保障性扶贫统筹衔接，着力解决“一兜了之”和部分贫困人口等靠要的问题，增强贫困群众内生动力和自我发展能力。

（三）提升农村寄宿制学校应对低龄住宿的能力

农村寄宿制学校的发展已是大势所趋，教育部门应当正视并完善相关管理制度。比如限制住宿最低年龄，增加生管老师的编制，加强对私立寄宿制学校的管理，重视对于低龄寄宿生的心理关怀和生活照顾。

此外，当地政府应该提供相应的措施鼓励学龄儿童父母在当地就业，使得学龄儿童能够得到更多的家庭关怀。

（四）完善留守儿童关爱服务体系

目前对留守儿童的关怀行动主要体现为对于劳动力输出地的乡村进行大规模调查、家庭经济帮扶、提供条件与父母见面等暖心工程。还有另一个角度是劳动力输入地

的城镇不断降低外来务工人员子女的入学门槛并改善教育条件。但是这些努力依然难以从科学性和个人长远发展角度改善留守儿童的身心健康。毕竟留守儿童是我国发展的一个阶段性现象，留守儿童问题应当通过进一步发展农村经济、加快城镇化发展来得到根本解决。

（五）加大国家财政对农村义务教育的支持，促进民间资本投资

目前，我国农村的教育经费主要是地方财政支出加上乡镇自筹，缺口很大。城乡之间无论是在教育的基础设施还是师资的配备上都存在着巨大的差异。由于城镇化的推进发展，农村中小学及教学点逐渐萎缩，集中农村生源，建立寄宿制学校是一个可行的办法。在教育投入上，应当鼓励民间资本进入，给予一定的政策优惠，促进民间投资农村基础教育。同时确保对私立寄宿学校的监管到位，提升办学的质量，保证教育资源持续有效地投入发展。

四、营造风清气朗的农村精神文明环境，促进道德与法治教育

营造风清气朗的农村精神文明环境是道德与法治教育的基础。中国人历来重视家庭教育，家庭教育对于个体成才的作用和影响是巨大的。尊师重教一直是中华民族的优良传统之一。由于我国经济发展的阶段性影响，农村的社会结构受到了很大的冲击，家庭结构也随着农村青壮年大量外出打工而遭到破坏，教育的基础面临崩塌。

（一）传统的家庭家风教育在农村地区仍然发挥一定的作用

传统的敬师重教在一些乡村地区还有保留。淳朴的道德价值观教育并没有全面消失。以我们调研的Z市N县D村为例，由于旅游业农家乐的开展，家家户户几乎都开设了客栈，大部分的农家都秉持诚信待客的原则做生意，对于一些欺瞒拉客的农户会表现出鄙夷。我们在与一家茶庄老板的交谈中，老板得意地与我们提起他在上海重点大学读书的儿子，自豪之情溢于言表。同时也跟我们谈起村中某某家中出了四个大学生，十分羡慕！我们也发现了村小学虽然因为撤点并校，生源寥落，但是校舍漂亮整齐，是村中的最高建筑。镇上的中学更是本村的归侨出资兴建，可见D村重视教育。

在调研的村落中，村民普遍认为家庭教育对个人成长影响最大，认同父母言传身教的说法。对于留守儿童，一般祖父母或外祖母会尽量以自己的言行进行为人处事的基本教育。比如，在调研的村落中，一次偶然的机会带队老师帮助了前来法律咨询的农户张某，农户当天十分热情地宰杀土鸡请带队老师吃饭，而他的孙子孙女都十分乖巧地自动消失，直到客人吃完才出来吃剩下的饭菜，张某说这是招待客人应该的。淳朴的做法让我们感受到了传统社会的人情世故，守望相助，这种言传身教是最好的道德教育。

当然，家风家庭教育并非在每个村落都是正能量的。正如调研地村民会评价自己所居住的村落社会风气良好，而隔壁村赌博盛行，好吃懒做，看不惯等。因此，农村精神文明建设尤为重要，当地政府应当有所作为。比如加强农村基层公共文化建设，建立乡镇文化站、图书馆（室）、广播电视村村通、农村电影放映工程等，丰富村民的业余生活，潜移默化地提高村民的文化道德素养。

（二）传统民俗及宗教信仰在农村地区依然影响人们的价值观认同

调研的村落几乎家家都供奉菩萨或关帝爷，大多数的宗教信仰是佛教，他们比较认同和推崇一些宗教的理念，并以此为为人处世的标准，如佛教的自我修炼、宽容从善等。这些宗教信仰对人们的生活起居、为人处世、教育子女方面起着重要影响，村民有时也借此放松自我或者求个心安。我们也发现有一些村受到不良风气的影响，甚至有一些来历不明的新宗教，宣扬一些不健康的负能量的价值观，值得警惕，当地政府应当加强管控。调研地区大部分受访者肯定了当地民俗文化的丰富多样，受访的当地居民大多表示当地民俗文化对自己的生活行为是有一定影响的，如一位受访阿姨提到村里最近正在排练划龙舟，她认为这有助于提高村民之间的团结协作。同时一位受访的村民提到围炉、普度等。不过，对于年轻一代的村民来说当地的民俗文化似乎不能满足他们日益发展更新的娱乐需求，被视为"过时"，他们更热衷于上网。

（三）农村学校教育应当重视道德与法治教育

从收集的文献和调研的数据来看，我们发现农村地区的学校教育有的是完全缺失的，学校已经撤点，有的由于师资欠缺，只进行基本知识的传授，无暇顾及人格品德教育，有的根本没有开展法治教育。这是比较严峻的现实。一方面农村的道德教育因为学校和父母的缺位，大多由祖辈完成，而祖辈的价值观参差不齐，甚至有一些是有害的价值观，对于人格品德的塑造有不良影响。另一方面由于法治教育的缺位，农村中侵犯留守儿童的恶性案件逐年上升，辍学的未成年人沉迷于赌博、网络、色情的占了很大比例。我们在调研中发现村民也有学习法律的热情，但是他们关注的重点更多是如何维护自己的经济利益，对于人身利益的维护大多还比较忽视，而农村中人身权利遭受侵害的主要是儿童和女性等弱势群体，一些被媒体曝光的案件反映的可能仅仅只是冰山之一角。

综上，营造风清气朗的农村精神文明环境是道德与法治教育的基础。学校教育的缺失，需要政府及教育部门的投入与管理，这些需要时间，而精神文明大环境的建设可以在一定程度上弥补教育暂时的缺失。无论是宣传重视书香之家、门风正派之气，还是宣扬积善成德的宗教信仰，或是立下尊师重教的村规民约等，都是营造良好村风、民风的方式，可以促进道德与法治教育的开展。

第四章　农村社区建设情况调查

“德治”与“法治”是人类在治理国家中总结出来的两种相辅相成的治理模式。在理论上，法律是成文的道德，道德是内心的法律。法律和道德内在关联，能够结合。在实践中，改革开放以来我们一直强调法治和德治两手抓、两手都要硬。这既是历史经验的总结，也是对治国理政规律的深刻把握。尤其是十八大以来的治国理政中，既有全面依法治国，也有弘扬社会主义核心价值观。当前，我国整个社会以及社会生活开始了史无前例的结构变化，城乡社区应运而生。社区是现代城市的细胞，更是社会的战略空间单位。社区的建设和治理对于加强社会管理，促进经济社会协调发展，加快民主进程，维护社会稳定，改善居民生活质量，提升居民生活幸福感，具有重大意义。在当前德治与法治相结合的社会治理背景下，政府部门在管理、执行方式上如何以德服民，依法办事，将严肃的管理转化为良好的治理？社区服务管理人员在德治和法治相结合的社区治理工作中有哪些创新的经验做法？社区居民如何看待德治和法治之间的关系？运用德治和法治相结合的社区治理在实际操作和效果上还存在哪些问题？带着以上问题，我们调研组一行前往福建Q市J县开展了以J县社区治理为主题的实地调研。

第一节　农村社区基本情况调查分析

改革开放以来，我们党一贯高度重视法治建设，把依法治国同党的自身建设、人民当家作主一道置于政治建设的首要地位加以强调。党的十八大以来，中央高度重视依法治国问题。党的十八大提出，法治是治国理政的基本方式，要加快建设社会主义法治国家，全面推进依法治国。党的十八届三中全会也对推进依法治国提出了新的更高的要求。十八届四中全会提出，全面推进依法治国，总目标是建设中国特色社会主义法治体系，建设社会主义法治国家。全面推进依法治国是顺利完成各项目标任务、全面建成小康社会、加快推进社会主义现代化的重要保证，也是解决我们在发展中面临的一系列重大问题，解放和增强社会活力、促进社会公平正义、维护社会和谐稳定、确保国家长治久安的根本要求。

周人提出“明德慎刑”“为政以德”；春秋时期以孔子为代表的儒家的思想就是以“仁”治国，人性无论善恶都可以用道德教化去感化他；《唐律》最终确定了“德礼为政教之本，刑罚为政教之用”的德治方略，并为以后历代所尊崇。德治自古以来便是治国不可或缺之道。在社会主义建设新时期,德治的意义和内涵在原有的基础上有了新的发展。尤其是在现今科学技术和社会经济水平高速发展的新时代,人们的综合素质随之提高,思想道德观念建设效果斐然,道德对人们的约束力更加显著。以德育人、以德治国在历史的变迁中历久弥新。

《晏子春秋・谏上九》:"昔者先君桓公之地狭于今,修法治,广政教,以霸诸侯。"《淮南子・泛论训》:"知法治所由生,则应时而变;不知法治之源,虽循古终乱。"邹韬奋《抗战以来》中指出:"在此种残酷压迫之情况下,法治无存,是非不论。"亦指依法处置。在古书中,法治一词出现也已久,先秦时期法家就主张法治是人类政治文明的重要成果。大到一个国家的政体,小到个人的言行,都需要在法治的框架中运行。与德治靠道德约束人的行为不同,法治是以国家强制力作为坚实的后盾来立法执法。

德治法治二者属于不同的治国理念,各有其优点和不足之处。只有将德治与法治结合,一方面加强人们的思想道德建设,提高整体思想道德水平,让道德成为人们行为的准则和约束,另一方面严格立法执法,加强社会主义法治建设,形成完整的法律体系,捍卫司法的威严,让试图"打擦边球"以身试法的人得到法律的严惩。道德的自觉约束与法律的强行约束是互相制约的,也可以互相转化,某些道德规范需要适时提升为法律规范。在法律未涉及的领域,道德就在其中起到一个补漏的作用。

正确对待法治与德治的关系,历来是国家和社会治理中的一个重大课题。党的十八大以来,习近平总书记十分注重汲取我国优秀传统文化及治国理政经验,对法治与德治的相互关系作了精辟的阐述。他指出:"法律是成文的道德,道德是内心的法律,法律和道德都具有规范社会行为、维护社会秩序的作用。治理国家、治理社会必须一手抓法治、一手抓德治,既重视发挥法律的规范作用,又重视发挥道德的教化作用,实现法律和道德相辅相成、法治和德治相得益彰。"他还进一步强调,"必须以法治体现道德理念、强化法律对道德建设的促进作用"。同时,"必须以道德滋养法治精神、强化道德对法治文化的支撑作用"。① 认真学习习近平总书记关于法治和德治紧密结合的相关重要论述,对于高举中国特色社会主义伟大旗帜,更加自觉地把法治和德治相结合,从而在治国理政中发挥出更大作用,有着重要的理论意义和实践意义。

一、社区治理的相关理论与实践

社区指聚居在一定地理区域范围内的人们所组成的社会生活共同体。目前社区的范围一般指经过社区体制改革后作了规模调整的居民委员会辖区。新型社区是以地域性为特征、以认同感为纽带构建成的社区组织体系,居民的素质和整个社区文明程度高,社区内管理有序、服务完善、环境优美、治安良好、生活便利、人际关系和谐。新型社区在党的领导下实行居民自治,社区内实行民主选举、民主决策、民主管理、民主监督。

新型社区中的治理坚持以人为本,把改善人居环境放在重要位置,社区服务实行网络化和产业化,做到经济建设、城乡建设和社区建设同步规划、同步实施。

---

①习近平.加快建设社会主义法治国家(2014 年 10 月 23 日)[M].十八大以来重要文献选编(中).北京:中央文献出版社,2016:185.

社会治理在主体上强调一方主体与另一方主体的平等合作，政府和公民社会都是一方治理主体，二者平等合作对公共事务进行共同治理。过程上强调多元主体之间的多向度的协商与合作，达成对公共社会事务的有效治理。内容上，强调公民对社会公共事务的自我管理与自治，同时也并不排斥政府对社会公共事务的管理。结果上则体现为柔性的、动态的、主动的治理，是多元平等主体之间的最佳状态。社会治理理念意味着社会秩序的维护和达成不再是政府单方面的事务，而是政府与公民和社会共同的事务，政府不再是单一的管理主体，公民社会不再是被管理的客体，治理过程不再是自上而下的单向度管控，而是多元主体的平等协商与合作。

正因如此，我们认为社区治理是社会治理的缩影。社区是迷你的社会，是社会生活所呈现的真实面。社会治理的所有事项几乎都在社区治理中呈现。社区事务纷繁复杂，很多议题并没有现成的解决方案，新型社区治理既依靠专业化的知识，也离不开充足的实践经验。

（一）域外社区治理的模式借鉴

发达国家经过多年时间，在社区治理方面积累了系统性的经验，并逐步形成了以美国为代表的自治型治理、以新加坡为代表的权威型治理、以日本和北欧为代表的合作型治理等模式。

以美国为代表的自治型治理模式的主要特点是政府行为与社区行为相对分离，强调社区及其居民的自我管理、自我发展与自我完善，并形成了以政府、企业和社会组织三大部门共同参与、共同协调、相互合作的模式。美国的社会组织非常发达，依托的是美国的志愿服务文化传统，由大量志愿者组成的社会组织作为公共利益或弱势群体的代表，在社区治理中发挥着重要作用。

以新加坡为代表的政府主导型模式的特点是在政府严明的法律制度及多元的社会保障下，社区的组织体系健全，民众诉求渠道畅通，社区服务广泛而全面。新加坡政府鼓励社会组织参与社区治理，广泛分布在各行各业的社会组织一方面为社区居民提供多种多样的专业服务，另一方面成为传递政府政令、听取民意诉求的重要渠道。此外，新加坡政府也十分重视对民众的道德教育。

以日本为代表的混合型模式是对前两种模式的折中，政府主要职能是对于基础社区治理进行规划指导，提供经费支持并考核监督，对于社区的具体发展和治理干预相对较少，强调民间自治与政府干预相配合，政府大力支持社会组织参与基层社区治理。

上述三种社区治理模式基本上是基于政府与公众的关系，是一种基于平等的相互信任的合作伙伴关系，因此，政府不再对公众做单向的行政命令服从，更多地尊重社会力量，制度化释放社会活力，积极引导公众理性参与社会管理与服务。三种模式都重视社会组织参与社区治理，提供专业化的服务，很多市场性、公益性、服务性的公共事务都交由合适的社会组织承担，既减轻了政府的负担，又受到了社区居民的欢迎。

（二）我国社区治理的理论与实践

相比较域外的社区治理，我国在社区治理方面还存在不小的差距。域外各国的治理经验对于我们突破治理困境、加强治理能力、完善治理机制和创新治理是有助益的，然而我们不能简单复制、照搬照抄。习近平总书记强调，每个国家和民族的历史文化传统、文化积淀、基本国情不同，其发展道路必然有着自己的特色。一个国家的治理体系和治理能力是与这个国家的历史传承和文化传统密切相关的。解决中国的问题只能在中国大地上探寻适合自己的道路和办法。

当然，以社区自治为关键词的新型社区目前还是属于待推广状态，尚在一些经济较为发达、居民综合素质水平达到较高层次的地区进行试行。目前社区治理的理论有社区综合治理论，也有乡村社区"三治融合"论等。社会主义新时代的城乡社区建设已经取得了卓著的成就，仍存在着如东西部、贫富差距较大等一些问题。另一方面，除了经济建设，人们综合素质的提升是一个需要循序渐进的过程。因此，新型城乡社区的推广还需要经历一段艰苦奋斗的时期，尤其是农村社区的发展和治理，更是充满了机遇和挑战。

本章节以我们在福建省Q市J县调研"村改区"作为研究的范本，试图还原农村在城镇化过程中"村改区"，由过去的村落聚居改造成社区之后，在社区治理方面的现状及存在的问题，并尝试分析原因所在，提出相应的对策建议。

二、农村"村改区"试点社区现状及存在的问题——以福建省Q市J县为例

福建省Q市J县在2013年提出建设美丽社区、和谐社区，以提升群众幸福指数、打造幸福J县为目标。对此，J县加大对城乡社区建设的统筹协调力度，加强调研指导，创新工作机制，全方位推进城乡社区建设。

J县社区建设坚持因地制宜，调整社区设置。从2013年开始，J县组织对全县131个新建(安置)小区的名称、涉及的村(社区)、小区户数、占地面积、建筑面积、社区公共服务配套设施和物业管理用房等情况进行调查摸底，为开展社区调整设置奠定基础。目前，该县已经完成M街道社区等多个社区的调整设置工作。J县将社区服务设施由"七个一"拓展到"十个一"(即社区组织办公场所、公共服务中心、综合文体活动室、活动小广场、警务室、卫生服务站、居家养老服务站、幼托所、爱心援助站和信息化管理服务平台)，并制定下发一系列文件，改善社区基础设施条件，推进社区服务设施建设标准化和规范化。

当前，J县积极推进公共服务覆盖到城乡社区，着力构建政府公共服务、市场有偿服务和居民自助服务"三位一体"的社区综合服务体系；开展网格化试点工作；积极探索街道、社区、业主委员会(小区管理委员会)、物业服务企业"四位一体"管理服务模式，建立"四位一体"基层工作机制，提升社区管理服务水平。此外，J县以政府购买服务方式，试点推进社区、社会组织和专业社工"三社联动"服务机制，社会工作服务已覆盖全县19个镇街、近200个村(社区)。信息化社区建设步伐加快，多个社区达到星级标准。

我们所选择的T社区及Z社区是J县当前最具代表性的两个社区。T社区是J县典型的新兴社区之一，先后获得"J县文明社区""爱心社区""城乡示范社区"等称号。Z社区本着"为居民服务、靠居民参与，让居民满意"的宗旨，以提高社区服务管理水平为主要目标，围绕建设现代文明社区的总体要求，以创星级社区为载体，以社区服务为重

点，推进社区建设，创建有特色的、新型和谐社区。

（一）“村改区”建设的现状

1. 社区居民的基本状况

调研数据显示“村改区”建设的新型城乡社区，社区居住人群的受教育水平明显比原来的村落高。在受访群体中，男女人数相差不多，年龄主要集中在19岁至35岁这个范围，学历则基本在中学及以上的层次，其中有30.66%是学生，24.04%是自由职业者，19.86%是企事业单位人员，这三者构成了受访群体的主体。这样的一个群体本身会因为工作或学习的缘故，在社区待的时间较短，对应的参与社区活动的机会也会较少。社区居民中有45.99%的人在社区居住了三年以上，而在社区居住三年以下的人的时间则分布相对平均，这突出了该地区潜在的人口流动较为频繁的情况。

2. 社区治理的评价

调查数据显示，82.23%的居民会关注社区治理的情况及其相关的管理信息，这些对于准确获得居民对社区治理的合理评价至关重要。同时，居民能够主动去关注社区管理，在一定程度上体现了在社区治理方面常住居民的参与情况，但是也有17.77%社区居民还需增强公众意识。

在受访人群中，认为所在社区的综合管理情况一般的人占了68.64%，而剩下的人则分为“认为很好”(26.48%)和“认为较差”(4.88%)两种，说明社区的综合管理还有提高的空间。影响社区综合管理的情况好坏因素的排名依次为：居民的素质和参与配合的程度、居委会等社区机构的管理服务水平、社区环境的影响、党政司法机关的社会治理能力、其他。可以看出，与居民距离更近的、在平时的生活交际中可以直接观察体会的，居民的素质和参与配合的程度、居委会等社区机构的管理服务水平、社区环境的影响等因素排位靠前，而像党政司法机关的社会治理能力这样平日里比较不易直观看出，看似和平时生活距离较远的因素则排位靠后。

调研数据显示，在受访人群中，对于社区工作中的环境卫生和警务治安的满意度都较高，而对于道德法治宣传教育、矛盾和纠纷化解、医疗和养老等保障服务的满意度都远低于前者，大约是前者的一半。其中，道德法治宣传教育、矛盾和纠纷化解都属于精神方面的工作，而环境卫生、医疗和养老等保障服务和警务治安属于物质方面上的工作，说明在社区工作中各项工作的重视程度有一定程度的失衡。

3. 社会治理的具体方式

在受访人群中，喜欢所在社区采取宣传栏、展板(60.98%)来进行道德和法律方面教育宣传的人最多，其余依次是有奖竞猜(38.33%)、发放宣传读物(29.62%)、教育讲座(25.09%)和其他(0.7%)。值得一提的是，宣传栏、展板是最不需要占用居民时间参加活动的方式。另外，有奖竞猜的比例与除了宣传栏、展板的选项基本相同，也体现了在进行道德和法律方面的教育宣传时，单纯用利益来吸引居民的作用不明显。

在受访人群中，认为所在社区经常组织的道德与法治宣传教育活动对于社区治理状况的改善有一些帮助(60.63%)的人最多，其余依次是帮助很小(17.77%)、有很大帮助(15.68%)和根本没有帮助(5.92%)。可以感觉到居民对相关的活动满意度不高。

在受访人群中，认为所在社区的居民参与社区组织的活动的积极性一般(65.16%)的人最多，其余依次是低(13.94%)、高(13.59%)和基本无人参加(7.32%)。这说明社区的居民参与社区活动的积极性不够高，既反映社区工作缺少对居民的吸引力，也为社区工作的进行增加了难度。

4. 社区治理方式的选择

在受访人群中，在社区生活中能(67.25%)感受到互帮互助、尊老爱幼等传统美德的力量的人数最多，其余依次是不太能(22.65%)、非常能(6.97%)、不能(3.14%)。对于社区传统美德的感受呈现了一定程度上的两极化，但居民基本上可以感受到。

在受访人群中，认为所在的社区治安状况较好(50.87%)的人最多，其余依次是一般(32.4%)、很好(14.98%)、很差(1.74%)。居民基本上都对社区的治安没有什么意见。

在受访人群中，选择通过向居委会、业委员或物业反应(49.83%)来解决与邻里发生的纠纷或涉及自身或公共权益的问题的人最多，尽管之前的问题中可以看出居民对于社区的治理工作还有着这样或那样的不满，相关机构还是成为不少人心理上解决问题优先寻求帮助的对象，也体现了这些机构工作的成效。其余依次是选择私下解决，不借助外力(27.53%)，向民政局、公安局等部门寻求帮助(20.21%)，打官司等法律途径(1.74%)以及其他(0.7%)等方法来解决问题。可以看出，向民政局、公安局等部门寻求帮助以及打官司的手段还是较少被优先纳入考虑，这也与这些手段施行的难度有关。

调研数据显示，在受访人群中，认为法律与道德二者相互配合，共同发挥作用管理社区(58.54%)的人最多，说明在目前社区管理中，多数社区能将道德和法律手段相结合发挥作用。26.13%的人认为目前居住小区的管理中道德作用更大，15.33%的人认为法律作用更大，这说明社区管理更多是通过道德教化等手段来发挥作用。

在受访人群中，认为所在社区管理机构在处理矛盾和解决问题时的主要依据是依法律政策和社会公德办事(54.36%)的人最多，说明多数社区的工作都有做到公事公办，且得到了认可。之后依次是认为靠人情关系办事(18.12%)，说明人情关系仍然影响着社区的治理，认为不清楚(17.07%)和认为根据个人心情(5.92%)，说明仍有社区的工作缺少基本的服务精神。

5. 社区治理的改进

在受访人群中，认为所在的社区治安状况及道德教育方面最需要加强(46.69%)的人最多，其余依次是外来人口管理(44.25%)，与道德教育基本持平，也说明当地的外来人口和当地原居民关系可能不算太融洽，物业的治安防范(39.02%)，法律宣传(33.45%)，禁毒和反邪教(18.47%)和其他(1.05%)。

在受访人群中，认为居民应该主动向社区反映问题，主动参与社区管理(85.02%)的人最多，其余依次是无所谓(8.01%)和不应该(6.97%)。这与之前居民参与社区活动的积极性低不同，居民还是愿意为了社区的管理建设出力。在受访人群中，认为可以从重要信息透明公开方面提高居民参与社区管理的积极性(56.45%)的人最多，这也说明获取居民的信任是最重要的。其余依次是大力宣传居民参与的重要性(54.01%)、开展丰富多彩的活动(50.87%)、对优秀个人给予适当的奖励(39.02%)和其他(0.7%)。

比较之前参加社区活动积极性的数据，可以看出，多数受访人群认为宣传不到位、活动趣味性不够是积极性不高的重要原因。在受访人群中，对所在社区管理机构的工作效率和工作质量感到基本满意（75.96%）的人最多，其余是不满意（12.89%）、很满意（9.76%）和非常不满意（1.39%）。虽然满意的人占较多数，但社区的工作效率和工作质量仍有待提高。

调研数据显示，在社区治理改进方面，社区居民的建议包括了：硬件发达，管理较欠缺，思想建设有待提高；多搞点相亲活动；提高积极性，居民与物业积极配合；噪音太大，大排档太吵；以人为本；德治与法治相辅相成；教育资源合理化；外来人员身份户籍等信息要确定；环境保持卫生，回归曾经童年时的邻里关系，继承及发扬中华民族优良文化传统；物质文明及精神文明一并发展等。这些建议中，既有关于"要加强道德建设""法律道德相结合"这样相对大一些的意见，也有"噪音扰民""出警慢""垃圾桶少""社区活动少又没意思""居民卫生习惯不好""设置奖学金""外来人口管理要加强""公开透明"这样具体的意见。这既体现如今社区管理还有所欠缺，有待完善，也体现了居民对于社区治理的参与热情和大方提出自己诉求的观念，这是我们所乐于看到的。

（二）现状分析

由于受访群体本身的职业特点，社区居民显然是无法完全投入社区建设工作上来的，比如他们就可能会因为时间的问题而没有参加社区的活动。这也可以从他们关注社区事务的低频率看出来，但是这个群体本身也是需要反复接触社区工作的。因为无论是相关手续的办理，还是相关费用的缴纳，甚至是对于社区工作和环境不满的投诉基本都需要通过社区服务的平台完成。因此，受访人群的意见对于社区工作存在的问题的反映具有一定的准确性。

1. 社区治理的整体效果不算理想

在社会治理中相对比较简单的、有经验的、成本较低的方面，社区工作者显然做得很好，也得到了受访群体的肯定，比如环境卫生和警务治安的满意度都较高，因为环境主要是绿化，而治安方面除了居民基本能够做到遵纪守法，国家也花了大力气去维护。但是一旦涉及居民的思想建设，或是涉及他们的利益方面，工作就不好做了，如道德法治宣传教育、矛盾和纠纷化解、医疗和养老。其中既有人的精神世界的复杂性的关系，也有医疗养老开销大而社区本身就缺少足够的经济来源的原因，更有社会风气过于看重自身的利益而激化了矛盾的缘故。社区居民普遍认为社区工作效果不理想，除上述理由，还因为社区管理方式上的不当。社区在德治与法治上的取舍，在办理事务上所遵循的原则、依据都影响到了居民心中对社区工作的满意感。

2. 居民参与的积极性不足

正如前文提到，不少居民分身乏术，无法参与活动和建设。但是也可以看出社区所开展的活动形式上不够丰富，可能是太过古板拘泥或是流于形式，无法吸引以年轻人为主体的受访人群。在社区的管理上自然就缺少对于受访群体的针对性，无法形成社区公众领域和空间。若是顺从时代潮流开展活动，或许会有更大的吸引力。

三、农村"村改区"社区综合治理状况及存在的问题——以福建省Q市J县为例

社区综合治理必须在社区治理的基础上，由政府有关部门牵头指导，如政法委、法院检察院、公安机关、文明办、民政局等，体现政府指导下的社区自治、社会组织参与的综合治理模式。

（一）J县委政法委和综治办访谈情况及分析

在关于J县德治与法治相结合的社区治理状况调研中，我们与J县委政法委综治办的部分同志进行了座谈，J县公安局、法院、检察院的代表也参与了座谈。通过座谈，我们了解到以下情况：

在法治和德治相结合的社区治理上，政法委和综治办开展了如下工作，取得如下效果。第一，考评制度。有关同志谈到，为了推动法治在社区治理方面的普及，J县健全落实了社会治安综合治理的领导责任制，并且实施了综治平安建设考评及奖赏奖惩办法。这些考评制度旨在发挥监督作用，推进法治治理的展开。

第二，网格化管理。政法委和综治办的同志着重为我们介绍了他们的重点工作：网格化管理。网格化管理是利用"数字城市"信息化的有利条件，立足城市管理体制、机制和方式创新，借助数字网络技术、整合城市管理信息资源的管理模式。J县从2013年开始实行网格化管理，将各村居纳入此体系，更利于法治与德治的共同治理。他们根据各个村的成熟度分为三种不同程度推行网格化管理，初步建立了一个市政村三级的管理体系。目前已经有387个村居进入这个模式，占了村居总数的98.5%，基本实现了全覆盖。通过网格系统，采集录入社区人员信息，以网格信息管理系统为基础收集居民需求。通过网格系统，更好地将法治与德治相结合。在法治方面，做到了通过网格处理上报事件6.4万余件，在市区建立人数上千的巡逻队，共同维护社会治安。同时，德治方面，与法治的巡逻队相结合的是发展基层的群防群治力量，组建平安志愿者队伍，并且队伍壮大到7万多人。

第三，社会服务。受访者告诉我们，J县确立了以Z小区等六个小区作为试点实行社会服务基层化，把村居里公益性的岗位、不涉及行政主体资格的行政服务项目通过政府购买的形式外包给有资质的社工机构，主要目的就是推动社区服务多元化、去行政化，提高公共服务水平的质量。充分发挥网格信息管理和专业社工服务相结合的优势，推进法治与德治相结合的社区治理。

第四，宣传治理。从座谈中我们得知，在宣传方面，政法委和综治办采取集中宣传和日常宣传相结合。集中宣传体现为大型的综治平安宣传活动，日常宣传会在各镇街道进行宣传。同时结合新媒体的方式，例如，建立了平安J的微信公众号平台，用群众喜闻乐见的方式，把一些政策和成果宣传给群众。同时通过平安创建的模式，与法治德治相结合。

此外，我们还从座谈中了解到，J县的人口情况有一大特点，就是流动人口常年保持在一百多万人，跟常住人口有相同的比例，因此在流动人口管理方面政法委和综治办也

一直在探索和创新。针对流动人口的管理和服务有几个方面：检察院设立了300多个流动人口信息采集点，覆盖全市各个村和社区；全市建立165个流动人口管理所，为流动人口提供一些办理暂住证等服务；全省执行居住证制度，同时推行创新性的流动人口管理，通过创新人才来积分排名，排名靠前的人口享有不同优惠政策等来吸引优秀的人才落户。

参与座谈会的还有公安机关的工作人员。公安机关的任务是维护国家安全，维护社会治安秩序，保护公民的人身安全、人身自由和合法财产，保护公共财产，预防、制止和惩治违法犯罪活动，保障改革开放和社会主义现代化建设顺利进行。针对我们提出的有关德治与法治相结合的社区治理问题，有关人员给我们做了如下介绍：首先，在精力有限的情况下，尽量地进行资源分配。从以前一个社区民警管辖三四个小区，到目前是一个社区配置一到两个民警。其次，公安机关设置了股级干部，所有的股级干部挂钩一个社区，与社区的民警配合，为社区的长远规划、法治水平负责。最后，公安机关在各个村会建立警务室，将端口前移。端口前移有利于解决邻里纠纷、户籍相关等问题，极大适应了流动人口占J县人口很大部分的情况，真正地便民利民。

在座的检察院的同志告诉我们，检察院完全按照司法要求来执行，维护社会正义，保障民生安全。检察院打击各种刑事犯罪，有打击盗抢骗、黑拐抢、网络电视诈骗，还有村霸恶势力犯罪这四个专项活动，维护社会安全与稳定。对各种损害群众利益的行为加大惩治力度，对于轻微的违法行为就是尊重群众自行和解的意见，在起诉阶段尽量达成和解，化解矛盾，利于社会治理。打击贪污受贿反腐，并且重视证据的真实性，防止冤假错案的发生，维护公平正义，保障司法。听取律师的辩护意见，此渠道涉及嫌疑人的反应，这个渠道要很畅通。认罪伏法从宽处理制度，这里面牵涉到公检法三家，需要三家去进行配合，定期不定期召开联席会议来探讨遇到的类似问题。

检察院同志还谈到，在平安建设法制建设中，他们建设了一个检查监督指导中心，改善民众申诉难现象。同时，针对未成年人，设立了全省首个社会帮助基地，推动未成年人零犯罪活动。并且，开展一方警示教育，开展法律进机关进企业进学校的活动，展示民营企业的成长过程，以案说法。

参加座谈的法院的同志，则立足于如何执法办案，达到化解矛盾、防控风险、维护社会治安稳定的目的介绍了法院在社区治理方面的经验。法院注重能动司法，主要是围绕促进人民经济健康发展，开展一些走访企业、银行或者到企业银行等开展法制讲座的活动，与纪委、政法委联合召开民营企业预防和减少民事纠纷的会议，帮助企业完善内部监管措施，培养诚信守法利民的经营理念。法院注重职能延伸，助推社会治安的综合治理，主要是设置犯罪讲座中心，主动对接社区讲座工作，联合高校开展主题讲座，在两个民营企业为无固定职业的缓刑犯提供一些就业机会，每年针对这些未成年的缓刑犯进行回访和帮教，到监狱里面去开展心理疏导和培训。法院也注重社区服务推动社区和谐构建，以构建无讼社区为目标，开展社区法制建设活动，在法院内部培养群众观念、群众感。深入了解群众的司法需求设立社区巡回法庭，配备了全国首辆社区巡回法庭专用车，群众都很亲切地称之为“流动的法庭”，把法庭设立到一辆车上，开到社区，接受人民群众的咨询。法院设立涵盖社会各界包括人大代表、政法委员、社会精英以及普通人民群众总数多达921人的一个调解资源库，要求资源库成员参加社区的调解。

法律是外在约束，是他律；道德是内在自觉，是自律。在此次座谈中，我们了解到，政法委和综治办在法治方面，加强了自身队伍的建设，确保忠诚履行职责；创建网格化管理，给系统里的人员以外在的他律；同时组建巡逻队、志愿服务队等；另外，加强道德宣传，呼吁居民的内在自觉。两者相结合，才能更好地将社区治理进行下去，而针对J县流动人口的一系列举措，极大地增强了法治的道德底蕴，与人们切身利益息息相关。J县的公安机关、检察机关和法院都依法履行职权，用规范的方法进行社区治理。其端口前移、社区民警专职化、法官进社区、巡回法庭等举措在严肃的法治之下，体现出德治的关怀。我们可以看到，社区治理包含着方方面面，法治和德治的社区治理也包含着方方面面。不同的部门都发挥着自己的部门职能，才能尽量减少治理的死角，从不同的方面维护社会稳定，满足群众多元需求，在探索中发展。J县相关部门结合实际情况，推出了很多政策，做出了许多努力，使得法治与德治的社会治理不断向前推进。

（二）J县委文明办访谈情况及分析

J县文明办负责J县的精神文明建设工作。我们对文明办进行了访谈，以探求J县在精神文明建设方面德治和法治相结合的方法。通过了解，可以看到J县文明办近几年在市民素质提升方面效果显著，志愿服务建设成为一大亮点。

第一，职能定位。文明办的同志告诉我们，文明办的定位是一个综合协调的部门，没有具体的任务，通常是去做一些调研了解情况，推动和协调各部门履行自己的职责。但是他们的人员有时候也直接去到一线，一些公益广告也直接跟进到人家门口去。包括一些环境卫生、市容市貌的宣传，也会跟其他部门一起联合进行，抓一些典型或者范例。看不同的项目内容与不同的部门配合，如文明城市的创建就会跟交警等执法部门合作得多一点，文明家庭的创建就跟妇联合作多一点，文明校园的创建可能就是教育局合作。在这些活动中，文明办主要还是一个引导作用，由其牵头去做，有时也会做具体的项目。

第二，工作效果。我们通过座谈了解到，这几年文明办做的工作在市民整体素质的提升上作用非常明显。J县从2010年开始进行大面积推进新型城镇化。以前在街上一些不注重仪表光着膀子的情况还是经常看到，现在居民的表现，包括不随地吐痰、过斑马线时不拥堵等，这些小的变化可以看见居民素质的提升。近年来，居民的权利意识逐渐增强，但是如何去规范使用权利还是存在问题。

第三，工作重点。通过座谈得知，J县文明办主要就是抓志愿服务这一块儿，也就是义工。文明办主要是为这些志愿者提供一些平台，以及采取激励措施来调动大家的积极性。目前，在网站上注册的志愿者超过20万，很多都还没有事做，这就需要文明办来合理安排和管理。J县的志愿力量是比较强大的，文明办也在不断探索该怎样做好组织活动，提供好平台，不辜负群众志愿的心。

第四，德治与法治。我们了解到，文明办做了网络上的文明J县和志愿J县宣传，到现在有10万多人关注。针对网上暴力，文明办没有直接的应对，主要是去感化。关注相关宣传平台的群众如果有一些问题或者建议也可以通过公众号后台反映给文明办。

对于网上的一些不实言论，一般经过沟通都会解决。如果实在无法沟通，网络中心就会联系网警来处理。在处理问题时刚柔并济，执法部门对违规违法的行为也守住底线，坚决维护法律的震慑力。另外，就是平时宣扬道德建设，树立典范。两者结合才能达到一个刚柔并济、德治法治相结合的效果。

文明办的职能定位决定其在各种活动中主要是引导的作用，而它重点工作之一，是在志愿服务方面，举办了形式各异的活动，也与保险公司合作为志愿者提供保险，在宣传志愿精神、保障志愿者权利、激发志愿服务热情方面发挥了很大作用，从而使J县的志愿者服务成为J县的一大特色，为人与人之间的关系增添了许多温情。目前居民的权利意识比较盛行，有时候为了争取更多的权益有去“闹一闹”的行为，抱着有恃无恐的心态，这时候相关部门在处理上就不能害怕而一味退让，而要刚柔并济，对违规违法的行为要守住底线，坚决维护法律的震慑力。

（三）J县民政局访谈情况及分析

J县民政局职能之一是负责基层群众性自治组织建设和城乡社区建设的指导协调工作。我们通过与J县民政局的座谈，对J县的社区状况有了总体层面上的了解，在其改进的举措中感受德治与法治的结合程度。

1. 目前全市社区整体的自治情况

(1)社区性质的转变

J县是从2003年的11月份开始撤镇设街道，从2004年12月份开始村改社区，现在社区总共有393个，其中城镇社区有50个，新型社区有10个，村改社区有40个，其他的293个就是农村社区。由于很多的社区是由村转变而来的，社区干部是由原先的村干部直接过渡过来的，大部分的思维仍停留在农村模式，一些服务模式观念的转变比较难，专业水平也参差不齐。社区事务烦琐，村干部大部分的精力都集中在社区的行政事务管理上，对社区的服务职能就比较忽略。

(2)居民参与社区建设的意愿不高

主要体现在参与以老年人为主，年轻群体参与的比例比较低；有回报的文体活动参与多，贡献性、公益性、政治性的活动参与少，如换届选举，居民参与投票的积极性、主动性都不高。参与社区事务的动机往往是一些熟人关系，主动参与的意识也不是很强。

2. 提高社区自治水平举措

通过与民政局的同志访谈得知，在转变观念方面，民政局是通过培训、座谈还有外出考察的方式引导社区干部从管理到治理观念的一个根本性的转变，树立全局观，形成一个新型城乡社区治理的理念；在社区方面通过部门延伸，对各事务进行清理和整合，减轻社区治理的负担；在创新社区治理机制方面，该局培育社区各种社会组织还有引进一些专业的社工机构，通过开展一些活动设计一些项目，来引导居民通过这些社会组织来参与到社区治理中。近期该局在探索一个基层的民主协商制度，在社区举行一些民主协商性的会议，让社区居民和社会组织广泛参与，一是让范围扩大，二是有效的成果反馈，从而提高社区的自治水平。

由于目前J县的农村社区占绝大多数，村改社区数量也很多，在撤镇设街道、村改社区过程中出现的问题、矛盾也比较多。针对这些问题，民政局从全局出发，通过转变观念、整合部门、创新机制等措施对症下药，取得了显著的成绩。虽然这些措施并不是明显地往德治或法治上靠，但是都体现出了法治、德治以及两者相辅相成的特点。

（四）J县M街道T社区居委会访谈情况及分析

T社区是J县典型的新兴社区之一，先后获得“J县文明社区”“爱心社区”“城乡示范社区”等称号，在德治与法治相结合的社区治理方面做出了一定的特色。我们通过对T社区的访谈调查，了解到了其颇具特色的社区治理方法和一些可借鉴的经验。

1. 社区治理特色

(1)社区基层党建工作：我们通过社区居委会同志了解到，T社区有一个党员活动中心，这在社区治理中是属于比较新的东西，推进的主要是基层党员的教育、互动功能。落实党员服务群众，党员在来到社区报到之后认领服务。党员主要起的作用是带动作用，除了他在单位的本职工作，他在社区生活中也会起到一个模范带头作用。每个小区会与相应的党员挂钩起来。其实这对党员也是一个努力的方向，如何去带动群众，参与到社区治理中来。党员包括一些退休干部愿意参与进来，这个模范带头作用就自然而然发挥出来了。而有些刚刚开始实行新型社区的地方可能党员参与就少一些，这也是一个过程。另外，就是成果的共享，在某些小区党员带动效果很好的话，将这些信息进行共享，那么接下来其他的党员也会更加积极地参与进来。

(2)社区网格化管理：通过进一步座谈我们得知，社区网格化管理就是将一个社区分为几个网格点，分别配备网格社工来协助社区的日常工作。社工是通过行政服务外包的形式从外地聘请过来的，经费也都是政府承担。社工属于统招但没有编制，组织部、民政局还有街道三级管控，然后下派到社区。T社区作为试点实行网格化管理，到2015年的时候在整个J县进行推广。T社区也经历了一个从工作人员到网格员再到网格社工的身份转变，要求也更加严格。网格社工的职责就是行政事务加社会服务。网格员要求有高中以上的学历，因为一些工作需要电脑操作，和居民沟通也要一定的文化素养。现在网格社工最低也要大专学历，网格社工在入职时会参加入职培训，一些基本的报表啊，社区的服务等都会有培训，到社区报道之后也会有相应行政事务的培训。还有前台轮值制，一个社区的五个网格社工一个月要有一个人下到前台，去学习前台的一些行政事务。但是不是说他这一个月就全部在前台，他该待在网格内，一天两次、每次两个小时以上的时间是不能少的。其他的时间就在学习。除了行政，也要做好社会服务。

2. 社区治理思想

T社区居委会同志告诉我们，早期的村落主要是以管理为主，现在的新型社区是去管理化，或者说在服务中管理。社区举办这些活动除了服务居民，更是将管理融入服务之中。像这样的形式可能更为居民所接受。因为现在居民普遍受教育程度比较高，自我认知程度可能也比较高。以前说管理可能就是政府说一是一，现在更多地讲究合理合法。现在一个政策的出台可能就会引起很大的反响，因为居民的个人意识权利意识会比较强。现在新型社区不太适用管理这个词，居委会更多的是去服务居民，以立足于服务居民、共建和谐美好新社区为目标，管理的话更多的是强制性的。该社区社工的工作不存在行政或者任何权力色彩。以前的工作更多的是承接政府各职能部门的指令或者要求，而现在更多的是以满足居民的需求为出发点。在2013年引入社工的时候，社工就是帮居委会完成一些活动，更多的是居委会从自身层面出发的，到现在，四年的发展以后，居委会开始渐渐地做居民想他们做的。现在社区工作形成一个居委会、物业、业委会三级的脉络，属于无缝对接，如果说物业和业委会产生了分歧，居委会可能就会作为第三方去协调，对社区的资源进行协调，更多的时候是各司其职。

3. 德治与法治的发挥

通过座谈我们感受到T社区对于德治与法治在社区治理中的态度，两者并重，并不是说哪一个要更强，人情道理讲不通的时候再通过法律的约束加以辅助。在处理一些民事纠纷的时候，不涉及刑事犯罪的时候，更希望能够不让事态扩大，造成不必要的影响。尽可能让双方去沟通，不一定要上纲上线。先让双方平静下来，然后再通过小区一些比较权威的人出面进行调解，如果双方实在是无法达成一个有效的沟通结果，再走正式的法律程序。因为有时候法律的程序走起来会劳心费力，邻里关系也弄得十分僵。当事人可能这一辈子就住在这里或买了这套房，如果一开始就把关系弄得很僵，对大家都不是一个好事。社区的工作也就是缓解这样的矛盾。

4. 治安情况

T社区居委会同志向我们介绍，该社区外来人口确实比较多，但是流动人口就还好，因为流动人口主要就集中在工业区那一块儿。由于很多外来人口购房，逢年过节确实会有很多人回老家，这里就会比较空旷。考虑到这一点，该社区有实行一个“1+1+5”的治安管理计划，他们有一个巡逻队，再加上物业的保安人员，像春节、国庆这样的节假日里会在整个社区组织巡逻。再加上召集平安志愿者，每天上午下午对小区进行环境卫生还有治安巡查。到今年就有三支队伍了。今年要做的就是社区志愿者的分级备案，这里面就有一支平安志愿者队伍，是全员参与社区治理的形式。

5. 宣传活动

该居委会同志向我们谈到，T社区会将法治或德育的内容与其他活动融合在一起。如果说单独举办法治讲座、德治讲座，居民的参与热情就会比较低。实际上，社区里的活动居民最不愿意参与的就是讲座。该社区之前有计划在社区建立一个模拟法庭，将一些时事热点进行讨论。比如将居民分为原告、被告，让居民自己去收集信息等。这样可能会比说教的形式更能让居民接受。如果直接告诉他们法律规定怎么样怎么样，他们即便参与了，忘记得也很快。同时每年有相关的单位来举办法律咨询会，另外，社区里也有专业的法律相关工作者作为志愿者来回答居民的问题。

由于J县的社区治理水平在全国居于前列，而T社区又是作为J县新型社区治理方式的试点社区，其治理方式非常值得借鉴。其中最大的亮点便是网格化管理，通过政府经费支持、行政服务外包的方式来为社区居民提供服务，在某种程度上与“简政放权”有异曲同工之妙。这样，居委会可以更加集中精力，提高工作效率，同时由于社工以及外包给的社会组织在具体的服务上更加专业和富有经验，居民实际享受到的服务水平也更好。另一大亮点便是党员、社工和志愿者的活跃。正是有了他们的热情服务、引导，才使社区和社区里的居民渐渐形成一个有机的整体，提升了凝聚力。由此可以看出，T社区的治理更多是以德治为主，但是在法治宣传方面，创新了方式，建立模拟法庭，将一些时事热点进行讨论，增强了与居民之间的互动，激发了居民的参与热情，法治宣传的效果也更加明显有效。但同时需要知道的是，T社区这种新型的社区治理方式与政府财政、社区规模、居民素质等有很大关系，因此其他地区、社区在借鉴经验时，不能完全生搬硬套，要注意各种因素协调配合。

（五）J县M街道Z社区居委会访谈情况及分析

Z社区是福建J县M街道的下辖社区，投入使用均在2000年后，是属于J县的第一个新型社区。我们对Z社区的居委会进行了访谈调查，以了解Z社区的德治与法治相结合的社区治理。作为新型社区，Z社区在德治与法治方面都颇有特色。

1. 社区人员组成

Z社区在安居工程中建成，很多居民都是J县机关单位的人员，收入稳定，文化素质较高。社区共有6000多人口，1800多户，有J县户籍的有500多户。

2. 网格化管理

Z社区属于新型社区，在2012年试行福建省首批网格化管理，得到喜人的进展。因为此举改变了传统的村落居住，社区的书记、主任、工作人员，都是从外面聘请过来的。网格化管理有法治，网格化管理要求住户入住时做户籍信息采集工作，采集后，如果需要户籍证明，可以在网格管理系统中快速找到。社工服务也是网格化的，试行行政服务外包制，五个小区设四个网格，每个网格点配备一名社工作为网格长负责管理相应的网格化信息系统。同时，德治也穿插其中，在每个小区建立社区交流群，居民、社工、物业工作人员均在群中，为居民打造一个良好的互动平台，增进邻里感情。社区网格专员从群里也可了解民意、回答咨询，实现移动办公。

3. 社区文娱

社区德治的一大亮点是居民学堂。社区开设了居民学堂，周一到周五都有活动，例如剪纸班、歌唱班、闽南语兴趣班、南音班、烘焙班、电脑班等课程，针对不同类别的居民提供多种的业余兴趣选择。同时兼顾特殊群众的个性需求，开展了老年人智能手机学习班、二孩讲座、颈椎病、肩周炎防治讲座、预防诈骗讲座等。社区文体活动中心全天开放，同时设置图书室和网吧，以适应居民的文化生活要求。并且，社区的学堂除了瑜伽要付费，其他都是免费的。以前活动都是针对老人和小孩的，现在慢慢意识到中间层的居民需求。同时也有针对空巢老人的活动，给老人陪伴、送温暖。

4. 宣传工作

社区积极开展法制宣传，每年有一个大型的法治宣传活动，用德治的方法宣传法治。在一些法律相关的事务大厅会有免费的懂法执法的资料信息向居民开放，在社区的群或者微信公众号上也会有相应的信息发布。并且工作人员会到每个小区去走访，在小区门口进行一些调查访问，带一些小礼品过去，同时还可能现场进行志愿者的招募，征求他们对社区治理的一些意见和建议，根据不同反馈，然后进行针对性的改善，形成良性循环。

5. 志愿服务

社区有志愿服务队，服务队的成员有社区的党员、老干部、社区物业人员和酒店的保安，由这些志愿者组成社区平安志愿者协会。志愿服务包括平安巡逻以及安全知识的宣传，分为八个小队，有青少年队，也有夕阳红队。社区有39个退休的科级以上的老干部，组成老干部视察服务站。并且，社区学堂的活动的老师大都是本社区的居民，以一种志愿的形式来教授大家。

6. 社区共治

社区是在法治的基础上，实行法治、德治、自治的共治。社区试行居民行政服务外包的制度，将社区基本运作的管理活动交给专门的人员去做，是政府管理的一个延伸。首先引入社工就是把社区服务分开，比如说养老、慈善、环卫保洁、社保医保等工作都专门化，分开来实践。各种丰富的活动要进行策划，成本控制等方面也要兼顾，社区工作其实很多很杂，将这些外包出去就省去了很多烦琐的工作，同时活动本身质量也更高。如果这些工作都落到社区的书记、主任头上，他们一年要签的责任状就不少，最后成果也未必好。

据了解，作为福建省首批试点网格化管理的新型小区，Z小区的社区治理状况成效显著，效果喜人。在法治方面，将专门化的工作外包给专门的团队，使得社区治理专业化、精准化、效率化。此外，又以德治理，通过社工服务、志愿服务等方式，增强社区居民的安全感、幸福感，同时又得到正面反馈，促使更多社区居民参与社区治理，维护社区治理成果。不可否认的是，该社区在2000年后落成，与传统村落相比，少了很多积年累月留下来的社区治理隐患和问题，同时也有赖于社区的人口素质较高，居民参与度和配合度较高。同时，政府的规划与扶持也是一大重要因素。Z社区首批试行网格化管理，并且很多计划也是市政规划好的，因此治理得到大力支持。与T社区类似，Z社区的治理方式和治理效果与政府财政、居民素质等密不可分，在每一个社区的治理中要根据特色，因地制宜，不可照搬照抄，但德治与法治相结合的社会治理方式，却值得借鉴。

第二节　“村改区”德治与法治相结合社区治理的现状及存在问题——以福建省Q市J县为例

一、“村改区”德治与法治相结合社区治理的现状

通过查阅资料、实地考察、问卷和访谈等方式了解到的情况，我们从人口管理、居民素质、社区自治、社会工作、政府工作几个方面对J县社区治理现状进行了梳理。

（一）人口管理方面

J县政府推出外来人口市民化政策，政府各部门联动，围绕此政策展开工作。J县政法委设立流动人口办，方便收集流动人口的信息以及流动人口证件的办理；J县公安局向流动人口印发居住证；J县社区针对外来人口管理不便的问题，巧妙召集民众自发组织平安志愿者，让社区居民积极加入，踊跃参与。为了让流动人口更好地生活在J

县,J县也因流动人口变得更好,J县专门设立积分优待管理中心,实施J县流动人口市民化积分优待管理办法,运用积分与志愿活动将德治巧妙结合在人口管理中。

(二)居民素质方面

J县的民风民俗在一定程度影响了社区治理。经济社会快速发展,J县人民的观念转变过来还需要一定时间。从2010年开始,J县进行大面积新型城镇化,同时,在经济较快发展的情况下,民风民俗与现代化观念相碰撞、相融合,居民综合素质提高显著。在居民素质方面,J县采取以德治为主、法治为辅的措施,逐步消除文化遗留下来的糟粕,而将精华不断发扬。

(三)社区自治方面

J县针对新型社区建立期间过渡困难的情况,通过采取一些举措来提高社区的自治水平。J县村社区网格化管理制度已经较为成熟,建立了统一的网格化管理信息平台,在社区内设有负责行政事务和社会服务的网格社工。居委会人员精简,因为高素质人才的参与,社区工作效率提高,工作更加紧密有序地开展。在社区活动建设这一点上,J县开展社区公共服务中心建设、启动社区"互联网+"、培育社区社会组织、创办居民学堂、加强社区基层党建工作。通过此类活动,与社区建设初期居民参与度不高、社区认同感较弱的情况相比,改造后的新型社区,如Z社区、M社区,社区基层党建工作变得十分完善,居民自治能力也比较强,做到了"社区服务居民、居民回馈社区"。在暑期,社区有居民自发组织的夏令营、兴趣班等活动,给予社区内的青少年福利。社区居委会帮助召集各种志愿者,例如平安志愿者以及法律宣传志愿者,同时,社区开展各项宣传活动,除了普法讲座,还有一些关于个人安全的讲座。

J县社区自治丰富了居民业余生活、满足了居民的多样化需求,转变了人们的观念,更创新了社区的治理模式。社区自治程度越高,人们的政治参与度也就越高,在熟悉社区自治后,人们就能对政府的政策与运作有更加深刻的了解,这样一来,政府在推出德治与法治相结合的政策后,人们能够提出建议,积极参与。但是在发挥党员的模范带头作用时,缺少一个制约的机制,党员可能也有自己的生活,有可能会出现很难真正地参与社区工作的情况。

(四)社会工作方面

J县进行基层服务社会化试点项目,为促进社会工作专业化,在建设社会工作专业人才队伍的同时,完善了J县社会工作督导人才队伍建设;为保障政府购买社会服务顺利开展,在进一步加快推进民办社会工作服务机构发展的同时,对基层服务社会化项目进行了绩效评估。

J县政府明白在进行社会工作的过程中,不能缺少政府的督导,在政府的引导与约束下,工作才能做好。J县政府逐步扩大社会工作的社会化程度,让"看不见的手"去调节各方面的矛盾,同时运用好政府"看得见的手",用法治的手段去划定边界。

（五）政府工作方面

公安局推出“一村两警”，检察院针对社区，打击盗抢骗、黑拐抢、网络电信诈骗和村霸、农村宗族恶势力犯罪四个专项活动。对各种损害群众利益的行为加大惩治力度，实施听取辩护律师意见和认罪认罚从宽处理制度。检察院还在社区平安法制建设方面，建设检查监督指导中心，设立巡回检察室以及针对未成年人的社会帮助基地。完善了刑事和解制度，丰富了检察职能外延，及时了解社会反映强烈的问题，加强了社区矫正检察监督。法院以人民调解为基础构建社会联动机制，成立调解中心，推进人民调解建设。把普法宣传工作同市委市政府咨询工作相结合，利用微信公众号、讲座等方式进行宣传，向领导干部和党员干部以及全市中小学青少年开展法制宣传教育活动。设立社区法律顾问，免费为群众提供法律服务。普法教育宣传融入社区日常宣传活动中，效果显著。全市中小学生义务接受普法教育，法律常识普及度大大提高，从另一方面也反映了近年来居民素质的提升。由于J县2004年建立新型社区，社区干部多是由原来的村干部直接过渡而来的，在服务模式观念上仍然处于过渡的阶段，专业模式比较欠缺，对社区的服务职能比较忽略，居民对于社区建设的参与度也不高。因此，街道培养了社区各种社会组织，引进一些专业的社工机构，增强社区的服务性质，提高居民参与民生事务建设的积极性。公安局、检察院、法院、街道的职能正常发挥，并进行较为密切的联动配合。政府工作主要从法治入手，以法律法规等去制约市民，以教育、宣传等德治的方法，提高了市民的意识水平。

二、德治与法治相结合的社区治理的特色和创新经验

J县有城乡社区393个，其中城镇社区50个、新型(安置)社区9个、村改社区41个、农村社区293个。不同类型的社区情况自然不同，毫无疑问的是，J县在社区治理方面取得了一定的成绩。从问卷调查的结果上看，85.76%的受调查者满意于社区的管理情况。从问卷调查的结果也不难看出，J县的居民对社区治理需要德治、法治和自治相结合有着一定的认识。加强和创新社会治理是推进国家治理体系和治理能力现代化的重要内容。党的十八届三中全会提出，创新社会治理，必须着眼于维护最广大人民的根本利益，坚持系统治理、依法治理、综合治理、源头治理，最大限度增加和谐因素，增强社会发展活力。习近平总书记强调，加强和创新社会治理，关键在体制创新，核心是人，只有人与人和谐相处，社会才会安定有序。社会治理的重心必须落到城乡社区，社区服务和管理能力强了，社会治理的基础就实了。在新的发展形势下，认真贯彻落实中央和习近平总书记关于社会治理的重要精神，就必须紧紧围绕“人”这个核心，积极创新基层社会治理理念和模式，推进“德治、法治、自治”建设。在这一背景下，J县紧紧跟着党的脚步，开展社区建设。

（一）创新社区网格化管理

J县在2013年开始实行网格化管理，根据各个村的成熟度分为三种不同程度推行，到今天为止已经建立了统一的网格化管理信息平台，也初步建立一个市政村三级的管

理体系,该模式基本实现了全覆盖,这个网格化信息系统在消防、环保、食品药品监管、司法等部门推行。该模式充分发挥网格信息管理和专业社工服务相结合的优势,在提高网格信息采集完成度的同时,以网格信息管理系统为基础收集居民的需求,与社工人员一起提供多元化的差异化的服务。

(二)创新管理模式

J 县的社区管理在坚持党的方针下开创新的管理模式。以 M 街道 T 社区为例,M 街道 T 社区的管居委会、公共服务中心基本没有变,物业服务则会根据市场的规律来做出相应的调整,适应社区的发展。因为社区流动性比较大,所以设置了一个党员活动中心,这是一个新举措。社区正在推进的主要是基层党员的教育、互动以及落实党员服务群众的功能。党员在来到社区报到之后会认领服务。这个服务分为五大类,根据具体的活动实行,并且社区也会推进这些活动的进行,使之成为常态。市场服务包括物业服务、家政服务、中介服务,是按照大纲的要求建立的,用来建设新型社区。社区之前有 18 个这样的举办日常活动的团队,后来经过整合,形成了目前正在组建的 5 个协会,像志愿者协会、老年人协会等。这些协会给了居民一个与管理层接触的平台,让居民也切身参与到社区的管理上来。

(三)不断开拓创新之路

据悉,从 2016 年 11 月 10—21 日,J 县面向全县 100 个社区开展"创新社区治理典型案例"征集活动,更好地挖掘和总结全市城乡社区治理方面的先进典型,鼓励创新,宣传典型。J 县采用激励和榜样机制推广成熟的社区管理经验,提高整个 J 县的社区管理水平。

据介绍,征集案例将围绕推进社区治理体制机制建设、大力推进社区社会组织建设、努力培育发展社区志愿者队伍建设、提高群众参与社区事务积极性、增强群众认同感等主题进行申报。通过征集活动,积极探索社区治理新思路、新方法,进一步提升社区治理水平和公共服务能力。此次申报对象包括 J 县所有社区,共 100 个。申报单位可在征集范围内选择符合社区治理方向且具有推广价值的内容填报《J 县 2016 年度社区治理创新案例申报表》,所推荐创新案例数量不限。这样一来,在竞争机制和榜样力量的影响下,J 县的社区管理水平进一步提升。

(四)德治、法治与自治综合治理

1. 法院的创新经验

第一,注重能动司法;第二,注重职能延伸,助推社会治安的综合治理,主要是设置犯罪讲座中心,联合高校开展主题讲座;第三,注重社区服务推动社区和谐构建,以构建无讼社区为目标,开展社区法治建设活动,包括院长在内的全体干警每年都挂钩两到三个社区,便于与群众联系,在法院内部培养群众观念、群众感情,深入了解群众的司法需求。

特色做法:设立社区巡回法庭,配备了全国首辆社区巡回法庭专用车,这个做法受到全国最高院的推广，成为一个模板，群众亲切地称该做法为“流动的法庭”，因为把法庭设立到一辆车上，开到社区，人民群众在咨询时方便了很多。

社会矛盾化解方面，采用社会联动机制，在市里成立一个调解中心，进行司法调解、民众调解等，具体是以人民调解为基础，寻找一个契合点，构建联动机制。法院在调解时融入闽南文化，该做法被称之为“司法功夫茶”，即把闽南茶文化融入诉讼调解中，主要在调节之前对当事人灌输一种“以和为贵”的思想，首先通过德育方面去深入调解，然后在这个过程中进行法律相关的工作。该做法受到了省级赞赏，且将在全省内推广。

同时，重视未成年人的成长，进行未成年人帮教，这是党工团共同落实的对未成年人的道德帮教和技能培训，是一个充分体现德治与法治的特色做法。

2. 公安机关的创新经验

推进人民调解治安化的建设是工作的重点内容。推动建设人民调解治安化的示范点要在硬件和软件同时达标时才能验收，目前全县有 41 个。调解委员会验收后进行调解员的星级评定，从五星、四星、三星、二星、一星到初任划分档次，提供给调解员一个晋升的空间。公安机关在探讨把档次划分与待遇挂钩，同时也实行一案一补的制度。为了提高调解员工作的积极性，促进他们规范工作，根据调解案件的情况，分档次地发放调解员补助。

宣传方面，和 J 县经济日报联合推出了人员调解日报的专刊，专门报道人员调解的事宜，对社区的优秀调解员、优秀的调解做法进行宣传。对于普法宣传，进行创新项目，通过自上而下的方式来征集居民的意见，调动居民参与民生事务建设的热情。目前机关在探索基层的民主协商制度，在社区举行一些民主协商性的会议，让社区居民和社会组织广泛参与。这样一来，一是让范围扩大，二是对成果进行有效的反馈，从而提高社区的自治水平。

3. 政法委和综治办的创新经验

政法委和综治办也在加强社区的网格化管理，通过网格化管理更好地进行社区治理。另外，在市区建立了一支几千人的巡逻队，这在社会治安方面发挥了非常大的作用。大力发展基层的群防群治的力量的队伍到现在平安志愿者队伍已经达 7 万多人。

采用新媒体的方式。政法委有一个“平安 J”的微信号公众平台，拥有 8 万多的粉丝。政法委用现在大家比较乐于接受的方式来将一些做法、政策以及成果宣传给群众。今年通过平安创建的模式来与德治法治相结合，同时在 J 县积极参与平安村创建活动。之前可能比较流于形式，所以今年提出了以“六守六无”为核心的平安创建活动。“六守六无”指的是守诚无私心、守德无纷争、守严无恶俗、守规无事故、守法无案件、守廉无贪图，和奖惩机制结合起来，以引导公民遵纪守法诚信做人，形成良好的社会氛围。

4. 文明办的创新经验

文明办的定位是一个综合协调的部门，没有具体任务，通常去做一些调研了解情况，推动和协调各部门履行自己的职责。文明办主要发挥引导作用，现在文明办的编制是五人，一正两副还有两个科室人员，一个人要负责两个科室，进行有关思想道德建设和未成年人教育相关的工作。

文明办倡导居民的权利意识，很多刚性执法部门执行起来相对困难，这时文明办就发挥了较大的作用。

（五）其他创新做法

J县的平安建设起到了很好的模范作用，下面是一些值得学习的创新做法。

1. 建设一个检查监督指导中心

作为一个窗口，改善民众认为申诉难的现象，当公民想要申诉、企业有法律需求要来咨询或者律师查询案件都可以来这里，还设立了六个岗位：公民法律指导、公立申诉渠道、政府法律服务、民营企业访谈、行为档案查询、律师接待窗口，指导中心得到了上级的肯定。社会化方向模式，针对未成年人设立全省首个社会帮助基地，推动未成年人零犯罪活动，最近两年一共促进121名未成年人重返社会。

2. 开展一方警示教育，开展法律进机关进企业进学校的活动

非公经营企业基地，展示民营企业的成长过程，以案说法，也是全省首例，与科技相结合，还有相对应的法律问题，很多私立企业都过去参观。

事实上，J县的"德治、法治、自治"借鉴了我国历史上的德治实践、市场经济国家的法治实践以及新中国成立以来人民当家作主的群众自治实践的有益经验，充分体现了以人为本和系统治理、依法治理、综合治理、源头治理的理念，三者功能作用各有侧重，缺一不可。其中，德治是法治、自治的基础，重点解决治理主体思想精神层面的素质修养问题，法治是德治、自治的保障，重点解决治理的现实依据和手段问题，自治是德治、法治的目标，重点解决治理的具体形式和载体问题。德治、法治、自治最终都统一于"人"这个核心，从而激发人的责任感和参与积极性，促进人与人和谐相处、社会安定有序。

J县在社区管理方面推进了德治建设，提升人的道德修养和文明素质，促进人心良善；加强了法治保障，运用法治思维和法治方式化解社会矛盾；提高了自治水平，激发人的责任感和参与活力，实现政府治理和社会自我调节、居民自治的良性互动。J县不断发扬创新精神，为推动社区更好地治理注入了新鲜的血液，为创新发展的社会树立了典范，为服务人民开辟了新的天地。

三、德治与法治相结合的社区治理存在的问题及原因分析

"没有调查就没有发言权"。选择J县作为本次实践活动的考察地点，是有多方面考量的。一方面，我们在理论中对社区治理的现状与瓶颈有了大致的了解，另一方面，为期三天的实地调研活动让先前的理论更加深化了，看到、感受到了地区的社会治理勇于创新、敢于先行的地方经验，但是从中也发现了不少问题。以下是我们根据搜集到的资料、问卷情况和采访情况整理出的当地在社区治理方面存在的问题，并进行了相应的原因分析。

（一）居民对社区治理的整体参与度不高

从问卷中我们所设置的与参与度有关的问题的调查结果来看，超过70%的居民偶尔关注甚至不关注社区的治理情况和相关管理信息。同时只有不到30%的居民对社区

组织的活动具有较高的参与积极性有超过20%的居民不太能感受到社区的互帮互助、尊老爱幼等传统美德的力量。当涉及自身和公共权益的问题时，依然有30%的居民选择私下解决，不借助外力。以上问卷中的信息反映出J县部分社区治理无法调动居民参与的积极性，尚未形成多元主体参与的真正互动局面。虽然社区居民对社区文化建设缺乏了解、参与意识薄弱，但清楚社区建设需要居民与政府共同努力。

而产生这个问题的原因如下：

第一，与当地居民的受教育情况有关。根据问卷结果看，随机填写问卷的人中有将近一半是中学水平，这部分人大多数是中年人，承担了社区治理的任务，但是他们又不具有广泛代表性，无法很好地号召社区居民参与相关活动。

第二，居民参与的深度不够。根据调查的结果来看，有六成的人是大专以上的水平，也就不排除这些人由于工作繁忙，参加一些社区活动时，当成走过场，表面参与一下，不能理解社区活动的含义。

第三，J县社区的公共设施相对完善齐全，社区居民也有参与建设的意识，却少有行动，主要原因有：其一，J县发展速度快，群众思想意识的进步速度没能跟紧发展的步伐。部分社区是由农村改造而成的，因此，这些社区居民的文化程度普遍较低，对社区文化理解程度不深，对于文化方面的建设认识理解程度上不免有些浅薄。这就导致了这些社区的居民在社区事务的参与上力不从心，出现有心而无力的情况。其二，在J县的部分社区，如Z社区，居民以中年人为主，平时工作事务繁忙，无暇顾及社区事务，很少有时间参与社区举办的活动。其三，行政管理色彩浓郁的社区文化管理体制的束缚。社区建设中的行政化导向使得社区自治缺乏完整的制度环境，导致居民缺乏参与的主动性和参与意识。当前，绝大多数社区文化建设遵循的仍然是计划经济体制下自上而下的管理模式，政府包括各类社区的管理体制和管理手段仍显陈旧，占主导地位的仍然是“管理”甚至是“管制”的行政思想。传统的管理模式在很大程度上阻碍了居民参与到社区文化建设的工作中，居民普遍也习惯了这种陈旧的管理模式，因而，居民形成了思想上和行为上的惰性。

（二）居民对其所属社区缺乏认同感

问卷调研的情况，都能反映出居民对社区缺乏认同感。从结果可以看出，70%以上的居民认为社区的综合治理情况一般，甚至较差，有近50%的居民认为其所属社区在处理矛盾和解决问题时的主要依据不是法律政策和社会公德，而是人情关系，而且80%的居民认为其所属社区很少或者没有经常组织一些宣传讲座等方面的活动。J县的人口流动性大，40%的居民反映社区需要在外来人口管理方面加强。

居民对所属社区缺乏认同感原因如下：其一，由于政府拨给社区的经费有限，不可能投入大量经费用于整治社区环境，居委会等机构便难以正常运转，难以举办社区文化活动。然而，不能因噎废食，要想提高小区居民的归属感，拉近官民关系，整治小区环境是必不可少的。其二，社区的景观设计有待改进。住宅小区的园林绿化突出了小区的设计理念、地域特色，绿化更是居住空间质量的重要标志，它不仅有着净化空气、丰富景观的作用，同时也是居民的交往空间和活动场所，闲暇之余散步遛狗、乘凉休息、打牌下棋，跟邻里之间的交往互动密切，增进邻里感情，也会打破城市生活中"邻里老死不相见"的局面。其三，除了绿化，社区治安的重要性也是毋庸置疑的。J县社区警务室是社区治安的重要保障，每个社区也都有相对应的社区民警负责，群众对社区治安仍然不满，主要是因为J县贫富差距较大，且正处在经济高速发展的时期，这些都会导致不法分子做出违法的事情。因此，应该出台有效措施，平衡社会利益，完善社会政策，调和社会关系，同时，加强法制观念教育与宣传，从源头上解决治安问题。

（三）社区居民的需求不能得到有效满足

通过访谈可以看出，随着新型城镇化与思想道德建设的推进，公民的权利意识有所增强，却不能善用；公民过度行使自己的权利，想争取更多利益，相关部门间有时会互相推脱责任，或是不能做到刚柔并济；在社区中硬性指标型的活动组办起来较困难，要求太高。同时，在问卷采访中也可以看到，有的居民希望社区组织一个文化部门，有的居民希望社区采取有奖竞猜等吸引人的方式来做社区宣传教育，还有的人希望环境保持卫生，回归曾经童年时的邻里关系，继承及发扬中华民族优良文化传统，物质文明及精神文明一并发展！综上所述，社区服务质量有待提升。

对于上述问题，可能的原因分析如下：其一，人们并非无权可用，只是不善用罢了。J县对于人权的宣传教育必然不少，人们仍出现这种不善用权利的情况，那么之前的教育又有何用呢？可想而知，之前的宣传往往都是以宣传栏、发小册子、开讲座等形式进行的，而这些说到底，都是走个过场，愿意关注这些的人早已有权利意识，而不愿意关注的人自然还是不知权利为何物、如何用，往往并没有起到太大的作用。因此，与上述活动相比，不如开展有奖竞猜、考核来得实在。通过采取各种措施，加大宣传力度，让权利意识深入人心，不做表面文章，同时，拓宽维权渠道，方便群众行使自己的权利，是政府不可推脱的责任。

其二，部门间相互推脱责任，也是常有之事，上到政府，下到企业，常有发生。对于他们而言，多一件事，就是多一个麻烦，有时甚至还会受到惩罚，不如把它推到其他人身上去。这是缺乏责任意识的体现，正是这些人，阻碍了民众行使自己的权利，造成维权难，为了一件事有时甚至要跑好几个部门，这样，还谈何建立德治与法治相结合的社会？

其三，政府对社区机构定下硬性指标，本意是为了督促他们举办更多的社区文化活动，加强社区文化建设，但如果未经实地考察，只凭几个人在办公室内拟定了一份指标，交给基层干部来完成，这往往只会给他们徒增压力。政府干部与基层人员要想更好地配合，促进社区的发展进步，没有频繁的沟通交流必定是行不通的。"心急吃不成热豆腐"，没有什么是一蹴而就的，社区的发展也是这个道理，脚踏实地的发展才是社区建设所需要的。

第三节　“村改区”德治与法治相结合的社区治理的对策

我们根据调研情况整理出J县在社区治理上存在的问题，进行了相应的原因分析，并从德治与法治结合社会治理的方向提出以下一系列对策与建议。

一、提高居民对社区治理整体参与度的对策与建议

要让居民有效地参与到社区治理之中，不仅应当在法律上对居民进行社区治理予以保护，还要充分调动居民的参政积极性。确保居民们从参与到社区治理之中切实获得利益，进一步提高参政积极性，有效推进居民社区治理的发展。

第一，针对受教育程度不高的社区人群，提高他们的知识文化水平并不是一朝一夕的事情，要想解决这个问题，就必须先做好宣传工作，使居民尽可能地认识到参与社区治理的重要性，之后再循序渐进地提高他们的受教育水平，这样有层次、有节奏地提供解决办法才能切实有效地改变居民的受教育程度。

第二，对于工作负担较重的人而言，参与社区治理确实会在无形之中加重他们的负担，导致治理过程过于形式化，并没有实际参与到社区治理之中来。针对这个问题，社区应该多去走访居民，了解他们的作息规律，并根据了解到的信息合理安排社区活动，使尽可能多的居民参与进来。同时，社区工作人员也应该更有耐心，社区居民虽然是社区治理的主体，但每个人都有不同的思想，居民不配合走访调查的情况也极有可能发生，在这种情况下，工作人员就必须耐心地为居民解释，使其真正了解走访调查的目的，能自发地参与到社区治理的过程中来。

第三，政府投入资金、人力资源来进行社区文化建设当然是必要的，却不应该是主要的，社区文化建设的主体仍应是社区的居民。社区的工作可以由政府的相关工作人员进行组织，却不应该让所有工作都由政府人员完成。政府人员应该更多地宣传社区治理的重要性以及居民参与的必要性，改变居民社区文化建设意识，使其认识到自己在社区文化建设中的重要性，培养居民的兴趣，使他们通过自身切实参与到社区治理而获得实际的利益。

第四，根据实际走访示范点T社区，我们了解到了该社区治理和管理的实际情况。M社区的改制是值得推广的，根据其经验，社区治理要想摆脱行政管理色彩浓郁的社区文化管理体制的束缚，社区人员就必须改变观念，更多地去服务居民。

二、增强居民对其所属社区认同感的对策与建议

居民对社区的认同感是维持社区正常运行的重要支持力，居民的认同感说到底就是居民的归属感，居民们乐意把自己所居住的社区当做自己的家，并愿意为社区贡献自己的一份力。居民反哺社区，还会进一步加强社区的凝聚力，由此产生良性循环。但根据分析，目前J县居民对社区的认同感还远远不够。其主要原因可以总结为资金问题、

环境问题、治安问题、公正问题几个方面。

其一，资金问题并不是一个单独的问题，也是解决其他问题的法宝，有了充沛的资金，提升社区景观、治安水平、打击不公正现象、丰富社区活动都将会一通百通。但资金短缺也确是最难解决的问题，所以，社区相关部门应当在努力增加投入的同时，妥善处理有限的资金，将好钢用在刀刃上。听取民意，积聚民心，充分听取居民的意见，着力解决居民目前所面临的最大问题。

其二，环境问题的解决也需要长期的努力。一方面，J 县新区新楼林立，随之新栽种的花草树木尚未成气候，所以社区景观的最终效果还需要时间来验证。另一方面，保护社区环境，维护居民共同的家园，是需要全体居民共同努力的。所以，社区居委会、文明办应当充分发动群众，做好环境保护宣传工作，同时鼓励社区居民加入监督的队伍，对不文明行为进行随手拍照，公开批评，并依法对不文明现象进行处罚。在资金、人力资源不足的情况下，不但发动了居民参与社区活动，还加强了社区的环境保护工作。当居民对社区的认同感足够高的时候，就会自发地维护好社区的环境，形成解决环境问题的良性循环。

其三，治安问题的解决方法与环境问题类似。资金、人力不足是客观现实，所以居委会应当在努力增加安保人员、摄像头数量的同时，向群众普及防盗防骗的知识，并举办相关知识的讲座，组织居民学习法律知识，用法律的武器保护自己，也避免了因不懂法而造成的违法犯罪事件。同时组织居民学习社会主义核心价值观，发挥道德作用，让社会主义核心价值观成为人们日常生活的基本遵循和价值取向，从根本上解决治安问题。同时安抚好家庭困难、失业、外来人员，吸收其中积极向上的人员成为社区人力资源的一部分。

其四，对于社区中的一些走后门、关系户、乱收费等不公正现象，要着重发挥法治的力量。先在各个社区内张贴禁令，严厉禁止走后门等不公正现象，并声明违者将依法严惩。在执法时，应当利用守法居民对不公正现象的憎恶态度，充分发动社区居民积极取证，积极举报，并严格保障举报人的安全。在处理问题时，应当采取零容忍的态度，严格依法惩处违规人员。在相关单位内部，也要定期开展公正廉洁教育大会，并对相关工作人员进行民主评议。做到严格执法，全民守法，全面依法治理社区。

三、提高社区服务水平以满足居民需求的对策与建议

享受社区服务是居民理应享有的权利，居民不享有足够的权利，也就没有让居民为建设社区贡献力量的理由。但目前 J 县的社区服务还不够完善。其主要原因可以总结为居民不善用权利、政府推脱责任、硬性指标不合理几个方面。

首先，针对群众不会善用自己的权利的问题，政府应该开展更多的法律教育工作，使其真正意识到自己权利的正确行使方法。同时，仅仅开展一次相关权利的法律教育是不够的，因为如果仅仅开展一次，居民更多只是走个过场，居民并不会真正形成正确的权利意识。政府应该每隔一段时间就进行一次相关权利意识法律知识教育活动，这样才能形成长期记忆甚至是永久记忆，进而加强居民对于权利的行使的正确意识。同时，政府可以定期开展相关法律的有奖竞答，进一步加深居民的法律意识。此外，社区

居委会等机构应该积极配合政府开展法律知识教育工作，在居民中做到切实的宣传工作，使居民能真正地了解活动的目的与好处等，从而使教育工作能真正高效地进行。

其次，针对政府各个部门相互推脱责任的问题，政府首先应明确各个部门的责任，不要出现分工不明确的情况，防止各部门相互推脱责任。当然，政府明确各个部门负责的事宜，并不是说各个部门就没有关联性，部门之间必定会出现交叉负责的部分。在此种情况下，政府应明确提出由相关部门共同负责该事宜，避免出现相互推脱责任的情况。同时政府应该派遣负责人进行监督工作，使部门之间能真正联合起来切实地解决遇到的问题，这样才能真正做好带头的榜样，才能真正形成德治与法治结合的社会，社区治理工作才能顺利地进行。

最后，政府针对社区治理对社区提出硬性指标，本意是好的，却应该更切合实际。每个社区的实际情况都是不一样的，不同的社区就应该有不同的指标。政府在对每个社区进行指标下达之前，都应该做好相关的调查工作，了解各个社区的实际情况，切合实际地进行指标的提出。就J县而言，有很多社区都是由农村直接转化成了新型的社区，大多居民的文化程度不高，开展社区工作并不是件容易的事情。因此，政府在提指标之前，应考虑到居民的受教育程度，先行进行社区治理方面的宣传工作，加强社区居民的参与度，进而再提出相应的指标，进行社区文化建设。其实，目前J县面临的这些问题并不仅仅是一个个分立的问题，这些问题彼此之间都有着不同的联系。进行德治和法治建设的道路任重而道远，需要相关单位和全体居民共同参与其中，才能最终解决现有的各个问题。

综上，我们认为当前社会治理中的德治法治建设已经在社区治理中体现出显著的成效，居委会采用德治法治相结合的社区治理方式，使得居民的法治观念有了很大的提升，社区中的法治和道德宣传也进一步改善，并在社会治理中得到积极的表现。仅仅改善部分社区的状况不足以完善整个社会的德治法治建设，当前社会治理中仍然存在诸多问题和困难，这和落后地区的经济发展水平以及长期以来形成的风俗习惯、思想观念等有关。全面依法治国背景下德治与法治相结合的社会治理是一个复杂的过程，不仅需要坚实的物质基础与完善的制度建设，更是需要在社区治理中令德治与法治的观念深入人心，促进居民的思想观念的转变，力求改善整个社会对于德治与法治重要性的认识。完善社会治理是一个长期的过程，需要政府各部门实事求是、因地制宜地进行，并且需要素质高的居民自发带动其他居民，形成良好的社会风气。随着我国经济的进一步发展，随着全面建成小康社会的实现，社会治理中的德治法治建设状况会得到进一步的提升。

第五章　农村“法治下乡”情况调查

中国社会目前正处在一个社会变革的时期，社会变迁日趋激烈，农村社会结构的变化速度加快，从前述几个章节的调研论述中我们已经感受到了这种巨变。农村的社会治理方式，没有“放之四海而皆准”的统一方式，每个基层村落都有着与自己的发展阶段相适应的治理模式，可能是传统文化规则保留较好，人们遵循与之相符的村规民约的村落，可能是经济发展程度较快，已经城镇化的村落，人们更倾向于社会治理的法治化，不过更多的是介于两者之间的民间村落。无论是哪一种，国家“法治下乡”都是必需的。“法治下乡”包含了法制宣传教育和法治治理，前者更多以村干部进行普法宣传和学校法治教育的方式渗透，后者则指的是基层的司法，主要以基层法官、律师解决纠纷体现。在本书前述章节中对于基层农村的普法宣传和法治教育已有较为深入的调查研究，本章节聚焦的是“司法下乡”，即农村依法治理在司法领域的情况。

随着时代的推进和社会的发展，中国基层司法，尤其是在农村，变得越来越重要。由于包括立法和司法自身在内的多种社会原因，目前中国处于社会矛盾的多发期和凸显期，人们诉诸司法解决的纠纷更多，伴随着人们对司法的期待，却是更多的失落感。经济社会的快速发展令矛盾和纠纷发生了一系列重大变化。社会流动性的增加，人们交往对象的多样化与复杂化所带来的人际关系的变化，使得即便在农村，调解的适用性和有效性也明显下降。[①] 从国家层面来看，基层法治建设正处于更加重要的位置，党在十八届三中全会提出维护宪法法律权威，深化行政执法体制改革、普遍建立法律顾问制度。十八届四中全会提出坚持法治国家、法治政府、法治社会一体建设，做到系统治理、依法治理、综合治理、源头治理“四个治理”，推进覆盖城乡居民的公共法律服务体系。在这样的背景下，我们选取了江西省 S 市 Y 县和湖北省恩施州 L 镇作为调研的典型地区。

① 苏力.送法下乡[M].北京：北京大学出版社，2017：2.

第一节　“律师下乡”试点地区情况调查分析——以湖北恩施为例

国务院于2013年9月将湖北省恩施州L镇作为“综合扶贫改革试点”，这一部署，着重于其中的“律师进村，法律便民”这一举措，来探究法治下乡的有效途径，追求该举措的可行性和意义，为国家扶贫事业中的法治建设探索道路，积累经验。恩施州位于湖北省的西南边陲，与重庆、湖南毗邻，辖8个县市，88个乡(镇、街道)，119个城镇社区、2531个村，485个居民小组、22921个村民小组，户籍405万人，常住人口331万人，是一个汉族与土家族、苗族等少数民族人口混居的贫困山区。长期以来，由于生产生存条件和生活环境较差，经济社会发展水平较低，人口文化素质偏低，区域法治建设的进程相对缓慢，全州仅有337名执业律师，民众法治观念较为淡薄，法治资源不足且覆盖不均，更是进一步拉低了社会治理水平。

国务院将恩施州L镇部署为“综合扶贫改革试点”之后，恩施州L镇抓住机遇，从经济发展、城乡建设、土地利用等方面进行规划，加强基础设施、公共服务等建设，大胆对乡村治理方式进行改革创新，构建了“村医村教进班子、法律顾问进乡村、农民办事不出村”为内涵的“三位一体”乡村治理机制。积极响应十八届四中全会提出的依法治国、建设法治社会的号召，率先在全州开展“律师进村、法律便民”活动，建立了“四个一”法律顾问服务网络，即乡镇(办)人民政府有一个法律顾问团，村(居)委会有一名律师顾问，农村网格有一名法律宣讲员，农户有一个法律明白人。

简而言之，“法律顾问进乡村”就是采用市场机制，以政府购买法律服务的形式，引入律师作为第三方参与，在各级党政机关和村委会建立法律顾问制度。法律顾问送法下乡，在所服务的乡村进行法律知识宣传，为基层组织提供法律咨询，参与乡村社会矛盾纠纷的调解，用法治思维或方式，化解涉法涉诉信访积案，处理重点疑难信访案件。一方面抓紧处理疑难案件，减少涉法涉诉信访积案，另一方面普遍建立法律顾问制度，减少涉法涉诉信访增量。为基层群众开展法律咨询和法律援助服务，实现“法治落地”，形成浓厚的法治氛围，提高村民的法律意识，促使扶贫建设得以更高效、有序、合理地进行。

一、“律师进村、法律便民”政策现状分析

(一)政策实施的前后之对比

在“律师进村，法律便民”政策施行之前，恩施州的各县群众出现矛盾纠纷后，一般采取私下调解的方式。当基层干部参与矛盾纠纷调解时，一方面由于群众对基层干部的依赖度较低，另一方面由于基层干部的法律知识也较为欠缺，群众往往对调解结果不满意。因为法制观念欠缺，群众缺乏利用法律手段维权的意识，寄希望于向上级政府上访解决问题，一有问题就上访，成为当地政府头疼的“老大难”。2011—2013年，恩施州

信访量连登湖北省前三甲。华中师范大学中国农村研究院邓大才教授认为，多种历史与现实因素导致恩施过去法治氛围淡薄，干群关系较为紧张。比如，当地存有土司遗风，村民的村寨意识较强，农民信力、信访、信闹、不信法的观念较浓，一些干部依权、依威、依力、不依法行政，强制性的法制教育不接地气，自上而下的法律下乡又水土不服。

在政策实施之后则出现了一些积极的新现象。首先，从村民方面，律师进村让村民逐渐知法、懂法、守法，或者说最起码在向这个方向靠拢。本课题调研小组深入L镇调研过程中，在与当地司法所的律师交谈的时候，律师不止一次提到“法感”这个词语，律师进村工作的推行让村民一点点地拥有这种法感。相比之前村民与当地政府之间的纠纷更容易演化成上访的情况，政策实施之后，纠纷则不再那么容易继续演化，伴随其解决过程的则是村民和律师或者法律顾问之间的联系与沟通。其次，律师进村让干部依法、用法、遵法，同样地，最起码让村级干部向这个方向发展。“律师进村、法律便民”对基层干部提出了更高的要求，要求干部依法行政。律师进村要求基层干部在解决矛盾纠纷时能够更多地运用法律思维，以法治的理念和方式去分析、判断。“律师进村、法律便民”政策中的法律宣讲政策让村级干部拥有了更多的学习法律的机会。2016年7月26日，课题调研小组参加L镇D村村委会的座谈会，可能因为其村主任黄主任较年轻的缘故，他一直强调律师进村让村级干部学到的东西非常多，带来的学习机会是难得且很有价值的。

（二）政策落实中存在的问题及原因分析

从某些角度来说，我们可以认为律师进村之前，村庄的法治氛围是非常弱的。“律师进村、法律便民”是在这样一块近乎空白的区域开始发挥自己的作用，为百姓普法，提供法律咨询。难免地，甚至说自然地，会遭遇到相当的困难。课题小组通过实地调研以及相关资料的查阅和梳理，提出较为突出的问题有以下几个方面。

1. 相关制度不健全

法制宣传和法律服务等工作在乡镇一级比较齐全规范，但到了村一级就很难落实到位，有的地方的农村普法教育工作则停留在“上面安排一点，就做一点”的状态，没有把它摆上议事日程，农民学与不学也没有硬指标，没有制度约束，造成农民对普法抱着消极、冷漠的态度，存在回避、应付的情况。

2. 农民对于法律认识不足

尽管经过了20多年的普法宣传教育，但由于历史传统、经济发展和现实环境等因素的影响，基层大多数农民对法律的认识还仅停留在感性认识上，法治和传统之间还处于混沌的结合状态。农民习惯于接受传统道德、风俗管理约束，信守传统道德的农民相信伦理常情，以人论事，而非以事论人，在农村“私了”也是广大农民最愿意做出的解决纷争的有效方式。

3. 普法教育对象太分散

随着市场经济的发展和农村产业结构的调整，几乎每个村都有大量人员外出务工，并且农村生产劳动的季节性比较强，农民在农忙时早出晚归，在田里忙耕种，闲时则是忙于外出务工挣钱、做生意，很少有时间坐下来集体学习法律知识。特别是近年来劳动力转移后带来的经济、人口大流动，使农村实际人口减少，城镇流动人口大量增加，成为普法的难点和死角。

4. 普法教育形式不能与时俱进

现阶段基层普法主要采取挂横幅、贴标语、写黑板报、在宣传橱窗张贴宣传资料、组织"送法下乡"活动等形式进行普法。挂条幅、贴标语手段单一，缺乏形象性，同时因为标语、条幅的限制性，往往造成农民只知道法律名称不了解其具体内容，分发的宣传资料，内容虽然详细，但缺乏理解运用，往往存在断章取义、不知其中真滋味的现象。

5. 百姓不信任律师

百姓认为政府请律师，就是帮助政府管他们，整他们，把律师当成政府的一员，这种不信任是发自农民内心的。农民是否相信政府"购买"的律师，是制度之初要解决的难题之一。相比之下，百姓仍然喜欢上访，甚至有到北京十几次，要求政府补贴，出现对上访次数的攀比心理。

在一些经济发达村居，由于市场交易活动频繁，在土地出租或承包方面也出现过法律纷争，这些村居在七八年前就开始聘请有偿法律顾问。在推进公益律师进村时，对于这些村居来讲，公益律师显得"有些多余"。在实际操作过程中，这些经济活动却鲜少能让公益律师来参与，使得许多律师"心有余而力不足"。

律师进村制度能否推广，还取决于律师在涉及政府的案件中，能不能做出公正的独立判断。如何在公共购买过程中既保障律师积极有效参与，又能避免政府与律师的"合谋"，不容回避。最大的阻力可能在于一些基层干部、群众欠缺法律意识。有些人认为，律师无用，自己能解决一切问题。也有些人抱着防备心态，对律师疑心重重。从根本上说，他们不相信可以凭借一套公平公开的规矩，平等地与纠纷的对方达成共识、解决问题。

6. 律师待遇低，极度冷落或过分使用，萌生退意

并非所有律师都能得到"厚待"。一些律师回忆道："社区的负责人从来没联系过我，我主动联系对方，但几个月来，我写了三封信，他们没有回过一封。"

也有律师反映："自己从市区乘坐 2 个多小时车到镇街，去了连个座位也没有，更没人招呼。"社区冷淡的态度，让律师有些沮丧。此外，作为一项公益服务，既没有适当的补贴，也没有相应激励机制，付出与回报不成比例，有些乡村干部容易将自己职责内的调解工作直接推给律师，律师完全成了矛盾协调员，大大加重律师负担，这样实在有些难留住人，已有一些律师萌生退意。

二、"法治下乡"的可行性分析

在全面推进依法治国的目标下，基层法治建设作为基础和重点任务，得到了国家的大力扶持。在法治下乡的进程中，村民和政府行政机构作为最重要的两方主体，决定了这一目标的最终实现情况。因此，要使基层法治建设工作行之有效，需要对这两方主体进行深入分析。

（一）村民观念与利益诉求

在村民之间产生的纠纷类型中，人身类型的纠纷是数量较少的。究其原因在于，农

村生活较为简单质朴，青壮年劳动力大多在外务工，留守的大多是妇女、老人及儿童。这类主体每日的生活规律且内容单一，易引起人身纠纷的因素较少，邻里关系相对较为和睦。另外，农村受到封建观念的影响较为深重，由于对情义本位的信仰和对人情社会的依赖，即使确实发生人身纠纷，也更倾向于私下解决，小事化了，尽量减少纠纷的扩及面。因此，人身类型的纠纷在农村数量较少，且大多都能在矛盾形成初期得到及时解决，很少形成严重的纠纷。

发生在农村地区的纠纷类型主要是财产类纠纷，其中更以林地、土地纠纷为主。近年来，随着农村扶贫工作的火热开展，农村发展问题受到越来越多的关注，从而引发农村基础设施建设项目、国家扶贫改造项目、招商引资项目等一系列建设活动的增加。一旦要开发建设，必然会牵扯到原有的林地或土地的使用、改造及补偿、分配问题。农林土地乃农民安身之道、立身之本，对牵扯到与自身密切相关的利益，纠纷解决往往难上加难。这其中有以下几点因素：

1. 政府与农民之间信息不对称

农民对相关法律的不了解造成了农村地区纠纷的难以解决。尤其以林地和土地纠纷更甚，因为这类纠纷多涉及利益分配问题，双方对于分配标准的认识不一致，从理性的角度考虑，各方都会为自己争取利益的最大化。行政机关认为村民诉求难以满足，村民则认为利益分配不合理，彼此之间的误解使得纠纷难以调解。

2. 征地补偿标准过低

土地乃农民立身之本，有些地方的征地补偿不足以支持农民被征地或林权流转之后的生活需求，且征地过程不合规的现象时有发生，对村民利益产生了极大的侵害。

3. 法治观念缺位

农村地区长期法律意识淡薄，农民对于土地权属的提出有时缺乏法律依据。另外，在纠纷发生后，村民往往不愿意诉诸法律，认为走法律程序麻烦耗时且效果不佳，很难满足自己的利益诉求。他们认为不按法定程序来，通过上访等途径，反而能获得更多的利益。

4. 对公权力的不信任

尽管行政机关在农村法治建设上做了不少工作，但村民对公权力机关存在部分敌意，认为公权力无法真正为老百姓服务，甚至会侵害老百姓的利益。因此，村民对政府工作无法达成信任，遑论积极配合。

5. 义务本位的法制观念仍占主导地位

农村地区的法制观念发展刚刚起步，对于法律的印象停留在义务付出，而权利观念还相对薄弱。这就导致了村民对于法律的冷漠、对权利的忽视。

（二）行政机关政策落实情况

随着中央一号文件的颁布，法治下乡工作被列为各级政府工作的重中之重，各省市地区纷纷积极响应，在基层民主法治建设方面开展了一系列工作，主要包括以下两种形式：第一种，加强基层干部法制意识、贯彻依法治理模式。各基层单位不定期对在职人员进行有针对性的法律培训并组织考核，建立长效监督考评机制，对基层日常工作做到实时监督。第二种，加大普法宣传力度。开展农村法律课堂，加强农村法治教育。定期举办普法活动，举办法律知识竞赛、开展法律培训讲座等。

目前，我国农村法治建设工作仍然存在许多严重的问题。尽管普法工作持续开展，但收效甚微，村民反响一般，农村法治进程前进缓慢。总结有以下因素：

1. 普法手段单一

目前我国农村普法工作的手段多局限于“摆（摆摊发放传单）、讲（讲法制课）、赛（法律知识竞赛）、会（以会代训）”等形式，在农民群体中无法形成连续性的长效影响，且农村受教育程度普遍较低，传统的普法手段无法广泛引起村民的兴趣，强制性的参与要求也令普法效果收效甚微。

2. 面子工程严重

尽管中央加大基层法制建设力度，但政策的具体落实到位更加依靠基层干部的执行情况。由于基层工作琐碎繁杂，基层干部人数有限，加之经费的局限，在法治建设方面容易流于形式，持着应付突击检查的态度来完成工作，无论是基层干部还是村民都对此持冷漠态度，没有硬性约束，法治观念在农村便很难建立起来。

3. 干群关系的冲突

在扶贫工作有所成效之前，农村居民生活条件艰难，第一要事在于保障温饱，维持基本生计，思维观念的局限性十分严重。马克思认为，经济基础决定上层建筑。在物质条件都还匮乏的前提下，遑论法治观念的树立。民生不能得到有效保障，百姓无法对基层干部的工作付出信任，干群关系陷入僵持。兼之新政策的推行往往会牵动多方利益，使得许多政策很难在基层中落实和开展。在地方上政策落实受到极大阻力，将进一步激化干群矛盾。

4. 道德本位观念严重

基层治理模式的一大特色在于其灵活性。在调解基层纠纷中，往往需要寓情于理、情理结合，在日常生活交往中也主要以其道德观念来判断是非曲折。虽然在传统观念中法律是公平正义的象征，但在实务中确实存在法理与情理不相容的状况。德治强于法治的观念下给法治的建设造成了一定阻力。

（三）现存矛盾和解决方案

传统农村是以血缘为纽带的居住群，乡土社会因为血缘、地缘的融合，更讲求人情，而淡薄法律。费孝通先生的《乡土中国》正揭示了这样一个现实：乡土村民不习惯讲法律，遇到纠纷去打官司反而会让乡亲们觉得你不近人情。这样的观念代代相传，就让村民们很难形成法治的观念。

正是因为法治观念的淡薄，所以村民们习惯了私下解决，一般来讲，会邀请较有威望的长者起到调解的作用。当然，有的村民也学会了找村支书等村干部解决纠纷，虽然对大部分乡亲们而言，村干部还是“官”，见官总是一件不太好的事情。但是“官”还是有其威严存在的，所以在调解过程中往往起到震慑的作用。然而，矛盾也随之发生。自古以来，民众总是会担心官员和纠纷中的一方勾结，从而做出对另一方不利的举动。所以，村民们其实是不信任村干部的，当其中一方觉得自己受了委屈，或者双方都觉得自己受了委屈，他们也许不敢向村干部反应，却会让矛盾在私下里更加激化。

再者说，当出现纠纷的是村干部和村民的时候，又有谁能出面充当一个中立的第三者进行纠纷的调停呢？比如，在调研团队走访D村村民之时，就有一位村民向我们反映，认为村干部不作为，政府给的住房补贴没有落实到户。当然，具体的情况我们是不得而知的，毕竟真实情况也许是被调研的这一户人家不符合补贴的条件，所以没能拿到补贴。我们不了解真实情况，所以我们不能妄言，但是我们却可以体会到其中的矛盾之处。这个时候，律师的出现是恰到好处的。因为律师作为一个中立的第三方，可以让各个阶级的人了解到自己的需求和法律之间的平衡，甚至可以让需求在法律允许的前提下效率最大化。

当然，除了律师进村这个途径，还是有其他的解决方案的。城里的人们有时候面对乡亲们是自带优越感的，因为总觉得村民没有多少文化，不懂法律，难以沟通。但其实村民们自己的那一套纠纷解决方案已经流传了几千年，在没有法律普及的时候，也好好的，为何到了现代就不能适用了呢？所以，笔者认为，一些小型的邻里纠纷，没有必要非要由律师介入，可以让乡亲们自行解决。而且，这种自行解决的方式也不是没有法律依据的，现代已经将这种纠纷解决方式称之为"软法"。软法亦法，而且更贴近生活，极具特色。

与村民的法治观念问题相对应的方面，是参与到律师进村工作的律师的境地。律师进村是恩施贯彻落实《恩施州普遍建立法律顾问制度的实施意见》的结果，很多时候，作为政策的推行，是带有一定强迫性质的。这就导致在执行的过程中，难免有所疏漏。

进村律师的质量参差不齐，律师的职业道德水平不同，专业水准也不同，会导致某些村落政策落实效果较差。而且对于律师而言，并不都是自愿参与进村的，很多都是被动员参加进村活动的。例如，在恩施州L镇，一名律师一年的政策补贴也就1000元。靠这1000元，要免费提供咨询和文书代写的服务，对律师这个行业的收费制度发起了挑战。不自愿的参与当然会导致结果的不同，这也是政策落地的难点之一。不光是增加补贴的问题，还有如何更大力度动员律师自愿进村，如何让律师主动了解进村的义务以及进村的难点成为当务之急。

还有，进村律师的数量太少，一个律师往往身兼五个村落以上的法律服务工作，业务繁忙，所以往往只能电话联系，缺乏与村民之间的面对面联系。效率低下，群众满意率低。针对这种情况，自然是需要上层建筑继续完善，同时律师行业也应该督促律师个人自我提高修养。

另外，政策执行效果如何考核也是一个需要考量的问题。律师进村目前还没有针对律师出台政府方面的考核，仅仅依靠律师事务所自身的考核机制是不行的，因为律师事务所可能不把进村律师的业务当作考核的标准之一，所以一个完善的评估体系的建立健全是必需的。同时，缺乏监控体系让律师进村的进展成为一个拉锯战。肉眼可见的进步是需要不断更新数据和各种指标的，所以应该完善律师进村的监督体系。不仅在法治宣传上宣传律师进村的优点，更应该看到其缺陷，通过村民、干部、律师自身、律师行业、网民等多维度的监控监督，让进村进程更加透明化。

三、律师进村对法治下乡的作用

在处理矛盾纠纷，尤其是村民与行政部门或者干部之间的矛盾的时候，律师作为独立的第三方，更令人信任。同时，土地纠纷、产业产权转移纠纷等专业性较强的问题，需要有专业律师的介入，否则很难做到工作的合法化。再者，律师咨询免费，让乡民们多多咨询，了解到更多的法治知识，就不容易犯法，不容易起冲突。律师进村对于村民之间、村民与干部之间矛盾冲突的弱化有着积极作用。

律师在进村过程中，起到的主要作用还是调解。真正起诉开庭的案件还是相对较少的。而且，律师的调解是针对乡民们的，不能一味追求法律术语，还需要紧密联系村民们的生活习惯、文化习俗等各方面的协调。这样，就锻炼了律师调解的工作能力，打造律师调解的黄金品牌，把社会对律师都是诉讼用途的标签揭下。

同时，律师进村还能拓宽法律服务者的工作渠道。进村的律师广义上还包括一些并没有考取司法考试资格证书的工作者，让这些从业者接触律师工作，从而行事更加法律专业化。而且，律师这门职业，不仅仅是一贯的“唯利是图”的嘴脸，也是可以深入基层为人民谋福利的，这也是律师进村的要点所在。这也让有志于回报乡土、有志于基层工作的律师多了一个方向。这种种方面，都拓宽了法律服务者的工作渠道。

律师进村的过程中，免不了要宣传一些基本的法治思想。在调研队伍走访的 D 村、L 坝等各个村落，都说到了针对村民们的法治宣传。这对提高整个社会的法治观念是极有作用的。而且，传统的信访难免让村干部感到头疼，而律师进村工作的顺利开展，能够减少信访的数量，让这些信访“钉子户”懂法知法，减少钻牛角尖的概率。

为了更好地推行“律师进村、法律便民”的政策，需要司法局、村委会、司法所、人民检察院、法院、公安等各个部门之间的密切配合，这种协调统一正是建设法治中国的重要所在。

四、完善方案与可行性分析

任何一种政策的提出都会有其初衷所在，“律师进村、法律便民”这样一个政策源头上是为了解决干部们在进行扶贫工作中所遇到的各种琐碎的问题，当政府决定实行扶贫搬迁、移民建镇等建设政策的时候，对于地权、林权等所有权问题的牵扯，使得村民之间尤其是村民和政府之间的矛盾纠纷激增。如前文所提，在律师进村之前，恩施州的信访量是很大的，这无疑会使得各级干部花费许多不必要的人力、物力以及时间成本。为了将干部们从中解放出来从而可以将精力花费在有效的工作上，L 镇作为先头试点，施行了律师进村这样一种方法，最后取得了很好的效果，信访量大大下降。

如果我们去思考为什么能达到这样好的效果，我们会发现，这和村民的观念和思想有着密不可分的联系。恩施州作为集“老、少、边、山、穷”为一身的少数民族自治州，其乡村村民的素质是不容乐观的，尤其是年轻一代人口的外流，使得群众在法律法规层面的素质愈发下降。中国的农民会因为自己了解和掌握的资源与信息的匮乏而认为自己处于弱势，容易和行政机关站在对立面，尤其是涉及利益冲突的时候。在很多时候，特别在“情大于法理”的传统习惯下，道理是很难讲清楚的。当村民和行政机关处于利益对立面，律师以第三方的角色出现，会打破僵局，使得村民能够去试着了解和接受通过法律渠道解决问题。经过时间的推移，我们也看到，村民是能够甚至是乐意通过法律咨询来解决问题的。这里，是一个自下而上的过程，而非自上而下的强制推行。

在实地调研中，调研小组发现基层村民大多数对于乡镇领导的态度依旧是反对的，仍有很多村民并不知道自己的村庄有法律顾问这样一件事情。农村情况复杂，把一件事情做得通透实属不易，对于方法甚至是时间地点都有讲究。对于法治的宣传，还需要选择更贴近村庄、更贴近村民的方式方法。

"律师进村，法律便民"在恩施州取得的成就告诉我们法治下乡是有可行性和复制意义的。从上层角度来看，推行这样的政策，务必要完善各种规章制度，这其中需要考虑到各级干部、参加工作的律师以及受政策支持的民众。从基层角度来看，无论是政策的内在驱动力，还是在实施过程中该政策与民众的相互融合(例如向民众宣传政策)，都要从民众的角度和心理出发，使其易于被村民、被村庄所认可和接受。

综上，对于任何种类的发展建设来说，自然资源和人力资源是永恒的两个方面，本课题所研究的律师进村法治下乡的有效途径则是对人力方面的探究。在当今社会法治建设不断推进的氛围下，知法、懂法、用法对于发展建设来说无疑具有极大的意义。一个农村家庭，遇见重大纠纷，能够有意识去想办法走法律程序和完全想不到运用法律，两种情况是有着天壤之别的。让法治走进最基层的人民中去，对于这些基层人民是意义非凡的，对于整个国家亦是意义重大的。反过来，在国家高速发展的今天，中国农民如果始终处于某种程度上对于法理的蒙昧状态，这对其自身发展无疑是桎梏，对于整个国家的发展来说无疑也会是瓶颈。

第二节　"法治下乡"的情况调查及分析——以江西省S市B县为例

江西省S市B县是我们调研法治下乡的另一个样本。B县位于江西省东北部，是环鄱阳湖经济圈的重要组成部分。B县总面积为4215平方公里，其中水域面积948.7平方公里，占全县面积的22.5%，境内东北为低山，向西南方向渐变为丘陵和湖区平原，东西宽71.8公里，南北长90.2公里。2015年B县辖1个街道、14个镇、15个乡，总人口159.4318万。2016年，B县实现地区生产总值189.8亿元。B县有"全国文化戏剧之乡"等称号，也是国家商品粮、棉、油、猪、鱼基地县。我们在B县走访调研了部分村落的村委、人民法庭及乡村律师，对该县法治下乡的情况有了初步了解。

一、"法治下乡"的情况调查

(一)基层司法机构的状况

以B县Y镇为例，该镇位于江西省B县西北部，紧靠中国第一大淡水湖——鄱阳湖，总面积156平方公里，辖29个村委会，1个居委会，常住人口近13万，是B县中心镇之一，农业经济发达。目前该镇有一个B县人民法院派驻的人民法庭，镇上仅有一位乡村律师。Y镇人民法庭只有四名法官，人手缺乏。由于编制所限，增加法官的可能性极小。基层法庭的待遇偏低，大学毕业生不愿意来。

唯一的一名乡村律师不仅为该镇13万常住村民提供法律服务，其业务也涉及B县其他镇、村。而在另一个调研地G县，镇上则设立了司法所，主要是负责调解解决纠纷和社区矫正工作。目前该司法所只有两名工作人员，工作繁重，待遇不高，年轻的大学毕业生不愿来。

（二）基层纠纷的类型

农村纠纷的类型，随着农村经济社会的发展变化而变化。以Y镇为例，十年前的纠纷主要以家庭纠纷为主，离婚案件占比大，还有一些是农民盖房子引起的邻里纠纷等。现在的纠纷以经济纠纷为主，涉及土地、山林、征地拆迁、人身伤害等，离婚案件占比依然较重，更多是由女方提出。打架斗殴等治安类型的纠纷案件近年来较少，主要原因是村里的青壮年大多外出打工，留守村中大多是老人妇女儿童，不过另一个问题是未成年人违法比例有所上升，镇上的网吧管理有漏洞，一些辍学的未成年人整日闲逛，成为社会治安的一大隐患。

（三）解决纠纷的方式和依据

农村解决纠纷的方式以调解为主，但近年来依法裁判的比例日益上升。解决纠纷时，不仅仅是人民法庭调解，村委会在纠纷前期就会介入调解解决纠纷，进入司法审判阶段后，人民法庭与村委会有时会联合调解，一起解决纠纷，只有在调解无果时，才会依法裁判。

调解解决纠纷也不完全是法治思维，特别是村委会参与的调解，更多会以德治的方式解决，相当比例的案件会依据村规民约或由村中德高望重的老人出面调解。不过个别村落会出现另外一种情况，村委会懈怠不愿调解，或者为了完成村中维稳指标，把矛盾推给法庭，村民则将纠纷直接起诉至人民法庭。当然村民采用诉讼方式维权的比例也逐年上升，原因有二：一是村民的法治素养提高了；二是传统习俗规则在面对今日农村的纠纷，特别是经济类型的纠纷时，结果并不能让农民满意。此外，原先农村不信任法律，更愿意越级上访的情况有所改变，上访并未完全消除，但农民在逐渐改变思维，接受法律的手段解决纠纷。

二、原因分析

（一）农村基层司法机构数量少不适应农村日益增长的诉求

我国的司法机构主要由法院和检察院组成，法院专司审判，检察院主要负责审判监督及公诉案件的起诉。公安系统属于行政执法机构，主要职责是维护治安及刑事侦查等。司法局则属于司法行政机关，是政府宣传管理法律的专业职能部门，负责的主要工作包括法律援助、司法资格考试、负责指导区县司法行政部门管理人民调解工作、社区矫正工作及司法助理员、基层司法所和基层法律服务工作。这些机构从中央、省、市到县一级，都有自己的延伸，有比较完备的体系，但是到了乡镇一级，就有了变化。

以我们调研的J省S市B县为例，乡镇一级都没有检察院，有些县是几个乡镇设一个检察所。这种制度设置还是比较合理的，因为检察院的主要工作责任是审判、监督和公诉，所以，最基层的检察院主要是同县法院打交道，与乡镇派驻的人民法庭的关系不大。再者，一些乡镇设立检察所，主要是为了便利有关的调查、监督，检察的公务仍集中在县级的基层检察院。法院系统延伸到乡镇一级的主要是派驻中心镇的人民法庭。公安机构在各乡镇一般都设有公安派出所，有常驻的公安干警。在有些村落，还有少量从当地村民中招聘的"治安联防队员"，他们由乡政府聘请，协助维护社会治安，与农村日常纠纷的司法解决关系不大。有些乡镇会设立司法所或司法办公室。这个机构是基层的司法行政机构，主要是在乡镇政府和县司法局的领导下、基层人民法院的指导下工作，主要担任管理调解委员会和法治宣传教育工作。也就是负责调解纠纷，制作司法协议书，然后为司法协议书办公证。如今司法所最重要的工作已经转向为村民提供法律服务了。

在一些乡镇，除了司法所，还会设立法律服务所，不过法律服务所与司法所经常是两个牌子一班人马，法律服务所的所长一般由司法所的司法助理员担任，司法助理员应该是农村最基层的司法行政人员了，而服务所的其他工作人员则是"律师"的身份，他们的收入靠法律服务所自负盈亏。农村中大量的纠纷是通过司法所的司法助理员调解解决的，一旦调解不成，法律服务所的"律师"便会提供代理诉讼的服务，代理当事人向镇人民法庭起诉。

从我们调研的村落来看，基层司法机构，包括司法所、人民法庭、律师的数量都偏少，与日益增长的纠纷案件数量不相符。造成人员数量不够的原因很复杂，有的是因为缺编，编制不够，无法派驻更多的法官或司法助理员，有的是因为待遇偏低，留不住人等。而农村目前纠纷数量大量上升，涉及土地财产、林地、拆迁、家庭纠纷等，迫切需要更多熟悉当地人情世故又懂法律的基层司法人员。

（二）解决农村纠纷的方式多元化

随着农村经济的发展，社会结构的变化，农村的纠纷数量上升，纠纷的类型也开始多元，不再局限于传统的婚姻、家庭纠纷，更多以财产经济纠纷为主，人身安全利益的诉求也一再增加。对纠纷的解决方式的选择，最初农村地区主要依靠的是村规民约、利益互换、道德约束和人情制约，这是适应传统"熟人社会"的纠纷解决方式。随着农村经济的发展，大量青壮年外出打工，城镇化发展的速度加快，农村的社会结构发生了变化。受过教育、外出见过世面的新农民更愿意选择法律的方式和途径解决纠纷。由于流动性增加，传统的家族宗族的联系在逐渐变淡，人情相互制约的约束变弱，同时新型的经济财产纠纷已经无法用其他的利益交换说服村民，他们更愿意选择诉讼法律的方式获得稳定的结果。当然在一些村落，还是存在不相信或不服从法律裁判，上访甚至越级上访的情况，但是这其实也是村民思维转变的一个表现，新时代下的新农民与他们的父辈不同，规则意识和法治思维更强。

然而我国幅员辽阔，各地农村发展不均衡，农村的社会结构正处在“熟人社会”向“陌生人社会”过渡的阶段，解决农村纠纷的方式不宜“一刀切”，而是应该因地制宜地选择解决纠纷的具体方式。纠纷的妥善解决是农村社会治理的重要一环，关系着和谐社会的治理目标能否达到。

三、对策建议

从上述两个典型地区的调查可以观察目前农村“法治下乡”的大体情况及存在的问题，对此我们提出以下建议。

（一）进一步发展农村经济，加快推动农村城镇化

经济基础决定上层建筑。农村社会结构变化发展的基础是农村经济的发展。打破计划经济，实行包产到户，再到农业经济集体化合作化的发展，城市工业经济的快速增长，农业人口从农村地区向城镇流动等，这些经济的改革与发展才使得延续几千年的农村“熟人社会”结构开始变化乃至破裂。当前，我国正处在正确处理城乡关系的历史关口。改革开放以来，我们依靠农村劳动力、土地、资金等要素，快速推进工业化、城镇化，城镇面貌发生了巨大的变化。同时我们也应看到同快速推进的工业化、城镇化相比，我国农业农村发展步伐跟不上，城乡发展不平衡。党的十八大以来，党和国家政府采取了一系列举措推动“工业反哺农业、城市支持农村”。党的十九大提出了实施乡村振兴战略，从全局和战略高度把握和处理城乡关系。我国拥有近 14 亿人口，不管工业化、城镇化的进展如何，乡村都不会消亡，城乡长期共同生存下去。改革开放以年来的发展使得农业农村现代化取得了很大的进步，目前我国主要农作物耕种收综合机械化水平已超过 65％，农业科技进步贡献率超过 57％，主要农产品人均占有量均超过世界平均水平，农产品供给丰富。

农业农村经济的现代化是农村“法治下乡”的经济基础，只有农业农村经济发展起来，农民的受教育文化水平提高起来，法治建设才具备相应的社会生产关系基础。

（二）农村“法治下乡”要因地制宜，与当地的优秀传统文化资源相结合

农村法治建设借助当地优秀传统文化资源，可以使法律制度在变迁的同时被当地农民接受和认可，进而可以有效地运作。纵观新中国成立以来农村“法治下乡”的历史发展，我们发现“法治”其实一直在“下乡”。一方面党和国家政府必须通过建立稳固的农村基层组织，来确保党和国家的政策法令可以贯彻到每一寸国土，另一方面党和国家的政策法令能否在农村地区有效运作，取决于纠纷解决和法律规则的确认，这个才是今天“法治下乡”的关键所在。

改革开放以来，市场经济的发展，在一定意义上重新改造着农村地区。由于人民公社制度的解体，国家权力在农村地区某种程度上有所克制，在实施乡村振兴战略中，党提出了“产业兴旺、生态宜居、乡风文明、治理有效、生活富裕”的社会主义新农村建设总要求。其中乡风文明是乡村振兴的紧迫任务，重点是弘扬社会主义核心价值观，保护和传承农村优秀传统文化。我们在调研中已经发现农村地区的社会主义核心价值观大多

处于宣传教育的状态，真正能够入脑入心外化于行的不多，反倒是某些调研地的一些传统文化的优秀价值观被当地农民接受的程度更高。当然，传统优秀文化本身就是社会主义核心价值观的历史底蕴，只不过其教化的方式更为生活化，更贴近当地农民的生活。比如，我们在调研地福建省Z市X村时，当地有敬师重教的传统，家家户户都以自家的孩子考上重点大学为荣。村里风气自然而然的较文明，未成年人辍学打架斗殴的情况很少，农村中经常看到的赌博、六合彩等也较少见，村民大多举止文明，村中的卫生情况也挺好。村里的纠纷也有，但还保留着“与他人方便就是与自己方便”的淳朴民风，协调调解结案率较高，治安良好。

这也引发了我们的思考，德治与法治都是社会治理的手段，只要能达到和谐社会治理的目标，满足当地人民的美好生活需要，便可以择其一二，没有定式才对。我国的农耕文明源远流长，是中华优秀传统文化的根。我国很多村庄有几百年甚至上千年的历史，至今保存完整。很多风俗习惯、村规民约等具有深厚的优秀传统文化基因，至今仍发挥着重要作用。农村法治社会的建设，要充分发挥这些优秀传统文化的作用。

（三）重视基层司法行政机构的建设

基层司法行政机构包括基层人民法院、派出的人民法庭、司法所等。目前基层的司法机构普遍存在人员编制少、专业化程度较低的情况。改革开放虽然已经四十年了，法学的教育也恢复发展了四十年，但是基层法院法官受过专业正规法学教育的比例还是不高。我们在江西省B县调研时派驻Y镇的人民法庭庭长本身是复员军人，没有接受过正规专业院校的法学专业教育，但是他已经在这个岗位上工作20多年了，经验丰富，深受村民的信任。目前基层法院法官的来源主要是大学毕业生（比例很小），其他政府部门调入、当地政府招考、复员军人（比例最大）。农村基层司法行政机构需要正规院校的大学毕业生，但是由于编制少，晋升渠道窄、晋升时间长、待遇低等原因，无法吸引大学生到农村基层工作。我们在江西省S市Y县B镇采访了司法所的一位大学毕业生司法助理员，他谈到了司法所工作稳定，但是任务比较繁重，在学校学到的书本知识必须与实践相结合，而司法所的所长正是他佩服的人，工作经验丰富，熟悉镇上、村庄的农户，解决纠纷很有一套。此外，尽管在东部发达和比较发达地区的基层司法中已不时出现了有正规法学背景的律师的身影，但是在绝大部分的中西部地区，律师依然罕见。我们调研的B县Y镇仅有一名律师，但不是正规大学法学专业毕业的，而是自学通过了司法资格考试，开始其执业生涯的。

基层的纠纷大多就是那几类，解决纠纷的能力不在于你掌握了多少法律知识，反而是取决于村民需要什么法律知识。随着农业农村现代化的发展，农民受教育文化程度的提高，进城务工的农民还有了更广的“世面”，新农民群体的数量在增加，他们需要的法律知识有日益扩大的趋势。原先解决纠纷的方式更多是协调调解、利益互换、人情制约，而现在新农民要求更稳定的解决结果，轻易不肯接受利益的互换，规则意识和法治意识更强！这也倒逼着基层司法行政机构的人员必须提高专业素养，以专业的技能、娴熟的纠纷解决能力让广大农民心服口服。

（四）重视农民法治素养的培养

“法治下乡”，无论是法治的宣传教育，还是法治的运作效果，都与每一位农民息息相关。社会治理中国家与公民发挥的作用是相互的，“法治下乡”能否发挥作用产生积极的效果，农民的法治素养是决定性的因素。目前我们对农村的法治宣传教育基本还停留在法制教育的粗放阶段，我们调研的很多村落的法治宣传教育基本停留在发发宣传册、搞搞展板之类的，而且宣传册上的法律知识与农民的需求差距甚远。长此以往，会造成中央政策法规与基层的脱节，对于法治建设不利。调研中反映出来的农民对法治需求较为强烈的突出领域主要是村民自治村委会选举问题和收益分配经济纠纷问题。有意思的是，这两个领域也是传统文化资源较弱的领域。1998 年我国便已经制定颁布了《村委会组织法》，规定村民直接选举产生村委会。二十年的基层选举民主实践证明按照公平公开公正原则选出来的为村民服务的村委会是有的，但不是全部。我们在调研的村落中采访，当问及是否参加村委会选举时，一般都是肯定的答案，不过大量的农村青壮年外出，又是怎么参加选举的呢？调研中也有一些村落的村民反映在涉及村务，特别是集体经济利益分配时，投票按照人头，便经常被村里的大户把持，投票结果不公平，应该按户，一户一票。中国的农民是中国社会的根本，当涉及农民的根本利益时，他们就会迸发出巨大的热情与智慧去学习、改变。党已经明确了乡村振兴的顶层设计，允许基层进行探索，制定符合自身实际的发展方案。在“法治下乡”方面，要发挥亿万农民的主体作用和首创精神，调动他们的积极性、主动性、创造性，总结完善基层的实践创造。

随着城镇化发展，要促进城乡融合。一方面进城务工的农民在法治较为健全的城市生活，会慢慢接受现代法治的一些观念，他们会萌发在家乡使用同样的规则的意识，因为相比较传统的“人情关系”，法治规则更加稳定和准确，比如在维护土地承包权、宅基地使用权、集体收益分配权等领域。另一方面，在一些经济较为发达的东部沿海地区，当地农村的城镇化发展较快，“村改区”比较普遍，中西部较不发达的农民也涌入了这些地区，成为这些城镇化程度较高的村落的外来人口。这种人口流动在传统中国社会也存在过，比如“填湖广”“走关东”等。外来人口要融入当地，在传统宗族社会制度下困难较大，时间较长，有的甚至达到百年。而今天很多“村改区”的地区用法治的手段来管理外来人口，便捷规范，内外的冲突较小，有利于城乡融合，有利于法治理念的推广宣传。

当然，法治素养的培养和提高，更应该关注下一代。留守农村的儿童，他们的法治素养的提高任重而道远。目前党和国家提出进一步发展中西部地区的经济，帮助留守儿童的父母能够就地就近务工，不失为一个好的政策。

第三节　农村“法治下乡”的思考

从我们调研的两个地区来看，“法治下乡”的方式各有特点。湖北省恩施州的“律师下乡”，是由当地政府买单，并不是利益驱动律师下乡为村民服务，因此效果不是很好，律师从政府获得的下乡补贴很少，而村民又不信任政府派来的律师，不愿聘请下乡的律师来维护自己的利益，这一措施有待实践的进一步检验。江西省 S 市 B 县 Y 镇的“法治下乡”是另一种情况，政府并没有出资聘请律师下乡为农民服务。Y 镇展现出来的是目前大部分农村基层法治的现状，一方面基层司法行政机构的人员数量较少，不足以应对日益增长的社会矛盾和纠纷的处理，另一方面农村基层法治化主要体现在纠纷处理方式的多元化，刚性的法律规则并不是处理大量纠纷的主要依据，反而是村规民约、传统习俗发挥更大的作用，人民调解是农村基层处理社会矛盾纠纷的主要手段。这引发了我们的进一步思考，农村基层“法治下乡”有效实施的路径是什么？我们提出了以下一些建议。

一、基层司法行政机构应积极“送法下乡”

农村基层的司法机构，应当采取各种措施，积极“送法下乡”，提高农村基层社会治理的法治水平。第一，农村基层司法机构，以乡镇的人民法庭、司法所为中心，应当在辖区的各村设立联络点，对各村村委成员、人民调解员、治保员等进行法治业务培训，提高基层干部的法治素养。第二，农村基层司法机构应当积极参与基层社会治理，包括周期性地派驻各村，保持与村委的密切联系，对基层各类调解组织给予业务指导，提供调解的法治样本和导向指引，做好诉调对接工作(包括诉前辅导、诉调对接、立案调解、简案速裁等程序，降低诉讼成本，提高效率，让村民最多跑一次法庭)。积极开展法治宣传，结合当地民情实践创新宣传的方式(如法庭开放日、法律咨询专场等)，引导村民自觉履行法律义务，提高村民的法治素养。第三，农村基层司法行政机构应当积极参与当地村规民约的制定，严格把好法律关，保障村规民约必须在国家法律法规允许的范围内制定，以国家法律和民间习俗为基础，结合各村实际制定，并依法保障村规民约的执行。

“送法下乡”不仅仅是法制宣传教育，基层司法行政机构要转变观念，参与到基层社会治理的实践当中，以法治思维和法治方式引导村民了解法律规定、法治思维、法治精神，逐步将现代法治的理念融入村规民约中，融入纠纷调解处理中，融入村民的日常生活中。

二、坚持“律师下乡”的实践探索

律师以其专业化的知识，中立的第三方的形象，能够在乡镇村委与村民之间缓冲，取得村民的信任，宣传法律知识，为村民提供法律服务。目前聘请律师的费用是由各乡镇财政支持的，各地的经济发展水平直接制约当地“法治下乡”的水平。因此“法治下乡”还是要首先加快农村农业经济产业发展，摆脱贫穷贫困。只有解决了“两不愁三保障"，不愁吃、不愁穿，保障农民的义务教育、基本医疗和住房，才能取得农民的信任，农村的法治化社会治理才有坚实的经济基础。当然，目前的状况还做不到一村一律师，可以先一个镇聘请一个律师，负责为辖区内的行政村提供法律宣传和法律服务。

改革开放以来，农村的社会结构发展变化很快。农村社会矛盾和纠纷的类型也发生了变化，由传统的家庭婚姻纠纷，更多转向林地林权、征地拆迁款等类型的经济财产纠纷。依据传统礼俗和道德约束解决纠纷已经不太能被村民接受，他们希望能够得到更加稳定、更有保障的结果。因此，农村基层社会的变化，使得村民一方有了了解法律、使用法律作为维权工具的需求，这对于律师来说，是一个拓宽职业领域的大好机会，这也使得"律师下乡"有了利益驱动，向着"政府主导＋市场利益驱动"的方向发展，这对于农村的法治建设是有助益的。

三、优化农村基层矛盾化解机制

法治下乡，在很大程度上是为了化解社会矛盾，促进和谐平安美丽乡村的建设。由于我国正处在经济发展转轨的关键时期，乡村的新旧秩序过渡，产生了很多的矛盾冲突，大量的农村基层社会矛盾纠纷涌向基层司法行政机构。从我们的调研结果来看，农村村民通过诉讼化解矛盾纠纷的数量较少，效果也并不理想。诉讼处置纠纷的成本高，耗时久，加上部分地区的司法人员专业素质不高，判决结果不能令群众满意。广大农村的村民受传统社会礼俗思想的影响，在"不喜讼斗""息讼"等观念的影响下，普遍"信访不信讼"。因此，优化农村基层矛盾化解机制是"法治下乡"的重点。优化的措施包括：其一，盘活基层党政群团等各种组织的调解资源，在党建引领下倡导农村基层自治，发挥群众的积极性和创造性，组建法律服务型社会组织，鼓励村民通过自治组织化解矛盾解决纠纷。其二，稳妥推进"诉访分离"常态化。村民"信访不信讼"除了法律认知水平、程序限制，经济负担的限制也是重要的因素，特别是对一些弱势群体和贫困户更是如此。因此，要逐步在农村地区健全法律援助机制，加大财政投入和支持。

据国家统计局统计年鉴调解民间纠纷的有关数据显示，2017 年调解民间纠纷案件的数量为 874.1 万件，在一些"法治下乡"做得较好的农村地区，上访的数量下降了，这也证明"法治下乡"的实效，因此，我们在农村基层社会治理的法治化方式上要坚持继续"送法下乡""律师下乡"，创新各种法治化社会治理的方式，提高农村村民的法治素养，最终推进农村基层社会治理的现代化。

第六章　全面依法治国背景下农村基层社会治理"三治融合"情况调查

德治与法治相结合的农村社会治理方式，在结合的过程中需要自治作为润滑剂，以便达到和谐社会治理的目标。四十年来的社会变革带来了道德与法律价值观的重新凝聚与形成，在正式的法律知识和传统的道德习惯之间仍有不少的冲突，而且两者随着社会关系和结构的发展会不断发展变化，如何各司其职，相辅相成，中国农民充分发挥了自己的聪明才智，有了许许多多的创造。其中浙江省诸暨市枫桥镇的"枫桥经验"与嘉兴桐乡市的"桐乡经验"值得我们学习思考。

第一节　"枫桥经验"的启示

枫桥位于浙江省诸暨市东北部，面积 165 平方公里，常住人口 8 万，辖 29 个行政村，2 个社区。"枫桥经验"形成于社会主义建设时期，发展于改革开放新时期，创新于中国特色社会主义新时代，经历从社会管制到社会管理，再到社会治理经验的两次历史性飞跃。

20 世纪 60 年代初，浙江省诸暨市枫桥镇干部群众创造了"发动和依靠群众，坚持矛盾不上交，就地解决。实现捕人少，治安好"的"枫桥经验"，为此，1963 年毛泽东同志就曾亲笔批示"要各地仿效，经过试点，推广去做"。"枫桥经验"由此成为全国政法战线一个脍炙人口的典型。党的十六大以来浙江省省委围绕落实科学发展观的新要求，把学习推广新时期"枫桥经验"作为加强社会治安综合治理的总抓手，抓基层、打基础，建机制、架网络，明责任、强保障，使"枫桥经验"在全省城乡基层单位全面推开，焕发出蓬勃生机和旺盛活力。2003 年 11 月，时任浙江省委的习近平同志在浙江省纪念毛泽东同志批示"枫桥经验"40 周年大会上明确提出，要牢固树立"发展是硬道理、稳定是硬任务"的政治意识，充分珍惜"枫桥经验"，大力推广"枫桥经验"，不断创新"枫桥经验"，切实维护社会稳定。2013 年 10 月，习近平总书记对坚持发展"枫桥经验"再次作出重要指示，"把'枫桥经验'坚持好、发展好，把党的群众路线坚持好、贯彻好"。枫桥镇始终贯彻落实平安建设思想、以人民为中心思想，创新社会治理，共建共治共享，使"枫桥经验"成为新时代中国特色社会主义基层社会治理的典范。

一、"枫桥经验"在农村基层社会治理的创新

（一）坚持党建引领

党建引领是新时代"枫桥经验"的政治灵魂，反映了新时代"枫桥经验"的本质特征。枫桥镇通过镇党员干部驻村，机关干部返乡走亲，党员干部结对联户交心，零距离服务群众。党建引领村委选举，从严打击贿选，提高村委自治的能力。

（二）有序培育社会组织

枫桥镇目前有社会组织279家，参与人数超2.3万人，平均每3个人中就有1人参加社会组织。社会组织在矛盾化解、群防群治、文化体育、心理疏导、公益慈善等方面发挥了积极作用。镇政府也加强对社会组织的管理，成立了社会组织党支部、社会组织服务中心和志愿者服务中心，实行星级管理，积极推动社会组织向村一级延伸，确保社会组织合法合规常态化运作。

（三）鼓励乡贤参与乡村社会治理

枫桥镇成立了乡贤联合会，吸引了313名乡贤参与。乡贤联合会参与信访矛盾调解、公益慈善、扶贫结对，为家乡的发展献计献策。每个村还成立乡贤参事议事会，参与制定村规民约。枫桥镇还建立乡贤馆，每年召开乡贤大会，鼓励乡贤发挥凝心聚力、教化村民的作用。同时大力弘扬优秀传统文化，弘扬革命精神，宣传良好家训家风和村风民俗，提高村民的文化素质和文明素养。

二、"枫桥经验"中"三治结合"的具体表现

（一）农村基层社会治理的法治化

枫桥镇推进农村基层社会治理法治化的基本方式主要有：第一，提高党员领导干部的法治素养，运用法治思维与法治方式解决矛盾纠纷。枫桥镇制定了《枫桥式干部管理十一条》，规范了依法办事的程序。加强对村干部的法治培训，定期普法。特别对村级工程建设、集体资产运作、农村私人建房等较为敏感的八大村级重要事项进行合法性审查备案。第二，健全村民依法维权的机制。加强依法信访的普法宣传，引导村民理性表达诉求，依法维护权益。同时村村建立公共法律服务站，整合律师事务所和法律服务所资源，组织镇、村法律顾问参与法律咨询接待，为村民提供专业的法律咨询、法律调解等服务工作。第三，开展农村基层社会治理标准化建设。农村乡镇村一级没有立法权，因此把已经成熟且行之有效的规则和治理方法标准化，是枫桥镇社会治理法治化的一个重要表现。

（二）农村基层社会治理的德治化

枫桥镇在农村基层治理的德治化方面，主要是加强村镇道德文明建设，弘扬宣传社

会主义核心价值观、弘扬宣传传统优秀文化，以文化人，德润人心。结合枫桥镇当地的文化，建立了“三贤文化”（王冕、陈洪绶、杨维桢）研究会、纪念馆，建立公益图书馆。弘扬孝义文化，传承良好家风和民风。同时枫桥镇也发挥道德模范的先进引领作用，每年举办评选“最美枫桥人”活动，开展孝德村、文明村评比活动，激励村民知行合一，向上向善。

德治方面还有一个突出的表现是枫桥镇成立了乡贤联合会，鼓励农村新乡贤参事议事。农村基层社会治理需要有道德威信的贤人的支持。当代新乡贤具有乡土情怀以及现代知识和技能，更重要的是他们在乡村中为群众所信任，是道德品行高尚者，因此，要充分发挥他们在乡村治理中的示范、协调和教育作用。

（三）农村基层社会治理的自治化

自治化其实是德治与法治相结合治理的必然延伸。以枫桥镇为例，自治的方式主要有两种：一是制定村规民约，二是乡贤议事。比如以枫桥镇枫源村为例，该村是“枫桥经验”的发源地，位于枫桥镇枫桥江上游，由大竺、大悟、泰山 3 个自然村组成，村域面积 5.93 平方公里，有人口 1775 人，594 户，党员 90 人。耕地面积 1576.5 亩，产业以高岭土矿山业、轻纺业和运输业为主。该村村规民约只有短短五项：守法讲规矩、家和万事兴、整洁美家园、青山又绿水、小事不出村。其中，守法讲规矩约定不损坏公共设施，不侵占集体财产，不拖欠集体款项，不偷盗劳动果实，而家和万事兴则约定不虐待老人儿童，不伤害夫妻感情，不辱骂诽谤邻里，不拒绝守望相助。这份村规民约的内容丰富，针对性强，把法律与道德融合起来。这些村规民约能够在当地得到村民遵守是以德治法治为基础的。道德规范的遵守是以乡村道德文明建设为基石的，如果村民没有比较一致的价值判断，很难在实践中运作。而村规民约中守法讲规矩的约定，实际上是以法律的规定为依据的，约定禁止的四种行为都是法律明确规定的违法行为，严重的构成了犯罪，会受到法律的制裁。枫源村对于违反村规民约的，一经查实，给予批评教育，需要承担相应经济赔偿的，责令赔偿，拒不赔偿的在集体收益分配时扣除；情节严重的，由村委会提请相关执法单位依法处理。这体现了自治当中德法相结合的思路，而且治理效果良好。

三、“枫桥经验”对农村基层社会治理的启示

新时代“枫桥经验”的主要内容是在开展社会治理中实行“五个坚持”，即坚持党建引领，坚持人民主体，坚持“三治融合”，坚持“四防并举”，坚持共建共享。

人民主体是新时代“枫桥经验”的核心价值，实现人民的利益是新时代“枫桥经验”的价值导向。党建引领是新时代“枫桥经验”的政治灵魂，反映了新时代“枫桥经验”的本质特征。路径创新是新时代“枫桥经验”的实践特质。坚持自治、法治、德治“三治融合”是新时代“枫桥经验”的主要路径。

（一）农村基层社会治理必须在党的领导下开展

农村社会基层治理关键在基层干部，他们能否坚持党性，坚持为人民服务，将党和

国家的政策法令贯彻落实到位，是农村基层治理能否获得良好效果的根源。

新时代"枫桥经验"对农村基层治理的启示首先便是该镇的党建工作。枫桥镇实施党建引领基层自治，开展党建创建活动，强化基层党员监督管理，发挥党员先锋模范作用。无论村委会的选举还是村委会的自治工作，都有党员领导干部的身影，引领作用既要体现对村落自治的引导、监督，又要始终坚持为人民服务、为村民服务的理念。治理包含了必要的管理和监督，也蕴含着对村民的尊重和理解。

枫桥镇创建了"红枫党建"的品牌，将制度建设和倡导为人民服务精神结合起来，将道德自律和法律他律结合起来，使党员牢记自己的身份，让党员群众进百姓家。到目前为止，枫桥镇设立了 1321 个党员"红枫岗"，落实了 2601 名责任党员，切实发挥了党员先锋模范的作用，体现了共产党员的先进性，并建立监督管理制度，开展党员亮分、亮牌、亮业绩的"三亮"活动，接受群众的评议。为了抵御市场经济中的利益诱惑，更好地坚持全心全意为人民服务的宗旨，加强对经济活动的监管制度建设，枫源村要求村干部做到"五个零"：资产、资金、资源"三资"管理零违规；不承包本村工程等"四不"承诺零违背；违法用地、违法开矿等"四违"现象零容忍；村级工程零投诉；村级公务零招待。赢得了村民的信任和支持。

（二）农村基层社会治理要坚持人民主体地位

农村基层社会治理，必须发挥群众的智慧，坚持人民主体地位。坚持"有事好商量，众人的事众人商量"，健全基层民主协商机制，深入推广民主治村。例如，枫桥镇枫源村实行"三上三下"的民主决策机制，村级重大事务决策全公开，充分征求村民的意见。所谓"三上三下"："一上一下"为收集议题，村两委会从群众中收集议题，并通过上门下访征求意见；"二上二下"为酝酿方案，通过召开民主恳谈会，对方案进行深入讨论，进一步完善；"三上三下"为审议决策，方案提交党员会议审议，经村民代表会议表决通过后组织实施。"三上三下"通过的事情，无论大小，印成一本册子，发放到每一位村民手中。农村基层的社会治理，要强调突出村民及其组织的主体地位，这是符合中国国情和文化传统的正确选择。

（三）"三治融合"是农村基层社会治理的主要手段

我们在福建省、江西省和湖北省的调研，已经发现农村基层对纠纷的处理，无外乎通过三种途径：一是找熟人解决；二是找村委会或村党支部解决；三是通过法律途径解决。由于各地经济发展水平和市场化程度的差异，村民选择的方式途径有很大的不同。在福建沿海一些市场化、城镇化程度较高的村落，选择通过法律途径解决的比例较高，而相对封闭的江西和湖北，比例则较低，体现了农村"法治下乡"随经济的发展而发展的情况。枫桥镇地处浙江，经济较为发达，德治、法治融合的情况较好，开展自治的群众基础比较扎实。

农村基层有效开展自治的条件主要有：第一，农村经济发展良好，农业产业兴旺，是实施自治的经济基础。第二，具备良好的乡风道德氛围。德治是自治的基础。乡村治理需要乡村文化和乡村文明的支撑。第三，基层党员干部作风良好，运用法治思维治村。

以枫桥镇枫源村为例，该村制定的《枫源村村规民约实施细则》是《枫源村村规民约》的进一步细化，一共包括28条，是枫源村多年来践行"枫桥经验"，坚持群众路线的智慧结晶。有法可循的依法，无法可循的依规，既无法可循又无规可参的由村民自治。在上一次的修改村规过程中，枫源村对偷倒垃圾、偷挖竹笋等违规行为的惩处，用"赔偿"代替了"处罚"，两个字的微妙变化，折射出枫源村在基层治理现代化、法治化背后的探索与思量。村规民约不仅是定规矩，更要树村风，现代法治精神与传统文化道德力量的融合，会产生更大的作用。如今，村规民约已成为枫源村的又一大经验法宝，通过全面深化法治治村，运用法治思维和法治方式解决农村治理中的实际问题，促进乡风文明、家园和美、自治有序。德治与法治相结合的综合治理在枫桥镇以"三治融合"的方式体现，是对当代中国农村基层社会治理的最大启示。

第二节 "桐乡经验"的启示

桐乡市位于浙江省北部、杭嘉湖平原腹地，隶属于嘉兴市，辖9个镇、3个街道、176个村、34个社区。桐乡是"三治融合"工作的发源地、示范地。2013年，桐乡在全国范围内探索试点自治、法治、德治融合建设的基层社会治理新模式。2017年，发源于桐乡的"自治、法治、德治"基层治理创新被写入党的十九大报告，为全国提供了一个生动的农村基层社会治理样本。党的十九大报告提出实施乡村振兴战略，把"治理有效"作为乡村振兴总要求的重要内容，并提出健全自治、法治、德治相结合的乡村治理体系。这意味着，发源于桐乡的"三治融"合基层社会治理创新经验借着十九大报告的东风吹向全国。桐乡"三治融合"的基层治理"桐乡经验"成为新时代"枫桥经验"的升级版。

一、"桐乡经验"在农村基层社会治理的创新

（一）厘清自治、法治、德治三治之间的关系

桐乡在基层社会治理中厘清了三治之间的关系：自治为基，法治为本，德治为先。在探索实践中，坚持"以自治营造良好氛围，以法治强化刚性约束，以德治形成统一共识"的工作基调，齐力推进，协同发力，展示了一种邻里守望、民众自决、社会自治的愿景，社会既充满活力又和谐稳定。

三治融合中，自治为基、法治为本、德治为先，具体而言，自治是基层治理的基础和目标，法治是德治、自治的保障和边界，德治是法治、自治的促进和补充。三者作用也十分明确，自治增活力、法治强保障、德治扬正气，通过"三治融合"，推动形成"大事一起干、好坏大家判、事事有人管"。

（二）强化党建引领三治融合

从2013年开始，桐乡以"红船精神"为引领，充分发挥基层党组织在三治融合中的

引领和主导推动作用。2018年桐乡成立了党群服务中心，以“党在我心中，我在群众中”为服务理念，积极发挥中心的红色教育、党建指导、便民服务、党性体验等功能，主动与区域内党群组织联系沟通，共享活动阵地、联动开展志愿服务，切实提升党群服务中心实体化运营水平。中心内设“互联网＋”党性体验馆，体验者通过“桐乡红云”APP扫码，领取电子体验券，开启“七个一”体验之旅（聆听一次党课、重温一次入党誓词、参与一次党建知识测试、拍摄一张党旗合影、圆梦一个微心愿、对党说一次心里话、领取一次党性体验积分）。截至目前，共有90余个支部，2000余名党员参与党性体验，38个支部开展主题党日活动。基层党建是开展“三治融合”社会治理的基础，桐乡市在坚持党的领导、人民当家作主和依法治国三者的关系中找到了农村基层社会治理的法宝，使得桐乡治理格局不断完善，自治活力得到释放，法治思维渐入人心，道德风尚逐步形成，党群干群关系更加密切，基层政权更趋巩固。

（三）充分调动群众参与社会治理的积极性

桐乡在农村基层社会治理中充分调动群众参与的热情和积极性。“大事一起干、好坏大家判、事事有人管”。大事一起干，让百姓参与决策，扩大知情权、建议权、参与权，促进政府决策科学性和合理性，使广大老百姓成为决策坚定的拥护者和最好的宣传者，增强办大事的凝聚力。好坏大家判，让百姓参与判断，让百姓拥有健康的社会心态，用道德评判的力量革除恶习，用榜样典型的力量提倡真善美，以公共文化服务的丰富多彩和农村精神文化生活的欣欣向荣促进乡风文明。事事有人管，让百姓参与服务，让百姓拥有志愿服务的精神，通过政府搭建平台，整合资源，大力培育社会组织，让社会力量参与公共服务，实现政府治理和社会调节、群众自治良性互动。

二、“桐乡经验”中“三治融合”的具体表现

桐乡“三治融合”建设的创新之处和最大生命力在于将自治、法治、德治作为一个整体来共同推进，形成体系化的合力，核心在多元主体互动共治，关键在发动群众，它是一种社会治理理念的创新和社会治理方式的转变。近年来，桐乡通过修订实施村规民约和社区公约，建立了由群众和乡贤为主体的百姓议事会和乡贤参事会，成立了百事服务团、法律服务团和道德评判团，通过这“一约两会三团”的探索和实践，形成了“三治融合”建设的特色载体，总结提炼了“大事一起干、好坏大家判、事事有人管”的基层社会治理经验。

（一）桐乡基层社会治理的法治化

国无法不立，民无法不治。“三治融合”中法治是自治、德治的边界和保障，注重法治，就是要注重发挥其在社会治理中的保障作用，善于用法治理念、法治思维和法治方式来解决改革发展稳定中遇到的各类问题。法治是乡村自治秩序的底线保证。桐乡的法治包括了国家对农村基层社会自治的制度安排（如《村委会组织法》）和解决各种问题争议的法律法规（如《民事诉讼法》），也包括了桐乡村民在自治过程中制定的村规民约、乡村会议规则以及在长期实践中形成的不成文的习惯和惯例等。

桐乡法治下乡最大的亮点是充分发动群众参与，建立健全重大事项集体决策，不断推进村级民主管理，发挥群众监督作用，在完善以民主理财小组、村务公开、监督小组、村民代表会议为主体的内部监督制度的基础上，强化群众监督。法治宣传教育依托法律服务团，整合资源，向村民进行法治宣讲和提供法律服务。2013 年，桐乡就创立了“依法行政指数”，将镇(街道)和行政执法部门的具体行政行为细化为 45 个计分指标，引入群众的满意度测评，每年向社会公布排名，倒逼政府部门依法行政。现在桐乡市政府坚持问题导向和效果导向，牢牢抓住“谁执法谁普法”这个“牛鼻子”，层层推进民主法治村(社区)创建，推动全民普法实现新发展；不断探索互联网、大数据、人工智能等现代科技在公共法律服务领域中的应用，着力为人民群众提供多样化、个性化、多层次、高品质的“法律公共产品”，真正做到公共法律服务触手可及；不断创新人民调解工作机制，加强访调对接、访调联动，健全完善人民调解与行政调解、司法调解衔接机制，积极探索跨区域、跨行业联防联调，筑牢预防化解社会矛盾的“第一道防线”；不断完善社会力量参与机制，以“三社联动”为抓手，加强司法行政领域社会组织培育，积极打造“一米阳光”公益法律服务系列、“法治阳光”志愿服务系列品牌。通过一系列措施，桐乡在全社会形成办事依法、遇事找法、解决问题用法、化解矛盾靠法的良好风尚，全面提升全民法治素养和社会依法治理水平。目前桐乡全市共有 100 个三级法律服务团普及运用，打通了法律服务“最后一公里”，老百姓通过法律途径来解决问题和矛盾的意识进一步增强。

(二)桐乡基层社会治理的德治化

“桐乡经验”坚持德治为先，把良好社会风尚树立起来，做到以评立德、以文养德、以规促德。浙江省桐乡市高桥街道越丰村是三治融合的发源地，2013 年该村率先开展自治、法治、德治的建设试点，成立了第一个村级道德评判团，专门评判村里事情的对错与村民德行的好坏，让村民自己教育自己、规范自己、管理自己。道德评判团由社会贤达、德高望重的老人、口碑良好的企业家等人士组成，通过参与家庭家教家风建设弘扬家庭美德，推荐评选道德模范弘扬社会正气，曝光不文明、不道德行为警示社会恶习，参与调解邻里纠纷化解社会矛盾等。同时，依托农村文化礼堂、道德讲堂、红黑榜等引领乡村社会风尚，弘扬社会正气。2017 年桐乡市屠甸镇荣星村成立了第一家村级乡贤参事会。作为荣星村曾经的老支书，陈炳旗是乡贤参事会成员之一。“很多时候，‘乡贤’说的话比村干部还管用!”他对做群众工作很有一套:“都说‘百姓百心’，村里任何一个决策都不太可能得到百分百的支持，这时候，我们‘乡贤’如果可以做表率，就可以带动身边人一起来做。乡贤参事会作为‘农村智囊团’，就应该做好政府和村民之间的桥梁，成为增进乡村和谐的重要力量。”这些都是德治春风化雨的治理功效。

(三)桐乡基层社会治理的自治化

“桐乡经验”中基层社会治理的自治是“三治融合”的基础，主要体现在“一约两会三团”。“一约”指村规民约，“两会”指百姓议事会和乡贤参事会，“三团”指百事服务团、法律服务团和道德评判团。“两会三团”的牵头人基本都是党员，由党员来带头开展工作，确保各项工作都在党的领导下开展。习近平总书记指出:“乡村振兴要尊重广大农民意愿,激发广大农民积极性、主动性、创造性,激活乡村振兴内生动力。”设立百姓议事会、乡贤参事会,从某种程度上来说,都是为了激发村民参与村庄治理的主动性、积极性,实现大家的事大家一起来办。“大事一起干、好坏大家判、事事有人管”,“以法治定纷止争、以德治春风化雨、以自治内消矛盾”,这些治村经验大大提升了村民的获得感、幸福感。

2017 年 11 月,屠甸镇率先在全市成立村级乡贤参事会,并实现全镇所有村全覆盖,充分发挥乡贤参事会作用,让乡贤真正带动乡村治理。简单的几条小板凳,村民们围坐在一起,由村干部或乡贤参事会人员主持,把矛盾纠纷理出来,让大家说、大家评,最后达成一致意见,这就是屠甸镇的“板凳法庭”。“板凳法庭”,是社会力量参与纠纷解决的一种探索。一张小桌、几个板凳,一个“法庭”就齐全了。接下去,就是坐“堂”问案。这个“堂”,有时是农家门口,有时是村委会大院,而“评审团”则由司法所工作人员、老党员、老干部共同组成。

与此同时,屠甸镇还利用“金融惠农”这一创新模式,有效解决了基层群众创业创新所需的资金需求,也充分运用“三治融合”对授信名单和额度等进行把关,让有德者有所得。

三、“桐乡经验”对农村基层社会治理的创新发展

“桐乡经验”以高桥镇越丰村的“越丰模式”为样板,既是对“枫桥经验”的继承和发展,更是习近平“三农”思想在基层的生动实践。桐乡“越丰模式”发挥了社会自治组织的作用,能调动各方积极性,促使社会治理的重心下移,是推动基层社会治理的创新成果,具有可复制性,为完善乡村治理体系提供了样本。

(一)坚持党建引领“三治融合”

桐乡“三治融合”是在坚持党的领导下进行的,“三治融合”的关键在于基层党员干部。桐乡“三治融合”解决了三个问题:一是谁来治?二是怎么治?三是如何治?“谁来治”必须明确党的领导地位,坚持以党建引领农村基层社会治理。桐乡的法治下乡,不仅包括对国家政策法律的宣传教育,更包括组织了一大批的党员下到基层,村村都在基层党员领导干部的协助下制定符合法律规定的村规民约,建立“一约两会三团”。“三治融合”并不是自发的,而是在党的乡村振兴乡村治理的政策下,在当地基层党员干部的引领下开展的。桐乡提出了“党建+治理”的措施,确保党组织在“三治融合”中始终处于领导和核心地位,以基层治理成效来检验基层党建工作。

(二)准确定位“三治”之间的关系

“桐乡经验”跟“枫桥经验”相比较的一个突出创新是对自治、法治、德治三者的关系做了比较清晰的界定。自治是基层治理的基础和目标,法治是德治、自治的保障和边界,德治是法治、自治的促进和补充。三者作用也十分明确,自治增活力、法治强保障、德治扬正气。自治以其民事民议、民事民办、民事民管而凝聚共识,实施共治;法治以其

规则刚性、程序透明、准确有效定分止争、惩恶扬善；德治以其核心价值、公序良俗、社会贤达而弘扬正气、引领社会风尚。在法治与德治相结合治理的过程中，法律的刚性与道德的柔性，需要通过自治来进行完美的结合。当法律规则契合群众的需求时，通过道德化的方式软化法律的刚度，更容易被群众所接受，而这个软化的过程其实就是自治。以村规民约为例，村民制定这些规则的前提是它们的内容必须符合现今的法律，然后在基层党员干部的引领下，结合当地实际，制定出相比刚性的法律规定更容易被村民接受的村规民约。这种自治是在全面依法治国的大前提下进行的。那么这些村规民约又是如何执行适用的呢？德治发挥了很大的作用，包括对村规民约的监督执行、法律服务人员下乡提供法律服务等，都在很大程度上依靠了当地乡贤的力量，才能达到自治的治理效果。由此可见，自治、法治、德治三者融合形成了强大的社会治理合力，是具有中国特色的农村基层社会治理的生动实践，体现了中国农民的智慧，而且具有可复制性。

（三）充分调动人民群众的积极性和创造性

农村基层社会治理中，广大村民既是治理的客体，又是治理的主体。没有村民的积极参与，社会治理的方式是无法发挥出应有的功效的。桐乡三治融合治理成功的关键在于实事求是，治理的方式契合当地农村社会经济发展的现状，从人民的利益的角度出发，因此充分调动了当地村民的积极性和创造性。村民在制定并遵守村规民约、组建乡贤参事会、组织三团上迸发出极大的热情，并身体力行。乡镇村干部坚持为人民服务的基本原则，深入了解乡情民情，创新群众自治的方式，形成了民事民议、民事民办、民事民管、人人参与、人人出力、人人共建的社会治理新局面。无论是自治、法治还是德治，都离不开人民群众的广泛参与，最终的目标都是希望可以激发社会活力，让人民群众满意。也正是在以人民为中心的治理实践中，“三治融合”的基层治理“桐乡经验”用一个个生动的实例，充分证明了这一模式在基层社会治理中的有效可行。桐乡提出以“人本＋治理”扩大社会参与面。郡县治，天下安。大到国家，小到城市、村居、家庭都要考虑“以人为本”，基层社会治理更要发动人、团结人、依靠人，提高人的认同感、参与度，以群众广泛支持和拥护，激发出干事创业的强大动力。

（四）善于利用互联网技术辅助社会治理

“三治融合”的基层社会治理不能靠单打独斗，要通过多元主体来治理，依靠和发动群众参与，通过协商来共治，通过传统加现代的方法来治理，这其中还包括多元主体的培育，以及运用互联网手段。

2019年桐乡市出台了《桐乡市三治融合提升行动实施方案》（以下简称“《实施方案》”），《实施方案》提出了“党建＋治理”“人本＋治理”“问题＋治理”“数字＋治理”这四大措施，明确了“三治融合”提升工作的目标、重点和措施，为构建一个成效巩固、内涵拓展、安定和谐的基层治理新格局奠定扎实基础。桐乡进一步加快了建设“数字桐乡”，在全市全面实施智安建设，网格化管理，提升城市的智慧治理水平。以桐乡辖区内著名的乌镇为例，作为互联网小镇，2018年3月，乌镇建立了“乌镇管家联动中心”，整合了综合治理、行政执法、市场监管和便民服务四个平台，并对公安、交通、卫生、环保等基础数据进行共享利用，实现“一网联动”。“乌镇管家”组建至今，人数已达3000多名，按照“十户一员，十员一组”的标准，分布在镇区81个网格中。每一名“乌镇管家”只需通过“乌镇民情”微信公众号中的“我有民情”，输入反映人、反映事项、图片录音等信息，就会将情况上传到后台的联动中心，加快了反映事项的解决速度，目前事项的处置率达到了99%。

第三节　从“枫桥经验”到“桐乡经验”的再思考

习近平总书记2018年9月21日在十九届中央政治局第八次集体学习时指出：“在我们这样一个拥有13亿多人口的大国，实现乡村振兴是前无古人、后无来者的伟大创举，没有现成的、可照抄照搬的经验。”在全面依法治国的大背景下，农村基层社会应该如何将德治与法治相结合，以达到建设美丽和谐新农村的目标？经过多年的发展，浙江省诸暨市的“枫桥经验”、嘉兴市的“桐乡经验”有效地回应了当代中国基层治理面临的社会主要矛盾和普遍性问题，其中“三治融合”的“桐乡经验”被写入了党的十九大报告，成为新时代中国特色社会主义基层社会治理的典范。

结合我们在闽赣鄂地区部分乡村的调研，我们发现当前基层社会治理面临的现实困境与主要问题在广大农村地区存在一定的相似性。改革开放以来，中国农村基层社会治理面临的社会基本形态、主要矛盾和现实需求都发生了重大变化，各地农村的社会结构在经济发展的冲击下都出现了不同程度的破裂和变迁。基层治理是国家治理当中非常重要的一环，而农村基层治理更是重中之重。改革开放以来，农村农业经济和城镇化的快速发展，使得新中国成立以来在农村基层建立起来的国家管理秩序出现了一定程度的松动。国家治理的核心是保持中央政府决策的统一性与地方政府执行的灵活性之间的动态平衡。伴随着农村社会结构的裂变，乡村的“空心化”、人才外流、乡村优秀传统文化的边缘化日益突显，国家通过全面依法治国的推进实现基层的法治化建构和运行，国家与社会成员之间的关系由政治性转变为法治性，对基层的管理转变为治理，而“枫桥经验”与“桐乡经验”及时回应了这些变化。两地的社会治理实践在充分依托当地的治理资源的基础上，把中央的政策法律要求与当地治理的现实需求创造性地结合起来，把宏观的中央政策法令转化为契合当地实际的、可操作的具体举措，从而实现了国家治理与社会治理的有效衔接。

从“枫桥经验”到“桐乡经验”，再到闽赣鄂部分地区的乡村田野调查，我们对农村基层社会治理现状有了更深的了解。在全面依法治国的背景下，德治与法治相结合的治理方式如何体现？农村基层的社会治理由谁主导？治理谁？怎么治理？对这些问题我们有了更深的思考。

一、农村基层社会治理必须坚持党的领导

农村基层的社会治理属于国家治理的范畴。我国传统社会的治理模式是国家和社会的二元化治理，中央自上而下遵循国法，乡土社会则依循礼俗。新中国成立以来一直

到改革开放之前，我国在很长一段时期内实行的是国家与社会管理的一元化，国家通过公共权力对社会实行直接管理，将国家的权威延伸至最基层的村庄。改革开放以来，农村的经济社会发生了巨大的变化，在一元化社会管理下没有被完全打破的"熟人"社会结构，被农业现代化、城镇化的浪潮逐渐撕裂。农村原有的一元化治理秩序被打破，新的秩序需要结合基层的治理实践逐步建立。党的十九大根据浙江桐乡成功的"三治融合"治理实践，提出了"加强农村基层工作，健全自治法治德治相结合的乡村治理体系"，"加强社区治理体系建设，推动社会治理重心向基层下移，发挥社会组织作用，实现政府治理和社会调节、居民自治的良性互动"。一元化管理形成的基层党组织的建设要坚持并强化。农村基层的社会治理必须坚持党的领导，自治德治法治相结合必须在党建的引领下开展。从"枫桥经验"到"桐乡经验"，我们可以看到非常具体的党建创新实践，而且具有可复制性。第一，严格保证基层党员的基数占比，一般要求占村民总数 6%左右，这一比例可以保证在日常工作中党员对群众实施监督与协助的全覆盖。[①] 第二，强化党员身份识别、量化考核及相应的奖惩机制激发党员的学习工作活力。第三，确保社会组织内有党员参加或设立党组织。第四，退休的党政村干部是新乡贤重要成员。这样党的治理力量和权威得以实体化，并渗透到当地的自治化社会治理实践中。

二、农村基层社会治理必须在全面依法治国的大背景下开展

在全面依法治国的背景下，只有法治可以支撑起农村基层社会多元治理体系的构建。全面依法治国实际上是国家治理方式的明确化。农村基层社会治理的"三治融合"治理方式必须以法治为保障。随着市场经济的发展，农村社会结构的变化，导致村民的利益矛盾和诉求也发生变化，传统的礼俗已经无法调整诸如劳资纠纷、债务纠纷、征地补偿纠纷、交通医疗事故纠纷等财产人身利益的矛盾。农村大量青壮年进城务工，造成乡村"空心化"，一方面逐渐瓦解了"熟人社会"的结构，另一方面也造成了农村人才的流失，传统文化的边缘化，使传统的礼俗治理基础所剩无几。法治不仅是国家治理的需要，更是发展起来的农村基层社会治理的需要。农村基层社会治理法治化的途径要理顺中央和地方之间的关系，党和国家的政策法令通过基层党员干部的宣传教育传达至每个村庄，基层党员干部必须运用法治思维与法治方式引领群众探索基层多元治理的方式，法治思维与法治方式必须与坚持群众路线相结合。例如，村规民约的制定，其内容必须符合国家法律法规，在合法的前提下结合当地的实践民情进行自治，充分尊重村民的热情和创造力。法治化的治理一是要依照法律规定严格执法司法，确保公平公正，二是要体现法治的专业化，送法下乡，提高村民的法治素养，三是要注意德治法治相结合，解决社会矛盾纠纷要合法合理。

三、农村基层社会治理必须以经济的发展为基础

经济基础决定上层建筑，经济的稳健、持续发展是实现基层有效治理的坚实基础。农村延续千年的社会结构也是在经济的发展，工业化、城镇化的大潮中逐渐瓦解的，面

①李振贤."枫桥经验"与当代中国基层社会治理[J].社会治理，2019，2:53.

对当前社会转型期农村基层局面的复杂性，“三治融合”的社会治理方式需要大量的资源投入，这需要经济社会的持续发展来支撑。我们的乡村田野调查也证实了这点。经济发达的沿海城市周边村落的城镇化速度更快，基层干部的素质较高，“村改区”的建设有的已经充分利用现代网络技术进行社区网格化的治理，并取得较好的治理效果，而中西部经济较为落后的乡村地区，村庄凋敝“空心化”程度较高，村民更关心的是脱贫致富，对于公共服务管理没有太大的热情。以枫桥为例，其所在地区有悠久的商业历史和传统，人民生活富足。20世纪八九十年代，枫桥镇的轻纺业非常发达，被称为“中国名品衬衫之乡”。近年来，枫桥镇重视产业的转型和升级，改造枫桥古镇，发展农家乐乡村旅游等，当地村民的收入较高。而另一样本桐乡，隶属嘉兴市，经济发达，近年来大力发展乡村旅游，辖区内的乌镇是全国著名的旅游景区，当地村民的收入也是不错的。这表明社会治理需要考虑成本，公共管理服务需要资源投入，群众参政议政的能力与热情需要一定的经济能力为基础。

四、农村基层社会治理必须弘扬社会主义核心价值观

社会主义核心价值观是德治的基础。群众思想观念层面的治理，乡村道德文明的建设与制度层面的建设一样重要。优秀传统文化作为社会主义核心价值观的历史底蕴和重要源泉，在社会治理的德治方式中得到了充分的体现。传统社会是一个家国同构的伦理社会，在宗族势力和宗法观念下，人们处理关系主要基于人伦定位和伦理观念，处理人际交往关系的道德准则以“仁爱”“孝悌”“慈友”“诚信”等一系列的伦理道德规范为准。这些伦理道德规范在基于乡土纽带和“熟人社会”的社会矛盾纠纷处理中发挥了重要的作用。传统文化的基础是地域文化，虽然具有共性，但也有各个地域的特点。以枫桥桐乡为例，历史上属于吴越地区，民多智，善经商。枫桥自古就倡导耕读传家，崇学之风世代相传。南宋朱熹曾四临枫桥，传经讲学。浓郁的文化氛围涵养了枫桥人丰厚的文化底蕴和人文素养。理学的兴盛孕育了枫桥人仁爱侠义、以理服人的性格特征。这些是枫桥德治自治的文化基础。我们调研的福建省Z市X村也有类似的人文氛围，Z市有闽南地区最大的文庙，传统文化氛围浓厚，X乡重教崇学的传统悠久，村里保留着“大夫第”的明清古居，当地的乡村文明建设开展也较好，村民行为举止文明，人际和谐。当然文化是有地域性的，在我们调研的其他村落当中，也有村庄凋敝、人才外流、优秀传统文化逐渐消逝，落后和腐朽文化伺机抬头的情况，社会治理工作很难开展。

除了传统优秀文化，红色革命文化也是社会主义核心价值观的重要的来源。比如桐乡的“红船精神”、江西省S市Y县发扬革命老区的奋斗精神，结合新时代乡村文明建设，对引导群众认同社会主义核心价值观并身体力行起到了相当大的作用。

五、农村基层社会治理必须坚持群众路线

农村基层社会治理必须坚持群众路线，为人民服务，积极回应群众日益多元化的社会需求。农村基层社会治理中的自治方式，是在充分调动群众参事议事的热情的基础上逐步形成的。能否充分调动群众的关键是必须到群众中去，在调研的村落中，凡是基层党员干部经常下到基层，党群关系就较为融洽，群众也更愿意配合、参与当地的社会

治理。以枫桥为例，该镇要求基层党员干部“驻村连心”，用脚步丈量民情，零距离服务群众。群众自治方式的开展，无论是议事会、乡贤参事会还是法律服务团等社会组织自治机构的成立、正常运转、发挥协助社会治理的作用，都需要以党群相互信任为基础。

中国特色社会主义进入了新时代，在新的历史条件下，乡村社会矛盾呈现出源头多发、形式多样、性质复杂等特点。人们的权利意识增强，利益诉求已经从“底线型”转为“增长型”，群体性事件日渐频发，给基层社会治理增加了难度。社会治理已经不再局限于传统的社会治安综合治理，而是涉及公共服务、社会发展稳定、生态环境等全局性的治理。总体来说，农村基层社会治理必须在党建引领下，以人民为主体，坚持“一切为了群众，一切依靠群众，从群众中来，到群众中去”的群众路线，把平安和谐美丽乡村作为社会治理效果的评判标准，才能实现农村基层社会治理“善治”的目标。

参考文献

[1]中共中央编译局.马克思恩格斯全集:第1卷[M].北京:人民出版社,2001.

[2]中共中央宣传部.习近平新时代中国特色社会主义思想三十讲[M].北京:学习出版社,2018.

[3]中共中央宣传部.习近平总书记系列重要讲话读本[M].北京:学习出版社、人民出版社,2016.

[4]习近平谈治国理政[M].北京:外文出版社,2014.

[5]十八大以来重要文献选编:中[C].北京:中央文献出版社,2016.

[6]邓小平文选:第2卷[M].北京:人民出版社,1994.

[7]江泽民文选:第3卷[M].北京:人民出版社,2006.

[8]沈宗灵.现代西方法理学[M].北京:北京大学出版社,2005.

[9]苏力.法治及其本土资源[M].北京:北京大学出版社,2015.

[10]苏力.送法下乡[M].北京:北京大学出版社,2017.

[11]何勤华.法治社会[M].北京:社会科学文献出版社,2016.

[12]瞿同祖.中国法律与中国社会[M].北京:中华书局,1981.

[13]王晨光.农村法制现状[M].北京:社会科学文献出版社,2006.

[14]费孝通.乡土中国[M].上海:上海人民出版社,2010.

[15]臧乐源,张平.中国当代农村道德导论[M].济南:济南出版社,1996.

[16]高其才.中国习惯法论[M].北京:中国法制出版社,2008.

[17]松桃苗族自治县编写组.松桃苗族自治县概况[M].贵阳:贵州民族出版社,2006.

[18]范丽珠,谢遐龄,刘芳.乡土的力量:中国农村社会发展的内在动力与现代化问题[M].上海:上海人民出版社,2014.

[19]魏后凯,潘晨光.中国农村发展报告:聚焦农村全面建成小康社会[M].北京:中国社会科学出版社,2016.

[20]农业部农村经济研究中心.中国农村改革:过去与未来[M].北京:中国农业出版社,2008.

[21]俞荣根.超越儒法之争:礼法传统中的现代法治价值[J].法治研究,2018(05).

[22]叶国平,付凤兰.新农村法治教育与道德教育的整合[J].农村经济与科技,2009(10).

[23]李宛恒.农村留守儿童和空巢老人问题的调查研究[J].经济研究导刊,2013(17).

[24]陶爱萍.农村法治教育有效途径聚类分析[J].特区经济,2008(12).

[25]谢玉进."新农村"的道德诉求:农村道德教育专门化之探讨[J].理论观察,2006(03).

[26]王玉霞.论新农村建设视域中的农民法制教育[J].继续教育研究,2008(09).

[27]王勤明,张晓伟.大学生网络道德教育初探[J].北京青年研究,2003(09).

[28]姜宏清,于波.当前我国社会公德缺失的原因及解决的对策[J],辽宁行政学院学报,2007(02).

[29]曹秀华.当代大学生网络道德教育的困境与出路[J].中山大学学报论丛,2005(06).

[30]苏燕.对大学生网络道德教育问题的探讨[J].石油教育,2005(05).

[31]于清河,于霞.论德治与法治的辩证关系[J].理论界,2001(04).

[32]齐京涛,冯靓.中国古代德治与法治浅探[J].法制与社会,2013(04).

[33]王鹏翔.德治与法治的政治治理应用及契合点分析[J].今日中国论坛,2012(12).

[34]尤俊意.法治和德治相结合:治国方略的新探索[J].政治与法律,2001(03).

[35]方艳.论法治与德治并重的治国方略[J].世纪桥,2007(11).

[36]刘丹.社会主义新农村建设中的法治与德治[J].艺术文化交流,2014(04).

[37]游建军.治国方略视野下的中国传统德治思想[J].重庆社会科学,2006(11).

[38]韩汝胜.论法治视角下的德治[J].辽宁大学学报(哲学社会科学版),2002(06).

[39]陈洪连.关于社会主义新农村道德建设的思考[J].兰州学刊,2006(08).

[40]张文显,徐勇,何显明,等.推进自治法治德治融合建设,创新基层社会治理[J].社会治理,2018(06).

[41]尹华广."枫桥经验"法治化的实践路径[J].绍兴文理学院学报,2018(01).

[42]许韬,桑瑞娇.新时代"枫桥经验"基层善治的中国道路[J].社会治理,2018(10).

[43]周中之,徐铁光."枫桥经验"与新时代中国德法并举治理乡村之路[J].绍兴文理学院学报,2018(09).

[44]李振贤."枫桥经验"与当代中国基层治理模式[J].云南社会科学,2019(02).

[45]习近平:青年要自觉践行社会主义核心价值观——在北京大学师生座谈会上的讲话[N].人民日报,2014-05-05(02).

[46]习近平:切实把思想统一到党的十八届三中全会精神上来[N].人民日报,2014-01-01(02).

[47]国家统计局.中国统计年鉴[Z].北京:中国统计出版社,2018.

[48]高媛媛.农村留守儿童道德品质教育研究[D].合肥:安徽农业大学,2013.

[49]史继忠.贵州民族文化解读之一:多元共生[C]//贵州民族论丛.贵阳:贵州民族出版社,2002.

[50]韩建平，龙代子.湖北恩施："律师进村"改变传统政府"一权独大"[J/OL].[2016-10-21].http://news.xinhuanet.com/legal/2015-10/21/128341023.html.

[51]覃燕.法律进农村的工作现状、存在困难及对策建议[EB/OL].[2016-05-27].http://www.gxpf.gov.cn/news_show.asp? id=54029.

[52]李子衿.律师进村，不能只唱独角戏[EB/OL].[2016-10-15].http://news.timedg.com/2014-01/15/14375946.shtml.

[53]谢颖.东莞公益律师进村一年，相应激励机制缺失萌生退意[EB/OL].[2016-10-14].http://news.sina.com.cn/o/2014-01-14/113729238952.shtml.

[54]贺雪峰，郑长忠，徐仲韬.恩施"三位一体"创新基层治理模式，农民办事不出村[EB/OL].[2016-10-15].http://transcoder.baidu.com/from.

[55]蒋海平.推进律师进村进社打牢法治建设底盘[EB/OL].[2016-10-15].http://23660-www.hbcaw.gov.cn/fzhb/201602/t20160204_63746.shtml.

后 记

几经修改，终于完稿！从调研报告的汇编到提炼，再到最后对德治与法治相结合农村基层社会治理的调查研究的编写，不断地学习，不断地修正，不断地在法律社会学研究的道路上披荆斩棘，个中滋味不一而足……所幸最终坚持下来！

在课题调研过程中，课题组的罗文、曾炜琴、章舜钦、周天庆、吴文琦、王圣宠、郑雁、王奇琦老师带领学生顶着酷暑调查走访，非常辛苦！感谢参与课题调查的同学：邓登瑶、杜曼曼、刘雨晰、潘鸿伶、沈思鸿、柏国瑞、郑家星、王萱、张文璐、余静璇、李敏华、朱家航、卢静、冯裕风、谢懿源、石胜鎏、许佳伟、韩仰、张柳柳、刘玉、冯浩然、吴文茜、王丹丹、李旺、张凤林、吐尔兰·吐尔逊别克、杜茜雨、宋江雪、李言、黄丹妮、王鑫、张怡晨、王杰、李梓泷、杨盖、蒋明钰、肖雨荷、李晓琪、吴斯琦、易双桥、于霖坤、陈欣杰、高亚威、黄祺婷、林佳莹、苏玉婷、胡志芳、贾琳尧、陈卓、洪丽婷、王璐、蔡可馨、李雅琼、卢悦双、洪钰娇、杨喆思、章丰艺、潘金育、田霄起、翁于晴、李雪、石颖、李靖、徐怡、林思瑾、其琴、王宗齐、姜一峰、王烁、侯玉麒、柴晗宇、陈凯峰、余晋池、张琮奇、迪黛尔·贾尔肯、阿布都瓦里·吐尔夏、蒋浩然、潘天卓、陆梓涔、兰尤、谢润玉、燕李杰、刘杰、王余伟、赵紫妍、戴悦、祁雪婷、齐秋萍、巴桑、旦增曲准。参加实践调查的同学们走出校园，走进农村，了解当地的道德风气和法治建设状况，真正达到了理论与实践相结合、课堂与社会相结合的目的。我本人也收获颇多，不仅在同学们的帮助下获得了第一手的调研数据，也收获了深厚的师生情谊。同学们在实践感悟中写道："在本次的社会实践中，我们同诸多村民谈心交流，思想碰撞出了新的火花。从中学到了很多书本上学不到的东西，汲取了丰富的营养，理解了'从群众中来，到群众中去'的真正含义，认识到只有到实践中去、到基层去，把个人的命运同社会、同国家的命运的发展联系起来，才是大学生成长成才的正确之路。"这让带队的老师十分欣喜。让大学生走出课堂、走出校园，了解社会、接触社会，是理论联系实际的必由之路，也是思想政治教育的新课堂，而这也正是实践调查真正的意义所在！

吕微平

2019 年 6 月 8 日于厦门大学囊萤楼